宏观经济理论与政策

Macroeconomic Theory and Policy

卫志民◎著

中国经济出版社
CHINA ECONOMIC PUBLISHING HOUSE
·北京·

图书在版编目（CIP）数据

宏观经济理论与政策／卫志民 著.
—北京：中国经济出版社，2020.4
ISBN 978-7-5136-6077-8

Ⅰ.①宏… Ⅱ.①卫… Ⅲ.①宏观经济学—研究 Ⅳ.①F015

中国版本图书馆 CIP 数据核字（2020）第 040866 号

责任编辑 丁 楠
责任印制 马小宾
封面设计 任燕飞

出版发行 中国经济出版社
印 刷 者 北京建宏印刷有限公司
经 销 者 各地新华书店
开 本 710mm×1000mm 1/16
印 张 18
字 数 297 千字
版 次 2020 年 4 月第 1 版
印 次 2020 年 4 月第 1 次
定 价 58.00 元
广告经营许可证 京西工商广字第 8179 号

中国经济出版社 **网址** www.economyph.com **社址** 北京市东城区安定门外大街 58 号 **邮编** 100011

本版图书如存在印装质量问题，请与本社销售中心联系调换（联系电话：010-57512564）

本书系国家社科基金重大项目“基于市场导向的创新体系中政府作用边界、机制及优化”（18ZDA114）的阶段性成果。

本书系国家社科基金重点项目“国家创新型试点城市的政府创新治理研究”（18AGL020）的阶段性成果。

前 言

经济学缺乏功利之用。经济学是一门学术性的学科，而非一门职业性的学科。与会计学、投资学、公司金融、市场营销、工商企业管理等课程相比，经济学不是一门能够直接教你如何谋生的学问。经济学就其本质而言，是从社会而非个人的角度去观察世界和提出对策的，是从社会福利最大化而非个人利益最大化的角度去思考生产什么、生产多少、如何生产和为谁生产等问题的。经济学虽然不能教给你赚钱和谋生的技巧，但它能为你提供一种认识世界的不同视角，为你提供一种理解人类社会和人类行为的强有力的分析工具。学习经济学能够让你更具洞察力、批判性（理性的怀疑和否定）、建设性、开放性与独立性，能够让你更好地理解现实世界，更好地理解公共政策，更好地做出各种选择。经济学在我们的日常生活中具有广泛的运用机会。每一个人每一天都要做出大量的选择，绝大多数社会问题和政治问题都带有明显的经济背景。学习经济学能极大地增强你对医疗改革、住房、贫富差距、食品安全、国际关系、资源环境、人口老龄化、减少排放等众多领域相关问题的理解。经济学教育应该成为现代社会中的公民基础教育。

卫志民

2020 年 1 月

目　录

第一章　总　论

一、经济学的发展

（一）经济

现代意义上的经济，是指各种交易活动的总和。英语中的“经济”一词源于希腊语，是家政管理的意思。早在古希腊时期，古希腊思想家色诺芬（约前430—354年）在他撰写的《经济论》一书中就将奴隶主组织的生产经营活动概括为经济。该书的写作目的是要告诉奴隶主如何管理好自己的庄园和私人财产。

在中国的古代汉语中，从公元4世纪初的东晋时期就开始出现“经济”一词了，有“经济之道”“经济之士”的用法。但在古汉语中，经济一词是指“经邦济世”“经国济民”，即“治理国家”“造福庶民”的意思，其含义与现代意义上的“经济”一词完全不同。古代汉语中与现代意义上的“经济”一词最为接近的词汇是“食”“货”“富国”和“货殖”。古代汉语中的食，是指农产品或农业生产，货是指手工业或手工业产品的生产，也指货币。

现代汉语中的“经济”一词是从日本语中移植过来的。日本学者在“明治维新”（1968年）以后大量输入西方的学术思想，他们用中国古汉语中的“经济”一词来翻译“Economy”，于是就相应地将“Economics”译为了“经济学”。在日本，到19世纪末，“经济”或“经济学”已成为一个被普遍接受的专用名词了。

在1903年以前，还不曾有中国学者按现代含义来使用中文“经济”一词，现代意义上的“经济”在当时有多种传统表达方式。如政治经济学就曾被译为富国养民策、富国学、生计学、理财学、计学、平准学等。由京师大学堂聘请的日本教习杉荣三郎所编写的《经济学讲义》（商务印书馆，1903），是国内最早在现代意义上使用中文“经济”一词的文献。

（二）政治经济学

法国重商主义学者安·德·蒙克莱田在1615年出版的《献给国王和王太后的政治经济学》一书中首次使用了“政治经济学”（Political Economy）这一术语。重商主义者为什么要在经济学前面加上“政治”二字呢？这是因为当时的重商主义者要把自己主张的经济学说和贸易政策与以往的经济学区分开来，以此来表明他们追求的是整个国家的经济利益，而不是个人的私利。

在那个时代的欧洲，商业的发展受到了封建割据和地方贸易保护主义的严重限制，国内关卡林立，税负繁重。商人阶层迫切希望建立统一的国内市场，并对国内市场实施国际贸易保护，但统一国内市场和实施国际贸易保护只能依靠皇室的力量。重商主义者在“经济学”前面冠上“政治”二字，就是为了强调自己所主张的国内外贸易政策是出于增强本国经济实力的需要，以此来谋求皇室的支持。

此外，在经济学前面加上“政治”二字，也与经济学是在政治学中孕育而来有关。人类的经济思想在经济学还未成为一门独立的学科之前，是夹杂在哲学特别是政治学文献中的。如威廉·配弟的经济思想就是在其政治学著作《政治算术》《爱尔兰的政治解剖》中表述出来的。李嘉图在《政治经济学及赋税原理》一书中就曾说过，“政治经济学这门科学，很久以来就和政治学纠缠在一起”。

政治经济学在此后的200多年中，成为经济学这门学科的标准名称。在18—19世纪，英、法等国的经济学家大多把自己的著作称为政治经济学著作。例如：

詹姆斯·穆勒的《政治经济学要义》（1821年）；
李嘉图的《政治经济学及赋税原理》（1817年）；
萨伊的《政治经济学概论》（1803年）；
约翰·穆勒的《政治经济学原理》（1848年）；
马尔萨斯的《政治经济学原理》（1820年）；
李斯特的《政治经济学的国民体系》（1841年）；
瓦尔拉的《纯粹政治经济学要义》（1874年）；

杰文斯的《政治经济学原理》（1871 年）。

（三）经济学

从 19 世纪中叶开始，随着学术的发展和学术分工的不断细化，欧洲的学术界开始对政治经济学这个学科名称进行批评，认为政治经济学是一个双名，应尽早放弃。对于学科的新名称，欧洲的学者给出了许多建议，如财富学、人类工程学、致富学、交易学、个人满足学等。

1879 年，英国经济学家斯坦利·杰文斯在其《政治经济学原理》的再版序言中提出，这个学科最好的名称应该是"Economics"，因为它既与旧名接近，又与其他学科的名称拥有共同的词根，并在最后一次出版该书时将书名率先改为《经济学原理》。但经济学这一名称的广泛使用，主要得益于新古典经济学大师马歇尔。马歇尔 1890 年出版的《经济学原理》一书，统治西方大学的经济学课堂长达半个世纪之久。伴随着这本经典经济学著作（教科书）的广泛使用，"经济学"逐渐取代了"政治经济学"这个相对古老的学科名称。需要指出的是，虽然经济学这个学科名称被西方学术界广泛接受，但政治经济学这一学科名称并未完全消失。在很长一段时间里，政治经济学和经济学被看作是两个具有相同含义，且可相互替代的学科名称。

（四）西方经济学

在中国，源自西方的经济学通常被称为西方经济学。在这里，西方与东方是按照政治标准而不是地理标准来划分的。因此，尽管马克思主义来自西方，但其经济学说在社会主义国家被纳入非西方学说的范畴。

一部分中国经济学家呼吁改变西方经济学这个学科名称，将其改为经济学，理由是虽然经济政策有国别之分，但现代市场经济理论并不存在中国经济学和西方经济学之分，就如同没有中国数学和西方数学之分一样。

在社会主义国家，马克思主义经济学一直沿用"政治经济学"这个名称。在中国，政治经济学和马克思主义政治经济学、马克思主义经济学被当作同义语使用。究其原因：一是因为马克思主义经济学直接产生于对古典政治经济学的批判，《资本论》的副标题就是"政治经济学批判"。二是因为社会主义经济学家希望马克思主义经济学与非马克思主义经济学在名称上有所区别，以便于学术交流，否则容易引起混淆。这样，在社会主义国家，经济学就因理论体系和研究方法的不同而被区分为马克思主义的政治经济学和非马克思主义的西方经济学。

（五）马克思主义经济学

马克思主义经济学是一种批判的哲学，它不研究财富的创造，只研究生产过程中人与人之间形成的社会生产关系。马克思主义经济学者认为，这种关系归根结底是阶级与阶级之间的关系，剥削与被剥削的关系。

马克思主义者之所以把古典经济学称为科学的资产阶级经济学，是因为那个时期的经济学和后来的庸俗经济学相反，研究了资本主义社会中的生产关系。后来的经济学之所以被马克思主义者称为庸俗的经济学，是因为他们认为西方的经济学家在阶级冲突的威胁下，不再敢于研究阶级与阶级的关系，而选择去竭力回避与掩盖资本主义社会中的尖锐矛盾和激烈冲突。

马克思主义经济学认为，资本主义制度在本质上具有无法克服的致命缺陷，注定是充满矛盾和不稳定的。资本主义社会的基本矛盾只会不断加剧，并最终导致资本主义社会走向崩溃。资本主义社会无法通过资本主义制度的不断完善走向繁荣富足和自由平等。资本主义制度应该由社会主义制度取代，生产力才能继续向前发展。

邓小平同志在1991年说："要把什么是社会主义，如何建设社会主义搞清楚。"1992年初，邓小平在南方谈话中说："社会主义的本质，就是解放生产力，发展生产力，消灭剥削，消除两极分化，最终达到共同富裕。只要有利于实现这些目标，就应该大胆地去改革。"南方谈话推动了中国此后20年的改革开放和经济发展。

随着计划经济在全球范围内的终结和计划经济向竞争性市场经济的转型，马克思主义经济学面临着前所未有的危机。如何发展马克思主义经济学，是马克思主义学者面临的一个巨大挑战。

（六）微观经济学和宏观经济学

直到20世纪30年代，经济学家还不怎么区分微观经济学和宏观经济学。凯恩斯在1936年明确提出，"经济学理论应分为两个部分，关于单个企业、行业、收入的理论和关于整体经济产出与就业的理论”。第一次使用微观经济学和宏观经济学这两个名称的是荷兰统计局一位不知名的经济学家 P. 迪・沃尔夫。他在 1941 年的一篇论文中首次使用了 microeconomics 和 macroeconomics 这两个单词。

根据研究对象和研究层次的不同，现代经济学理论分为宏观经济学和微观经济学两部分。在中国台湾地区，也被译作个体经济学和总体经济学。微观经济学研究的对象是单个的家庭、企业和产品市场，主要研究单个产品市场的价格和产量是如何决定的，家庭和厂商是如何做出消费和生产决策的，市场机制如何通过调节个体行为取得资源最优配置等问题。

宏观经济学是将整个经济系统当作一个整体来研究的。宏观经济学研究的对象是失业、通货膨胀、经济的增长与停滞、贸易的顺差与逆差等宏观经济现象和货币政策与财政政策等宏观经济政策的作用机制。如果说微观经济学研究的是树木，宏观经济学研究的对象就是森林。

通过选择恰当的宏观经济政策，一国的宏观经济管理部门和货币当局可以提振或减缓短期经济增长的速度，将通货膨胀率和失业率控制在一个合理的区间内，消除对外贸易中过多的盈余或赤字。

二、稀缺、生产要素与经济人假设

（一）稀缺

人类为各种欲望所困扰。人类的物质欲望，指的是获取和使用各种能够提供效用（即快乐或满足感）的产品和服务的愿望或需求。人类的物质欲望是无限的，所谓欲壑难填，而可以用来满足人类物质欲望的资源是有限的，这种有限性就带来了稀缺。物质欲望的无限性和资源的有限性之间的矛盾，使我们必须做出选择，对稀缺资源进行配置，以实现效用的最大化。人类欲望的无限性，是就人类欲望的整体而言的。在个体层面，我们对特定产品或服务的需求是可以得到满足的，如对医生、药品、食盐、大米、牙膏的需求。

稀缺不同于短缺。稀缺，是相对于欲望无限性的不足。而短缺，是指在现有的价格水平上，对某种商品或服务的需求量超过供给量的一种经济现象。如果市场价格不受管制，短缺现象在价格机制的作用下会自动消失。

欲望也不等于需求。需求，是指在某一特定的时期内人们在各种可能的价格下愿意并且能够购买的某种商品的数量。而欲望是人想要达到某种目的的一种主观要求，有支付能力的欲望才能产生需求。

（二）生产要素

经济学家把生产物品和服务所需要的生产性资源称为生产要素。生产要素主要包括四类：土地等自然资源、劳动、资本、企业家才能。

土地、石油、矿藏、森林、山川、海洋等自然资源是大自然的恩赐。自然资源可分为可再生自然资源和不可再生自然资源两大类。

劳动是人类为生产物品和提供服务所付出的时间与努力。劳动既包括脑力的付出，也包括体力的付出。

资本，包括物质资本和人力资本。物质资本，指的是用于生产活动的工具、设备、机器、建筑物和存货（原材料、成品和半成品）等。作为生产要素的资本不包括股票、债券等金融资本，它们仅是一种所有权凭证和借据。人力资本，是指通过对教育、职业培训、卫生保健等形式的人力资源开发活动进行投资，以及通过工作、自我学习等实践活动掌握或形成的知识、经验、技能、能力。

企业家才能，是某些人所具有的组织生产、开展创新活动、进行战略决策并承担风险的才能。福特、比尔·盖茨、马斯克、乔布斯、库克、扎克伯格是企业家的杰出代表。

不同生产要素的所有者通过在生产活动中投入生产要素所获得的要素收入分别被称为租金、工资、利息和利润。

在市场经济条件下，生产要素由不同的家庭、企业和政府部门所拥有。生产要素的配置是通过家庭、企业、政府的分散决策来进行的。

（三）理性经济人假设

经济学对人类行为的解释力从根本上说，源于其对人性的概括，即理性经济人假设。理性经济人假设是经济学分析的起点，其含义是：每个人都是趋利避害的；每个人都是理性的，会以一致的方式对激励做出反应，在外部约束条件下追求自身效用的最大化。

理性经济人按照最大化原则进行选择，并不意味着理性经济人一定能够实现最大化目标。我们生活的世界充满了不确定性；搜集信息是有成本的，理性经济人只会在有限的范围内最大化他们的效用或利润；我们的认知能力是有局限性的；我们都拥有人性的弱点，如盲从、冲动、贪婪、恐惧、急功近利等。因此，追求最大化目标，并不意味着理性经济人总能在客观存在的所有方案中做出最佳选择，而仅仅意味着他会充分利用所得到的全部信息做出所能做出的最好选择。理性经济人追求的是目标函数的最优解，得到的是目标函数的满意解。从结果上看，理性经济人只能做到有限理性。

经济学假设理性经济人都是自利的，但自利不等于自私。自利指的是动机，自私指的是行为。自私，是个体在面临与他人的利益冲突时，不计对方损失，不顾及道德的约束，不择手段地追求自身利益最大化的行为。认为经济学不承认人性中有利他一面的指责是错误的。按照理性经济人假设，利他行为也是自利的。

经济学对人类行为的概括所表达的是人类的典型行为和平均趋向，而不是个别人的非典型行为。例如，消费通常会随收入的增加而增加，但肯定会有一些非常“吝啬”的消费者，如股神巴菲特和扎克伯格，他们几乎将收入增长的所有部分都用来再投资了。这并不会推翻经济学的相关理论，因为就消费者总体而言，收入增加必然会带来消费的增加。所以，正如我们不会用一些汽车会半路抛锚这样的偶然事件，来否定汽车能够提高旅行效率这样的结论一样，我们也不会用疯子或醉酒者的行为来否定经济学中的理性经济人假设。

另外，当我们在现实世界中观察到某些令人困惑的“非理性”行为时，通常不是当事人不理性，而是作为观察者的我们对当事人做决策时所面临的约束条件不够了解。

三、生产可能性边界曲线与宏观经济循环流量图

（一）生产可能性边界曲线

生产可能性边界曲线，是一个经过高度简化的几何模型（见图 1-1）。

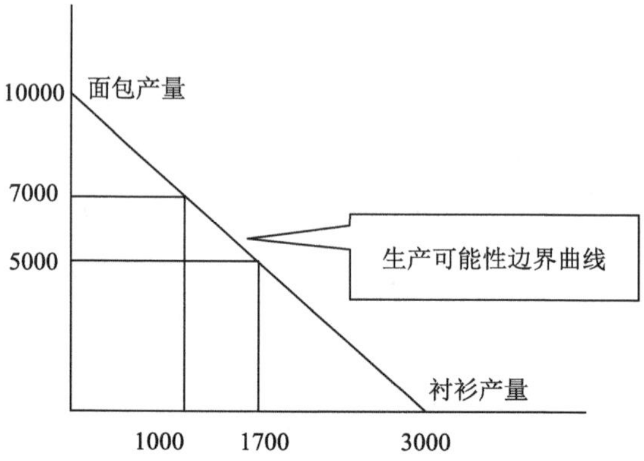

图 1-1　生产可能性边界曲线

我们假设一个经济体只生产面包和衬衫两种物品，生产这两种物品仅需要资本和劳动两种生产要素。这个经济体的生产可能性边界曲线代表了当生产技术（和制度）和生产要素数量为既定时，这个经济体能用这些生产要素生产出来的所有产品数量组合。当一个经济体的产出规模处于其生产可能性边界曲线之上时，它只能通过减少一种物品的产出量来增加另外一种物品的产出量。一个经济体的生产活动，无法处于其生产可能性边界曲线之外，因为这个经济体缺乏足够多的生产要素去实现更高水平的产出规模。

一个经济体的经济活动，在其生产可能性边界曲线的每一个点上，都实现了其所能达到的最大规模的产品组合，但这个经济体只会在其生产可能性边界曲线的某个点上实现社会福利的最大化。所以，一个经济体在其生产可能性边界曲线上，面临着不同产品组合之间的权衡取舍，以实现长期的社会福利最大化。如应该选择更多的黄油、较少的大炮呢？还是相反？应选择更多的资本品、较少的消费品呢？还是相反？不同的产品组合会带来不同的生活水平和经济增长潜力。如更多的储蓄意味着社会成员愿意通过牺牲一部分当前的消费来换取未来更高的消费水平。

如果一个经济体的生产活动在其生产可能性边界曲线内运行，就说明该经济体的产出规模在现有的生产要素和制度、技术约束下还有提高的空间。经济的周期性波动、严重的自然灾害、国际形势的不利变化等，都会使一个经济体的经济活动离开其生产可能性边界曲线。

一个经济体所投入的生产要素的数量、质量与技术水平、制度质量一道，共同决定了其生产可能性边界曲线的位置。生产要素的数量增加、质量提高、技术进步以及制度创新，都会使一个经济体的生产可能性边界曲线向外移动，这种移动代表这个经济体发生了经济增长。如一个经济体能够通过改革开放这样的制度创新扩大参与国际贸易和国际分工的范围和深度，使更多的生产要素流入本国具有国际比较竞争优势的产业中，将其生产可能性边界曲线向外移动。

虽然制度创新和技术进步都能推动一个经济体的生产可能性边界曲线向外移动，但对于任何一个经济体，实现技术进步都不是无条件的，制度质量是实现技术进步的重要基础。因此，对于任何经济体，制度才是真正的第一生产力。在当今时代，不同经济体之间的竞争，归根结底是制度的竞争。

（二）宏观经济循环流量图

宏观经济循环流量图（见图 1-2），是用来说明生产要素和货币如何在一个经济体各部门之间流动的经济模型。在这个经济模型中，市场的主要参与者有家庭、企业和政府三个部门。一个更接近于现实的宏观经济循环流量图还应包括对外经济部门。

家庭部门和企业部门通过生产要素市场和产品与服务市场进行交易。家庭部门在生产要素市场中出售所拥有的生产要素，然后用所获得的收入到产品与服务市场中购买所需的物品和服务。

企业部门在生产要素市场中向家庭部门购买所需的生产要素，支付工资、利息、租金和一部分利润，然后组织生产并在产品和服务市场上出售这些产品和服务。

政府部门从家庭部门和企业部门获得税收，然后将这些税收的一部分用于维持自身的运转，一部分以转移支付的形式支付给家庭部门，一部分通过政府购买流向企业部门。

在宏观经济循环流量图中，外圈代表了生产要素和产品与服务的流动，里圈代表了与此对应的货币流动。

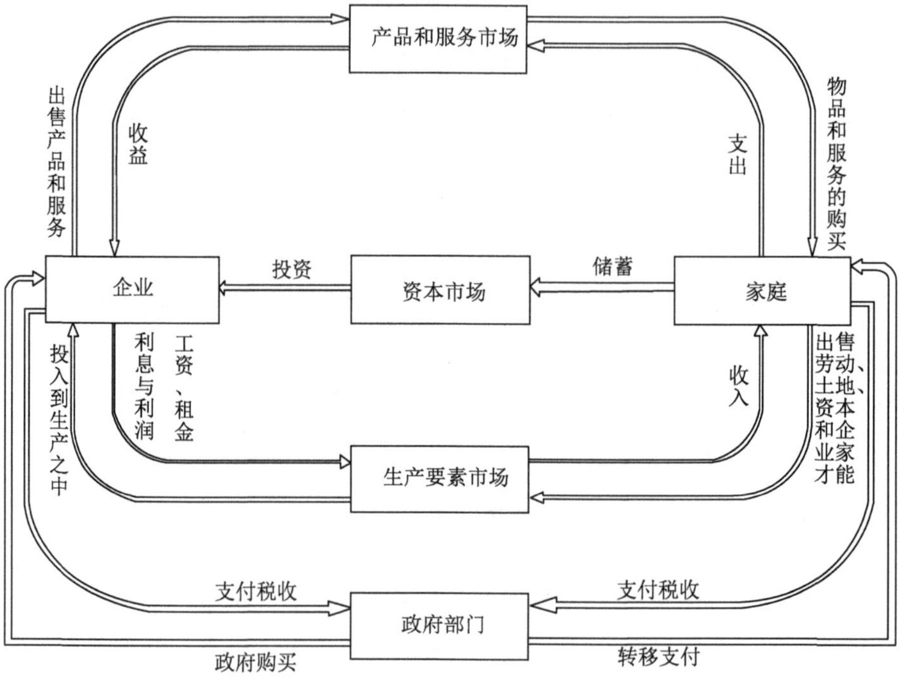

图 1-2　宏观经济循环流量图

四、稀缺资源的主要配置方式

稀缺资源可以通过下列方式进行配置。

（一）价格机制

在市场经济条件下，市场在资源配置中发挥着决定性的作用。在价格机制的作用下，稀缺资源由支付最高价格的人获得。

（二）计划机制

即使在自由竞争的市场经济中，通过计划或指令配置稀缺资源的方式在企业内部和政府部门也被广泛使用。

在转轨国家中，通过计划或指令配置稀缺资源的范围更大。转轨国家通常保留着庞大的国有经济部门，政府直接控制的生产要素的规模庞大，如土地等自然资源、劳动、物质资本(国有资产)、人力资本(各类社会精英)等。

(三) 投票机制

一些稀缺资源是通过投票机制，按照少数服从多数的原则进行配置的。

政府预算支出方案就是通过多数法则决定的。如多少钱用于教育，多少钱用于国防，多少钱用于社会保障。公司的董事会在很多重大决策上也会运用投票机制进行选择。

(四) 竞赛机制

竞赛机制，就是按照事先约定的竞赛规则将稀缺资源配置给竞赛的优胜者。体育赛事的奖金就是通过竞赛机制分配的。

(五) 排队机制

排队机制，就是按照先到先得的原则对稀缺资源进行配置。

当稀缺资源的价格不存在或价格受到限制时，我们还可以通过排队的方式将稀缺资源直接分配或以低于市场均衡价格的价格配置给那些先到或愿意花时间排队等候的人。大学宿舍的床位、大学食堂的座位、一些热门讲座的座位、公共汽车上的座位、城市道路等都不接受预定，都是按照先到先得的原则进行配置的。一些著名歌星演唱会、重大体育比赛以及中国春运期间客运列车的座位，就是通过制定一个低于市场均衡价格的价格，将价格机制和排队机制结合起来对其进行配置的。

演出公司采取这样的配置方式，并不是单纯为了让低收入者也能有机会欣赏到精彩的演出或比赛，还因为长长的购票队伍和拥挤的粉丝们所具有的新闻价值及其所带来的巨大广告效应，能够提升明星或球队的市场价值。此外，低收入歌迷和球迷也是围绕明星开发的一系列衍生产品的主要消费群体。所以，维持一个庞大的歌迷或球迷群体是有巨大商业价值的。

排队是一种缺乏效率的资源配置方式，因为排队所花费的时间对一个社会而言是一种被浪费掉的宝贵资源。

排队机制无法将稀缺资源配置到那些最需要它的人手中。因为离开市场价格，我们无法判断谁最需要这些稀缺资源。一个人可以对自己的满足感、幸福感进行排序，但不同个体之间的效用不能进行比较，这是序数效用论的主要观点。

通过排队机制，低收入者能得到比通过价格机制配置稀缺资源更多的稀缺资源。这是因为低收入者的时间机会成本比高收入者低。脸书的扎克伯格是不会去排队抢票的，这不是因为有钱人的傲慢，而是因为扎克伯格的时间太昂贵了。

（六）随机抽签

知名企业家、影视明星在大学里举办演讲会的门票通常就采用随机抽签的方式进行分配，北京市的汽车牌照目前也使用这种方式进行分配。

这种配置方式的优点是平等，人人有相同的机会拥有稀缺资源。缺点是缺乏效率，因为稀缺资源没有配置给那些愿意支付最高价格的人。

为什么演讲的组织者不通过价格机制或拍卖方式分配讲座的座位，再将门票收入或拍卖收入捐给大学或某个慈善组织呢？出售门票或拍卖门票会损害大多数支持者的热情。

（七）个人特征

一些工作岗位的工作效率与雇员的某些个人特征相关，这类工作岗位的分配就会考虑应聘者的个人特征。

可能与工作效率相关的个人特征包括年龄、身高、体重（航空乘务员）、性别、外貌（演员）、教育背景、宗教信仰（宗教机构）、语言特征（外教）等。

在聘用员工或确定升迁机会时，如果考虑应聘者或雇员与工作效率无关的个人特征，就是一种严重的歧视行为。

（八）暴力

在人类文明史上，暴力作为弱肉强食的丛林法则的基础，在稀缺资源的配置中始终发挥着重要作用。在这种游戏规则下，稀缺资源由强者得。暴力的具体表现形式有战争、有组织犯罪、暴力犯罪、暴力威胁等。如果你的家里只有一台电视机，电视遥控器的控制时间是通过什么方式分配的？

五、宏观经济政策

宏观经济政策的主要目标有：促进经济稳定增长、充分就业、价格水平稳定、国际收支平衡。不同的宏观经济政策目标之间通常存在某种程度的冲突。例如，紧缩性的货币政策有利于遏制过高的通货膨胀率，但可能会引起失业率的上升；积极的货币政策虽然有助于扩大总需求，降低失业率，但可能会带来更大的通货膨胀压力或更高的通货膨胀率。

财政政策和货币政策是主要的宏观经济政策。

（一）财政政策

财政政策，是指调整财政收支规模与结构的政策。税率的调整能够影响家庭部门的可支配收入，从而能影响家庭部门的消费需求和储蓄。税率的调整会影响企业的利润，进而影响到企业的投资能力和投资积极性，甚至引起资本外逃和产业转移。税率的调整还会影响到政府的财政赤字规模和债务余额。

实行积极的财政政策，如减税和扩大政府财政支出规模，会引起政府年度财政赤字规模的增加。这种情况下，政府就需要通过发行债券的方式筹集财政资金，从而引起政府债务余额的增加。

扩大政府财政支出规模，是政府影响社会总需求最直接的方法。以政府购买形式存在的政府需求，直接构成社会总需求的一部分。提高转移支付水平，能够间接提高社会总需求，促进经济增长。

在大多数国家，财政政策已经从一种立足于熨平短期经济波动、逆经济周期的、应急式的凯恩斯主义总需求管理政策，演变为一种立足于增强一个经济体的长期经济增长活力的宏观经济政策。

（二）货币政策

货币政策，是指调整货币供给量的政策。货币政策的主要目标是币值稳定与充分就业。常用的货币政策工具有存款准备金率、贴现率和公开市场业务。

货币供给量之所以如此重要，是因为通过调整货币供给量，中央银行能够影响许多经济变量。如引起利率、贷款条件、消费者价格指数、股票指数、房地产价格指数、汇率的变化。这些经济变量的变化又会进一步引起投资、消费、国际贸易和国际金融活动发生变化，进而影响到经济增长率、失业率、净出口额、外来投资、外汇储备等一系列经济指标。

在大多数国家，货币政策由该国中央银行的货币政策委员会独立制定和执行。在成熟的市场经济国家，中央银行是一个非常独立的机构，能够按照自己对宏观经济运行情况的独立判断，增加或减少货币的供给量。

在成熟的市场经济国家，货币政策是最重要，也是最主要的宏观经济政策，甚至是唯一可以灵活使用对短期经济波动进行微调的宏观经济政策。中央银行货币政策委员会的经济学家们就像一辆汽车的驾驶员，会根据宏观经济运行的“路况”，逆经济风向，不断踩下刹车和油门。

（三）收入政策

除了使用货币政策，许多国家的政府也尝试过使用收入政策来控制过高的通货膨胀率。收入政策，是指对工资和市场价格进行直接管制的政策。温和的收入政策还包括自愿价格限制和实行政府指导价格等措施。收入政策通常在发生严重通货膨胀的情况下使用。

收入政策从长期来看不仅无效，而且有害。面对高昂的通货膨胀率，政府运用行政手段进行直接的工资和价格管制，就如同医生面对发烧的患者，不去控制体温而选择去直接控制温度计的读数一样。让体温计失灵比什么都不做更坏。

直接的工资和价格管制，虽然能够收到立竿见影的效果，但并不能消除通货膨胀的压力，反而会扭曲市场价格信号，使其无法真实地反映商品的市场稀缺程度。

直接的工资和价格管制，还会使市场价格体系紊乱，抑制企业的生产和投资活动，减少市场供给，刺激黑市交易，使经济运行陷入更严重的混乱和衰退状态。

（四）供给政策

与立足于熨平短期经济波动，进行逆周期调节的总需求管理政策不同，供给政策立足于解决经济运行中深层次结构性问题，采用制度创新与变革的手段，通过提高一个经济体的竞争性和自由度来增强其内在经济活力和经济运行效率。

总需求管理政策服务于短期目标，供给政策服务于长期目标。总需求管理政策无法解决一个经济体的结构性问题。长期使用凯恩斯主义的总需求管理政策，不仅存在政策效果的边际收益递减问题，还会产生严重的不利后果。如产能过剩、库存严重、杠杆率过高、政府债务规模过大、系统性金融风险不断累积等。

实施供给政策因为涉及结构性改革，见效比较慢，但能从根本上解决一个经济体经济增长与发展的结构性问题。结构性改革不等于调结构，更不等于用行政手段去直接调整经济结构。结构性改革，是指全方位、深层次、市场化取向的体制变革甚至基础性的制度变革。结构性问题，指的是深层次的体制问题甚至基础性的制度问题。

（五）美国的供给学派

20 世纪 70 年代，以南加州大学的经济学家阿瑟·拉弗（1941—）和哈佛大学的经济学家费尔德斯坦为代表的供给学派，对美国宏观经济政策的走向产生过重大影响。

美国供给学派的政策主张主要包括：

（1）大幅减税，特别是大幅降低边际税率，以提高个人特别是高收入者的工作积极性，提高企业的投资能力和投资积极性，促进经济增长，增加就业，并在经济增长的基础上最终增加政府的财政收入。供给学派的减税不是“逆经济风向”调节的暂时性措施，而是立足于提高经济活力的长期性减税。

（2）解除或放松政府对企业经济活动不必要的管制，提高市场的竞争性，以刺激投资，激发企业家精神，加速资本形成，增加总供给。

（3）加强货币管理，节制货币供给，抑制通货膨胀。

（4）削减政府支出，逐步实现预算平衡。削减政府支出的主要目的并不是要弥补因减税带来的政府财政收入的减少，而是为了减少政府对经济活动的干预，充分发挥市场机制的作用。政府使用财政资金的效率不会比私人部门使用自己的钱的效率更高。

（5）削减社会福利支出。供给学派认为，帮助穷人最好的途径不是政府给予救济，而是实现经济的持续增长。促进经济增长的政策是最好的就业政策和福利政策。

（6）政府加大对人力资本的投资，同时鼓励家庭和企业部门增加对人力资本的投资。

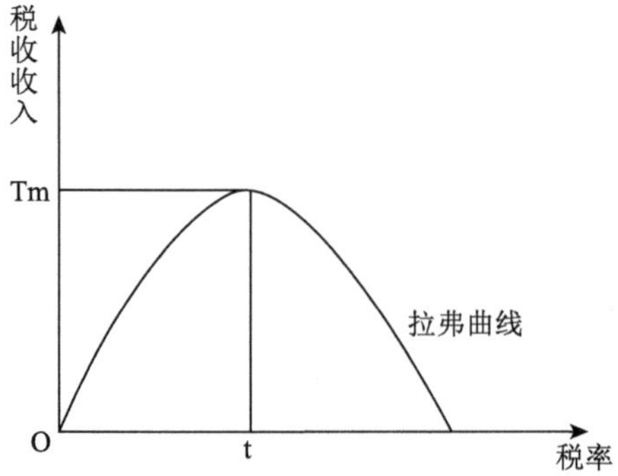

图 1-3　拉弗曲线

拉弗曲线描述了政府税收收入与（平均）税率之间的关系（见图 1-3）。在一定的税率之下，政府的税收收入随税率的提高而增加。一旦税率越过某一临界点（最佳税率），税率的进一步提高反而会因税基的减小造成政府税收收入的下降。当税率为 100%时，这个经济体所有的经济活动都将停止。

用糖浆比用醋能捕到更多的苍蝇。拉弗曲线的政策含义是，如果当前的税率过高，抑制了经济活动，那么从长期来看，减税就能起到刺激经济增长、增加就业的作用，并带来政府税收收入的增加。

当时美国一些税种的边际税率已经超过 50%，位于税收禁区内。所以，美国应该通过大规模的减税促进经济增长。减税可能会造成政府财政赤字在短期内增加，但从一个较长时期看，政府税收收入会随经济规模的扩大而增加，最终实现政府预算的平衡。1980 年，里根在竞选美国总统时，拉弗曲线成为其经济复兴计划的重要支柱。2019 年 6 月 19 日，特朗普总统授予阿瑟・拉弗教授总统自由勋章。

六、市场失灵与政府干预

从理论上讲，存在三种类型的市场失灵。

第一类市场失灵是由市场机制本身所固有的缺陷或局限造成的。这是一种不论市场机制发育成熟的程度如何，都会存在的一种功能缺陷。也就是说，这类市场失灵无法通过完善市场机制去克服。

这类市场失灵具体表现为：单纯依靠市场的力量，无法充分、有效地提供公共产品；单纯依靠市场的力量，无法有效地解决外部性问题；单纯依靠市场的力量，无法有效制约因自然垄断而导致的企业市场权力；单纯依靠市场的力量，难以有效地解决因信息不对称所带来的道德风险和逆向选择问题，难以解决因信息不完全所带来的资源配置偏离帕累托最优状态的问题（男朋友在婚后发生的意想不到的变化；二手商品价格的断崖式下降；强制性的食品药品成分信息披露制度）；单纯依靠市场的力量，难以解决收入分配和财富占有上的两极分化和绝对贫困问题；单纯依靠市场的力量，无法解决宏观经济运行短期剧烈波动的问题。

帕累托最优，也称帕累托效率，以意大利经济学家维弗累多·帕累托（1848—1923 年）的名字命名，指的是一个经济体资源配置的一种理想状态。在这种状态下，不使任何一个社会成员福利状况变坏的情况下，使某个社会成员的福利状况变得更好。帕累托改进，是指在不使任何一个社会成员福利状况变坏的情况下，通过改变现有的资源配置状态，使至少一个社会成员的福利状况得到改善的情况。

在帕累托最优状态下，一个经济体的资源配置效率没有帕累托改进的空间。如果通过改变现有的资源配置状态，福利状况受损者的损失小于福利状况得到改善者的收益，这种资源配置状态的调整就能促进整个社会的福利状况。这种调整被称为卡尔多—希克斯改进。如果一个社会的资源配置状态不再存在卡尔多—希克斯改进的空间了，这个社会的资源配置就实现了卡尔多—希克斯最优。

第二类市场失灵是指由市场机制发育不完善而导致的市场功能失灵。对于这类市场失灵，应通过为市场机制的发育成熟积极创造制度环境的途径去消除。

政府不应试图通过长期替代不完善的市场、直接配置生产要素的途径去消除这类市场失灵，否则市场就难有机会发育成熟起来。政府的直接干预必然会带来盘根错节的特殊利益集团、广泛的寻租活动、市场竞争不充分、价格信号失灵、严重的市场扭曲（市场价格扭曲、企业竞争行为扭曲、产业结构扭曲等）等不良后果。一国政府在市场发育不成熟时不得不承担起的本该由市场承担的职能，应该随着市场机制发育成熟程度的不断提高主动选择逐渐减少对市场的直接干预。

第三类市场失灵是由政府的不当干预所引起的市场功能失灵。

消除这类市场失灵，不但不应依靠不断加强政府干预的方式，相反应通过转变政府职能、不断减少政府不恰当干预，让市场在生产要素的配置中发挥决定性作用的方式来解决。一个经济体应该按照现代市场经济的要求，合理划分政府与市场的边界，解决政府的缺位、越位和错位问题。不该由政府管的要放开，该政府管的要管好。减少进入管制，加强政府监管。政府监管要减少行政手段的使用，提高法制水平。否则，就会形成一管就死、一放就乱的恶性循环。

市场经济是人类社会可选择的最不坏的经济制度。世界上不存在完美的社会制度。不能使用双重或多重标准去衡量不同的社会制度，尤其是不能把完美当作批判某种社会制度的标准。

市场失灵并不构成政府干预的充分条件。存在市场失灵，同样存在政府失灵。市场失灵仅为政府介入提供了一种可能性。政府不是万能的，不能把政府不切实际地想象成万能的慈父。政府干预不仅不是免费的，而且非常昂贵，且不恰当的政府干预会使市场运行的结果更加恶化，许多市场失灵本身就是由政府的不当行为造成的。

对政府干预和市场失灵，我们应采取一种两害相权取其轻的态度。在准备选择政府干预市场运行的时候，我们需要对政府将要采取的干预措施展开成本—收益分析，以了解这些干预措施可能的后果。即使是模糊的评估也比完全盲目干预要好。

七、经济转轨

转轨经济学研究的对象是指令性经济向市场经济的转轨过程。转轨经济学也被称为改革经济学，属于制度经济学的一个组成部分。

在指令性经济向市场经济转轨的过程中，一个核心的问题是改革的顺序如何安排，改革的速度应该多快，如何从河的一边走到河的另一边。转轨方式被分为多项措施同时出台一步到位的激进方式和为了避免激烈的社会震荡，各项改革措施按其顶层设计分阶段、分领域逐渐出台的渐进方式。前者被称为休克疗法，后者被称为渐进式改革。二者的区别，主要不在于改革的内容和目标，而在于改革的顺序和力度。

休克疗法，由美国经济学家杰弗里·萨克斯在担任玻利维亚政府经济顾问时最早提出。这种经济改革思路的特点是全面、迅速和一步到位地推进经济自由化、民营化改革，并实行严厉的经济稳定政策。如采取严厉的货币从紧政策以迅速遏制通货膨胀，采取严厉的紧缩性财政政策以迅速减少政府的巨额财政赤字。由于这种大爆炸式的整体经济改革方案会对整个经济系统和社会生活产生剧烈冲击，甚至有可能会使整个国家的经济运行暂时休克，因此被称为休克疗法。休克疗法在玻利维亚取得了奇迹般的成功，被称为玻利维亚奇迹。

支持迅速转型改革路径的经济学家认为，一个人不能分两次怀上一个孩子，不能分两步跨过一个深渊。支持渐进式改革路径的经济学家则认为，生一个孩子尚且需十月怀胎呢，全面的经济改革应分阶段、分领域进行。一个转轨国家，为什么会选择在缺乏顶层设计的情况下展开局部的改革？为什么会选择在不过多触及既得利益的前提下展开增量改革？你认为孕育一个孩子，可以先孕育手臂，再逐渐孕育下肢、躯干、头颅、五脏和六腑吗？分阶段、分领域推进的局部改革，能够像玩拼图游戏一样，最终拼成一个相互协调的制度体系吗？这些都是值得深思的问题。

在转轨初期，采取大爆炸式的休克疗法的转轨国家均遇到了很大的经济困难和严重的社会问题，如严重的经济衰退、高失业率、迅速扩大的贫富差距、巨额的预算赤字、严重的通货膨胀、政治腐败、政治动荡等。但在今天看来，休克疗法和渐进式的增量改革均取得了不错的效果。波兰、匈牙利、捷克的制度转型最为迅速和成功，但在俄罗斯的转轨过程中，休克疗法所产生的休克期就比预想的要长且痛苦。中国和越南选择了以经济体制改革为主的渐进式改革路径，取得了举世瞩目的经济成就。

现在就对这两种转轨方式的长期效果做出结论为时尚早，毕竟转轨还在进行之中。中国能否在未来的不远处成功越过中等收入陷阱，在更远一些的地方成为一个自由竞争的、法制的、市场能够在资源配置中发挥决定性作用的现代市场经济国家，取决于我们对未来的洞察力、历史使命感以及承担全方位深层次结构性改革代价的勇气和决心。我们要进行的改革是系统性改革，是一场没有硝烟的革命，是一次自我革命。中国的改革还没有进入深水区，因此，要充分认识到中国将要进行的全方位、深层次、结构性改革的复杂性、艰巨性和长期性。

八、华盛顿共识

20世纪80年代初期，许多拉美国家在实施赶超战略失败后相继陷入债务危机。陷入债务危机的拉美国家急需获得世界银行、国际货币基金组织、美洲开发银行的经济援助，但这些国际组织提供经济援助的前提条件是，接受经济援助的国家必须进行宏观经济政策调整和经济体制改革。

1989年，美国国际经济研究所邀请国际货币基金组织、世界银行、美洲开发银行、美国财政部与部分拉美国家的政府代表和研究人员在华盛顿召开了一个研讨会，就陷入债务危机的拉美国家的宏观经济政策调整和经济体制改革商讨方案。

最终参加会议的代表在拉美国家应采取的政策调整和体制改革方面达成基本共识，这个共识被称为华盛顿共识，由美国国际经济研究所所长约翰·威廉姆森执笔。

华盛顿共识的指导思想是：局部的改革要让位于全面的改革，通过以减少政府对经济活动的管制、私有化改革、保护私人产权为主要内容的系统性改革，促进经济自由与市场竞争。华盛顿共识成为发展中国家和转轨国家主流的经济发展与改革战略。

华盛顿共识被其批评者称为是新自由主义或市场原教旨主义的政策宣言，甚至被一些激进学者认为是西方发达国家为了自身利益强加给发展中国家的一种带有奴役性质的改革框架，目的在于迫使广大发展中国家对其开放市场，以便于它们在“自由竞争”的名义下对广大发展中国家进行“自由掠夺”和“自由剥削”，并使其最终成为西方发达国家的经济附庸。

华盛顿共识主要包括十个方面的内容：

（1）加强财政纪律，压缩财政赤字，降低通货膨胀，稳定宏观经济形势。

（2）把政府财政支出的重点转向高效率的领域和有利于改善收入分配状况的领域（如科教文卫和基础设施建设领域）。

（3）开展税制改革，降低边际税率，扩大税基。

（4）利率市场化。

（5）促进形成汇率的市场机制。

（6）促进贸易自由化，开放国内市场。

（7）放松对外资的限制。

（8）推进国有企业的民营化改革。

（9）放松政府管制，消除市场的进入和退出障碍。

（10）保护私有产权。

华盛顿共识的内容可进一步概括为：

民营化，即推动国有企业的民营化改革和进一步保护私有产权。

自由化，即推动贸易自由化、投资自由化和金融自由化改革，消除贸易壁垒、投资限制、进入管制和退出障碍。

稳定宏观经济，即执行由国际货币基金组织和世界银行为代表的多边国际经济组织确定的以汇率贬值和紧缩型财政政策为核心内容的经济稳定计划。

陷入债务危机的拉美国家，按照华盛顿共识进行的政策调整和经济改革并没有收到令人满意的效果。华盛顿共识作为经济改革的一系列原则，与一整套具体的改革措施之间存在着巨大的差距。陷入债务危机的拉美国家的经济政治体制改革推进太慢，最终导致华盛顿共识无法落地，成为一纸空文。

作为华盛顿共识的一种批评力量，以美国经济学家斯蒂格利茨为代表的一些西方经济学家提出了后华盛顿共识。后华盛顿共识认为，发展中国家不仅要关注经济增长，还应关注贫困、收入分配和环境的可持续性等问题。仅仅依靠市场的力量无法实现生产要素的最优配置，应该同时重视政府这只“看得见的手”在一国经济发展中的积极作用。其实，看不见的手和看得见的手，市场机制和政府干预是一种相互补充而不是相互替代、非此即彼的关系。

参考文献

[1] 威廉·配第. 政治算术 [M]. 北京：商务印书馆，2014.
[2] 詹姆斯·穆勒. 政治经济学要义 [M]. 北京：商务印书馆，2010.
[3] 李嘉图. 政治经济学及赋税原理 [M]. 北京：华夏出版社，2005.
[4] 萨伊. 政治经济学概论 [M]. 北京：商务印书馆，1998.
[5] 约翰·穆勒. 政治经济学原理 [M]. 北京：华夏出版社，2013.
[6] 马尔萨斯. 政治经济学原理 [M]. 北京：商务印书馆，1962.
[7] 李斯特. 政治经济学的国民体系 [M]. 北京：商务印书馆，1961.
[8] 瓦尔拉斯. 纯粹经济学要义 [M]. 北京：商务印书馆，1989.
[9] 杰文斯. 政治经济学理论 [M]. 北京：商务印书馆，2012.
[10] 布莱恩·斯诺登. 现代宏观经济学：起源、发展和现状 [M]. 江苏：江苏人民出版社，2009.
[11] 曼昆. 宏观经济学 [M]. 北京：中国人民大学出版社，2016.
[12] 米尔顿·弗里德曼. 自由选择 [M]. 北京：机械工业出版社，2013.
[13] 斯蒂格利茨. 政府为什么干预经济 [M]. 北京：中国物资出版社，1998.
[14] 杰弗里·萨克斯. 贫穷的终结 [M]. 上海：上海人民出版社，2007.
[15] 巴泽尔. 产权的经济分析 [M]. 上海：上海人民出版社，1997.
[16] 埃格特森. 经济行为与制度 [M]. 北京：商务印书馆，2004.
[17] 萨拉尼耶. 市场失灵的微观经济学 [M]. 上海：上海财经大学出版社，2004.

附录　经济学教育史上的四本超级教科书

1. 约翰·斯图亚特·穆勒与《政治经济学原理》（1848 年）

约翰·穆勒（1806—1873 年），是欧洲著名哲学家、历史学家、古典经济学家詹姆斯·穆勒（1773—1836 年）六个孩子中的长子。老穆勒的代表作是《政治经济学要义》（1821 年）。约翰·穆勒的代表作是《论自由》和《政治经济学原理》。约翰·穆勒在他生活的那个时代被看作是欧洲最伟大的思想家之一。

约翰·穆勒对当时形形色色的经济学说进行了经济学史上的第一次大综合，将亚当·斯密以后经济学研究所取得的理论成就进行了折中和系统化。约翰·穆勒构建的经济学理论体系集中体现在他的《政治经济学原理及其在社会哲学上的若干应用》（1848 年）（《共产党宣言》也出版于这一年）一书中。这本经济学著作一共修订了 32 次，在很长时间里扮演着欧洲，当然也是世界最具权威性的经济学教科书的角色。在 1890 年以前，这本著作就是经济学界的《圣经》，直至马歇尔的《经济学原理》（1890 年）问世。

2. 马歇尔与《经济学原理》（1890 年）

阿尔弗雷德·马歇尔（1842—1924 年），是集 19 世纪经济学发展成就之大成的经济学家，经济学新古典学派（也被称作“剑桥学派”）创始人，英国剑桥大学的经济学教授。在马歇尔的努力下，经济学从仅仅是人文学科中的一门课程发展成为一个独立的社会科学学科。凯恩斯称马歇尔为“第一个剑桥经济学家”，剑桥大学在他的影响下建立了世界上第一个经济学系。

1881 年，马歇尔开始写作《经济学原理》。1890 年，马歇尔出版了经济学理论发展史上里程碑式的著作《经济学原理》，这部著作实现了经济学理论发展史上的第二次大综合，被认为是《国富论》以后最伟大的巨著之一。马歇尔在书中确立的微观经济学理论体系完整地反映了约翰·穆勒以后经济学研究取得的所有重要进展。在保罗·萨缪尔森的《经济学》（1948 年）问世以前，该书是世界上最权威、最流行的经济学教科书，被那个时代几乎所有的欧美经济学家当作辩论的起点。这部著作在马歇尔在世时就修订了 8 次，并在其正式出版的 40 年后才达到它的最大发行量，这一事实很好地说明了这本著作在经济学理论发展史上所产生的深远影响。经济学这门学科的名称，也因马歇尔这本经典著作的广泛使用，由政治经济学转变为经济学。凯恩斯曾说过，要想成为一名优秀的经济学家，只需阅读马歇尔的《经济学原理》和一份好报纸的经济版就可以了。

马歇尔的经济学理论体系为后来的西方主流理论经济学确立了微观经济分析的基本框架。直到今天，微观经济学仍沿用着马歇尔所建立的理论框架。该书所阐述的经济学理论和所构建的微观经济学理论体系，被看作是英国古典政治经济学的继承和发展，因此，马歇尔的理论体系及其追随者们被称为新古典经济学和新古典学派。古典经济学以亚当·斯密、大卫·李嘉图和约翰·穆勒为代表。由于马歇尔及其学生，如凯恩斯、庇古等都先后长期在剑桥大学任教，因此这个学派也被称为剑桥学派。

3. 保罗·萨缪尔森与《经济学》(1948 年)

1946 年凯恩斯的去世标志着自亚当·斯密以来一直由英国人主导经济学发展的时代结束了，经济学研究的重心从英国转移到了美国。在“二战”期间，大批欧洲优秀的经济学家来到美国，加速了这一时代的来临。这个时代的来临，既得益于美国在全球的经济地位，更得益于美国学术系统的开放性、思想自由度、学术界的包容性和大学制度的多样性，持不同学术观点的经济学家都能在美国学术界找到他们的栖身之所，特别是那些持有“另类”学术观点的学者。

随着一个伟大的英国剑桥经济学家的逝世，另一个伟大的英国剑桥经济学家——保罗·萨缪尔森崛起了。借助于数学工具在经济学研究中的系统运用，萨缪尔森成为第一个以科学家身份出现的经济学家，是他将“文字的经济学”变为“数学的经济学”。萨缪尔森被称为“经济学界的最后一个通才”，最后一个“百科全书式的经济学家”。

萨缪尔森将凯恩斯主义的宏观经济学与以马歇尔为代表的新古典经济学（微观经济学）综合在一起，形成新古典综合派。1970 年，萨缪尔森在他的第 11 版《经济学》教科书中，将新古典综合派改称为后凯恩斯主流经济学，以此来命名他在《经济学》教科书中所构建的理论体系。1985 年，萨缪尔森在《经济学》（第 12 版）中又将这个理论体系改称为现代主流经济学的新综合。萨缪尔森对主流经济学创新成果所进行的综合是经济学理论发展史上的第三次大综合。

1935 年，20 岁的萨缪尔森从芝加哥大学本科毕业。1941 年，萨缪尔森获得哈佛大学的经济学博士学位，到 MIT 任教。1947 年，萨缪尔森的博士论文以《经济分析基础》为名出版。萨缪尔森将那个时代的经济学描述为“一个肮脏的马厩，充满了继承来的冲突、重叠和错误”，认为应该用数学这个工具去清理这个肮脏的“经济学马厩”。1947 年，年仅 32 岁的萨缪尔森获得美国首届克拉克奖，同时 MIT 升任其为正教授。

1948 年，萨缪尔森撰写的经济学教科书《经济学》问世。这本教科书成为历史上最畅销的经济学教科书之一，先后被译为 40 多种文字，经历了半个世纪世界经济、政治和经济学发展的风云变幻：和平与战争，繁荣与萧条，民主与专制，计划与市场，自由与管制，影响了整整两代人。

这本经济学教科书是如此畅销和具有长久的生命力，正如萨缪尔森在该书第 14 版的序言中所说的，“主流经济学说的历史学家们，像研究地球不同地层化石的古生物学家一样，会通过分析第 1 版如何被修订为第 2 版，最后又被修订为第 14 版来确定经济思潮涨落的年代”。这段话的含义是他的经济学教科书会不可避免地留有不同时代的思想痕迹、政策痕迹和政治痕迹。

从 1985 年起，萨缪尔森开始与耶鲁大学的诺德豪斯（萨缪尔森的学生，博士毕业于 MIT）一起修订这本教科书。2010 年，萨缪尔森和诺德豪斯合作修订的《经济学》第 19 版问世，这是萨缪尔森去世前的最后一个版本。2009 年 12 月，萨缪尔森去世。我国经济学者编写的现代经济学教材或西方经济学教材，几乎全部以萨缪尔森的《经济学》作为蓝本或参照物。

萨缪尔森几乎得到了经济学界的所有荣誉：第一届克拉克奖（1947 年），第一位获得诺贝尔经济学奖（1970 年）的美国人，事实上也是真正第一位获得诺贝尔经济学奖的经济学家。1969 年，第一届诺贝尔经济学奖礼节性地颁发给了挪威和荷兰的两位北欧经济学家。威廉·诺德豪斯 2018 年也获得由瑞典皇家科学院颁发的诺贝尔经济学奖。

4. 曼昆与《经济学原理》（1998 年）

格雷戈里·曼昆（N. Gregory Mankiw），1958 年 2 月 3 日出生于乌克兰。曼昆 1980 年毕业于普林斯顿大学经济系，毕业论文获得最佳论文称号。1984 年，曼昆获得 MIT 经济学博士学位。1985 年，曼昆到哈佛大学从教。1987

年，29 岁的曼昆被聘为哈佛大学经济学教授。曼昆在其论文《小菜单成本与大经济周期：一个垄断的宏观经济模型》中提出的菜单成本理论，使其一举成名。

1998 年，曼昆面向本科学生撰写的经济学教科书《经济学原理》问世。这本教科书在还没有完稿时，就被出版商以 250 万美元的预付款买下了出版权。不出所料，这本教科书一出版就立刻成为畅销书，当年的销量就达到了 20 多万册，不到 3 个月，就被哈佛大学、耶鲁大学、斯坦福大学等 350 多所大学推荐为本科生的经济学教学参考书。

这本初级教科书最突出的一个特点就是它所倡导的学生导向。曼昆立足于初学者（和学生）的角度和需要进行了经济学理论框架的构建、材料的取舍和表述方式的选择。全书结构简洁明了，难易适中；语言通俗，深入浅出；文风轻松有趣，可读性很强；事例鲜活，贴近现实。这本教科书的另一个特点是，强调经济学思维方式的建立、对经济学原理的理解与运用、对经济政策后果的分析，而非简单地介绍经济学理论本身。曼昆认为，学习经济学的目的在于运用经济学理论更好地理解真实的世界和经济政策，增进个人和社会的福利，而不是应付考试或记住这些理论本身。曼昆在这本教科书中表达出的这些思想，其影响远远超出了经济学界。

2003 年，曼昆接替中途辞职的哥伦比亚大学经济学教授格伦·哈伯德，担任美国（小）布什总统的经济顾问委员会主席（2003—2005 年）。曼昆在里根政府时期就曾受时任白宫经济顾问委员会主席马丁·费尔德斯坦的邀请，担任过白宫经济顾问（1982—1983 年）。此外，他还担任过国家经济研究局货币经济部主任、国会预算办公室顾问、波士顿联邦储备银行顾问等职务。2019 年 3 月，由曼昆担任主讲教师的哈佛大学最受欢迎的课程 Economics 10：principles of Economics（简称 EC10）更换了老师，接替者为哈佛大学肯尼迪学院的经济学教授贾森·弗曼（Jason Furman）和哈佛大学经济系教授戴维·莱布森（David Laibson）。

5. 中国经济学教科书的本土化

所谓的中国经济学教科书本土化，是指将目前由西方经济学家创立的现代经济学理论体系和中国的经济现实紧密联系起来，以中国的社会制度、中国经济为背景撰写经济学教科书和展开经济学教育，以理解中国经济运行，进而解决中国经济问题为经济学教育的首要目标，努力运用中国的经济实例来阐述现代经济学的基本原理，并根据中国的具体国情和现实需要，对移植自欧美国家主流经济学教科书的传统结构进行调整和内容上的取舍与增添，以更好地理解有中国特色的社会主义市场经济。

在经济学教科书本土化过程中需要遵循的几个原则：

（1）经济学教科书的撰写要与中国经济的客观现实紧密结合，要反映中国经济发展的基本经验和教训，要反映理解中国经济、解决中国经济问题的现实需求。

（2）经济学教科书的写作要以学生为本，不能写成药品说明书。

（3）本科阶段的经济学教学不要过分强调教学内容的难度和深度，而应以兴趣培养和经济学思维方式的建立为中心。

（4）要有一流的经济学家投入到初级阶段的经济学教育。

第二章　对宏观经济运行状况的衡量

一个经济体的宏观经济运行状况并不只是经济学家才会关心，宏观经济的运行状况深深影响着这个经济体中的每个企业、家庭和个人。我们对宏观经济运行状况是如此关心，以至于当我们打开门户网站和电视时，各种关于宏观经济运行状况的新闻、宏观经济指标及其数据几乎无处不在，如 GDP 增长率、CPI、失业率、贸易赤字、外汇储备、各种股票指数等。现在我们就来熟悉一些描述宏观经济运行状况的宏观经济指标。用这些经济指标描述的宏观经济运行状况，远比我们切身感受到的要准确、深入和全面得多。

一、对一个经济体产出规模的衡量

（一）GDP 计算：产品流量法和收入流量法

GDP，是国内生产总值的简称，指的是一个经济体在一定时期内生产的所有最终产品和服务的市场价值总和。

经济学家通过产品流量法和收入流量法来对一个经济体的产出规模进行统计。

按照收入流量法，GDP 可被看作是生产要素所有者所获得的各种收入的总和，如工资收入、利息收入、租金收入和企业利润。

按照产品流量法，GDP 被定义为一个经济体在一定时期内所生产的所有最终产品和服务的市场价值总和。

GDP 只包括纳入统计范围的具有市场价值的产品与服务。也就是说，GDP 的统计并不包含那些由于种种原因没有纳入统计范围的产品和服务，如非法生产或提供的产品与服务。由于 GDP 只统计通过市场进行交易的产品和服务，所以，也不包括家庭内部生产的产品与服务。

GDP 只统计一个经济体生产的最终产品，并不包括中间产品，这样就避免了重复计算。最终产品，就是最终由消费者或投资者所购买和使用的产品，而中间产品只在生产者之间流动。那些暂时以存货形式存在的中间产品，被当作资本品计入 GDP 的统计中。在下一个统计周期，如果存货量减少了，这个时间区间内的 GDP 就相应地减少。

GDP 只统计一个经济体当期生产的产品与服务，而不包括过去生产的产品，所以，旧货市场中交易的二手商品不被计入当期的 GDP 中。

由于 GDP 衡量的是一个经济体在一定时期内的产出规模，所以，无论生产者是否具有这个国家的永久居留资格，其收入都被计入该经济体的 GDP 中。

需要特别注意的是，GDP 描述的是一个经济体在一定时期内的产出规模，而不是这个经济体的所有厂商在一定时期内的经济活动规模的累计。这就是为什么对于新加坡这样高度开放的小型经济体，其出口额通常会超过 GDP 的原因。

GDP 被称为是 20 世纪人类最伟大的发明之一。宏观经济统计的发展与完善，成为宏观经济理论产生和发展的重要基础和基本前提。

1929 年，严重的经济危机在美国爆发。当时的美国尚未建立起官方统计系统，政府仅掌握有数百万人失业、铁路货运量骤减、钢铁产量下降等零散信息，缺乏刻画经济全貌的经济指标。1932 年，为应对持续的经济危机，应美国国会要求，美国商务部内外贸易局经济分析处同国民经济研究所（NBER）的西蒙·库兹涅茨等经济学家合作，开创性地编制了 1929—1932 年全国国民收入（NI）统计方法。

第二次世界大战加快了英美等西方国家完善一个经济体经济总规模统计方法的进程。美国加入“二战”后，国民经济从消费模式转向战时模式。为支持战时经济规划的编制，美国的经济学家们在国民收入统计的基础上，开始估算国民生产总值（GNP）的年度数据。在英国，经济学家斯通 1947 年撰写了报告《国民收入和相关总量的定义与测度》。

美国政府分别从 1951 年和 1958 年开始正式发布年度和季度的 GNP 数据。1965 年，美国首次编制了分产业的 GDP 数据，以更好地把握其产业结构特征。但直到 1991 年，美国才正式用 GDP 取代 GNP，以同就业、工业产出等核心经济指标保持相同的统计口径。

在美英两国GDP统计实践的基础上，联合国以GDP统计为核心，分别于1953年、1968年、1993年和2008年推出《国民账户体系（SNA）统计方法》的4个版本，作为宏观经济统计的全球标准。

（二）GDP的构成

一个经济体在一段时期内（年）生产出来的产品和服务（Y）可以分为四部分：消费（C）、投资（I）、政府购买（G）和净出口（NX）。

$$Y=C+I+G+NX$$

GDP中的一部分被用于家庭部门的生活消费C。

GDP中用于投资的部分I，在实物上表现为该年度生产出来的机器设备、增量存货、建筑物等耐用资本品（在统计上，家庭部门购买新建住宅的支出被看作是一种对资本品的投资性支出，而不是对耐用消费品的消费性支出）。

这个投资额也被称为国内总投资，即没有经过折旧调整的投资额。

折旧，指的是耐用资本品在一年中磨损或消耗掉的价值。如果不考虑折旧因素，就会夸大耐用资本品在一年中的增加。就好像统计人口数量的时候，只统计出生人口而不统计死亡人口一样。

总投资减去资本折旧后的剩余部分被称为净投资。净投资代表了一个经济体在一年内资本存量的净增量。

GDP中的一部分被各级政府所购买G。

政府会购买各种货物、服务和工程以满足履行提供公共产品和公共服务职能的需要。

来自政府部门的转移支付，即政府部门进行的并不用来交换货物、工程和服务的支付，如政府发放的基础养老金、各种补助金、救济金、政府公债利息、农产品价格补贴、居民临时价格补贴、税收返还、对外援助捐赠、缴纳的国际组织会费等，并没有改变政府购买的规模，因此，不计入政府购买中。

政府提供的主要公共产品和公共服务包括：国防、外交、国家安全、社会治安、消防、（部分）基础教育、（部分）职业教育、（部分）高等教育、基础研究、（部分）应用研究、基础设施（铁路、公路、机场、码头、输电、输气、输油等）、水利设施、气象服务、市场监管、国有资产监督管理、安全生产监督管理、防灾救灾、检疫检验检测、环境保护与治理、统计、科技推广、科学普及、邮政通讯、市政工程（公共交通、供水、供电、供气、供热、通信、环境卫生、园林绿化、排水防洪、排污、污水处理、垃圾处理）、住房保障、基本医疗、公共卫生、社会保险（养老、医疗、失业、生育、工伤）、社会救济（对贫困线以下的低收入者或者遭受灾害的生活困难者提供无偿物质帮助）、社会福利（针对老人、儿童、残疾人等特殊群体提供的必要生活保障）、优抚安置（指国家对从事特殊工作者及其家属，如军人及其亲属予以优待、抚恤、安置的一项社会保障制度）、扶贫等。

对于任何一个开放的经济体，GDP 中总会有一部分产品和服务出口到其他经济体。

如果一个经济体的净出口额是一个负值，就说明存在一个净进口额，该经济体的 GDP 就会小于其消费、投资和政府购买的总和。

（三）名义 GDP、实际 GDP 与潜在 GDP

名义 GDP，是按市场价格或名义价格统计的 GDP。实际 GDP，是按不变价格（基年价格）统计的 GDP。

由于 GDP 衡量的是一个经济体在一定期限内生产的所有最终产品和服务的市场价值总和，所以，当一个经济体的 GDP 增长时，要么是因为这个经济体生产了更多的产品和服务，要么是因为其生产的产品和服务的市场价格上升了，或二者兼而有之。

经济学家在统计 GDP 时，关心的是一个经济体的实际产出规模，而非名义产出值。这就需要剔除掉 GDP 统计中价格因素的影响。剔除掉价格因素影响的 GDP 就是实际 GDP。与此相对应，未进行价格水平调整的 GDP 就是名义 GDP。

名义 GDP 会因平均价格水平的波动夸大或掩盖经济增长或经济衰退的幅度。例如，在经济大萧条中，由于发生了严重的通货紧缩，名义 GDP 的下降幅度就会大大超过实际 GDP 的下降幅度。

实际 GDP 真实地反映了一个经济体满足其社会成员各种需求的能力，因此，通常用人均实际 GDP 来衡量一个经济体社会成员的平均生活水平。

与实际 GDP 不同，潜在 GDP 指的是一个经济体所能维持的最大产出规模。潜在 GDP 也可以理解为一个经济体在充分就业情况下的均衡产出量。

潜在 GDP 由这个经济体的生产可能性边界来反映。通常情况下，一个经济体的实际 GDP 低于其潜在 GDP。

潜在 GDP 不是一个经济体所能实现的最大产出规模。例如，在战争期间或经济过热期，人或设备处于超负荷运行状态时，一个经济体的实际 GDP 是能够超过其潜在 GDP 的，但这样的状态难以长时间持续。

（四）经济增长率、负增长与软着陆

根据一个经济体在不同年份的实际 GDP，我们可以计算出该经济体在不同年份的经济增长率。

经济增长率=（本年度的实际 GDP-上年度的实际 GDP）/上年度的实际 GDP ×100%

如果计算出的年经济增长率为负值，我们通常把这种经济倒退称为经济的负增长。

所有经济体的经济增长率都是不稳定的。GDP 的短期波动在大多数情况下是与其经济增长的长期趋势相背离的。我们在考察一个经济体的经济增长状况时，要注意区分 GDP 变化的长期趋势和短期波动。

努力使本国经济平稳、快速地增长，是所有国家宏观经济管理部门和货币当局追求的一个主要目标。

经济软着陆，指的是在不引起严重失业和通货紧缩的情况下，运用紧缩型货币政策、财政政策将一个经济体过快的经济增长速度和过高的通货膨胀率平缓地降到一个适度水平的经济调整方式。

与经济软着陆对应的是经济硬着陆，指的是大起大落式的经济调整方式。经济硬着陆的基本特征是由紧缩型财政政策、货币政策失当造成的经济增长率下降幅度过大，甚至出现经济的负增长，以及由此造成的失业率快速上升和通货紧缩。

（五）国内生产净值、国民生产总值与国民总收入

国内生产净值、国民生产总值与国民收入是与 GDP 关系紧密的几个宏观经济统计指标。

国内生产净值（NDP），指的是一个经济体的 GDP 减去折旧后的剩余部分。由于一个经济体的折旧部分很难准确估算，所以，虽然在理论上 NDP 能够比

GDP 更准确地反映出一个经济体实际产出规模的变化，但在经济统计中我们还是更多地使用 GDP 这个经济指标。

国民总收入（GNI），指的是一国永久居民在一年内所获得的总收入。国民总收入包括本国永久居民在国外获得的收入，但不包括外国居民在本国获得的收入。

发展中国家的 GNI 通常小于 GDP，发达国家则相反。

GDP、NDP、GNI 这几个宏观经济指标的统计口径虽然不完全一样，但它们描述和衡量的都是一个经济体的实际产出规模，因此它们的变动方向是一致的。

据世界银行 2017 年 2 月公布的数据，2015 年世界的 GDP 总量达 74 万亿美元。其中，美国（3.3 亿人）的 GDP 排名第一，为 16.19 万亿美元，占比 24.32%。中国的 GDP 为 10.38 万亿美元，名列第二，占比 14.84%。日本（1.26 亿人）、德国（0.8 亿人）的 GDP 分别为 4.8 万亿美元和 3.37 万亿美元，分列第三、第四，占比分别为 5.91%、4.54%。

2015 年，世界总人口为 73.16 亿人，世界人均 GDP 在 1 万美元以上。人均 GDP 排名在中国之前的经济体的 GDP 总量为 53 万亿美元，占世界 GDP 的 72.7%；人口为 18.67 亿，占世界总人口的 25.5%，人均 GDP 为 28000 美元左右。

2015 年，人均 GDP 排名在中国之后的经济体的 GDP 总量为 9 万亿美元左右，占世界 GDP 的 12.3%；人口为 39.75 亿，占世界总人口的 55.7%，人均 GDP 为 2200 美元左右。

从各大洲的排名看，亚洲处于领先地位，占世界 GDP 的 33.84%；北美其次，GDP 占比为 27.95%；欧洲第三，GDP 占比为 21.37%。这三大洲占世界 GDP 的比重为 83%。亚洲的经济重心在东部，中国、日本和韩国（1.2 万亿美元）三国的 GDP 之和几乎与美国一样多。

南美洲和非洲依然未能在世界经济中占据较大比重。2015 年，南美洲四大经济体——巴西、阿根廷、委内瑞拉和哥伦比亚的 GDP 之和只占世界 GDP 的 4%，而非洲三大经济体——南非、埃及和尼日利亚的 GDP 之和只占世界 GDP 的 1.5%。

世界其他主要经济体 2015 年的经济规模为：英国 2.5 万亿美元、巴西 2.5

万亿美元、印度 2.1 万亿美元、俄罗斯 2.1 万亿美元、澳大利亚 1.5 万亿美元。

2018 年，中国的 GDP 达到 90 万亿元人民币，同比增长 6.6%。美国和中国是全球仅有的两个 GDP 超过 10 万亿美元的经济体。中国的 GDP 在 2014 年按当年汇率首次超过 10 万亿美元（64.39 万亿元人民币）。

（六）经济增长、经济发展与经济的可持续发展

经济增长，是一个含义比较单纯的量的概念。经济增长率，衡量的是一个经济体产出规模的增长幅度。

而经济发展是一个内涵比较丰富、综合性的质的概念，反映了一个经济体经济增长的途径、效率与代价，体现了这个经济体在经济增长和人民福利水平方面所取得的进步。

不能将经济增长等同于经济发展。经济增长不一定会带来社会成员福利状况的改善，也不是必然伴随着经济结构的优化、经济增长模式的转变和经济增长效率的提高。一个经济体的经济增长如果是建立在竭泽而渔式的资源浪费和过度破坏生态环境、过度劳动、透支未来的基础上，这种经济增长不仅是不可持续的，也是与经济发展的根本目标背道而驰的。

经济的可持续发展，指的是一种能够持续下去的经济发展。这种经济发展是一种既能满足当前不断增长的物质需求，又不以损害子孙后代满足其需求的能力为代价的经济发展。经济的可持续发展原则要求我们必须实现人口、资源、环境与经济发展之间的协调，通过全方位、系统性、深层次的结构性改革和制度创新来转变经济增长模式，实现资源节约和环境友好的目标。否则，就有可能掉入中等收入陷阱。

中等收入陷阱是世界银行在《东亚经济发展报告（2007）》中提出的一个概念，指的是当一个发展中国家的人均收入达到中等水平后，由于经济快速发展过程中积聚的各种矛盾逐渐显现、制度创新动力衰减、经济发展战略失误、政治不稳定等原因，导致经济增长动力不足，最终出现经济增长速度回落、停滞甚至倒退，无法顺利进入高收入国家行列的一种状态。

世界银行根据人均国民总收入将世界各国（经济体）分成四组：低收入国家、中等偏下收入国家、中等偏上收入国家和高收入国家。划分标准会随世界经济的发展和美元币值的变化进行调整。

根据世界银行2013年的划分标准，低收入国家的人均国民总收入在1035美元以下，中等偏下收入国家的人均国民总收入在1036～4085美元之间，中等偏上收入国家的人均国民总收入在4086～12615美元之间，高收入国家的人均国民总收入在12616美元以上。2018年，中国的人均GDP已经超过9700美元，按此标准属于中等偏上收入国家。

世界上大多数进入中等收入水平的经济体都遇到了中等收入陷阱。“二战”以后，经过中等收入阶段成功进入高收入国家（经济体）行列的经济体只有韩国、中国台湾、中国香港、新加坡等少数经济体，它们均属亚洲儒家文化圈。

（七）对一个经济体社会成员生活水平的衡量

国际上通常使用按购买力平价（PPP）计算的人均GDP这个指标，来描述不同经济体社会成员的生活水平。

生活水平与生活质量、国民幸福感的含义并不相同，但一个经济体的人均GDP水平与该经济体社会成员的生活水平、生活质量和幸福感之间均存在显著的正相关关系。

衡量一个经济体社会成员生活质量的主要指标有预期寿命、成人识字率、婴儿死亡率、儿童营养不良率、产妇死亡率、儿童入学率、能够得到安全饮用水的人口比例、人均铁路和公路的长度、上网人口的比例等。这些指标均与人均GDP高度正相关。目前尚无一个可以量化的指标能比人均GDP更好地描述一个经济体社会成员的生活水平和生活质量。

（八）GDP统计的局限性

第一，绝大多数产品和服务通过市场进行交易，所以，我们可以通过市场价格来测度它们的市场价值。但在没有进行市场交易的情况下，这些产品和服务的市场交易价格就不会存在，如公共产品和公共服务。在这种情况下，只能用提供这些产品和服务的成本来代替它们的市场价格，这无疑会低估这类产品和服务的实际价值。

第二，GDP无法将非市场的经济活动统计进来，如发生在家庭内部的经济活动。在这种情况下，GDP就会低估一个经济体实际的经济活动规模。同样，当非市场经济活动转变为市场经济活动时，GDP的增长又会高估一个经济体实际的经济产出规模和社会成员实际生活水平提高的幅度。例如，随着女性就业率的提高，许多原先在家庭内部生产的物品和服务，逐渐由企业提供的产品和服务替代了，如幼儿看护、烹饪、洗衣、家庭清洁、制衣等物品和服务。

第三，GDP 无法反映地下经济活动的规模。

在经济学文献中，地下经济有时也被称为影子经济、非正式经济、隐蔽经济、平行经济、黑市经济、黑色经济、灰色经济、秘密经济等。

狭义的地下经济，是指因逃避法律限制、政府管制、税收和政府部门低效率而未向政府申报和纳税的经济活动。广义的地下经济，可以被理解为全部未记录的经济活动。既包括地下经济部门从事的经济活动，也包括地上经济部门从事的地下经济活动。

一个经济体未记录的经济活动主要由三部分组成：一是被本国法律所禁止的经济活动，如假冒产品的生产和贸易活动，违禁品（毒品、武器）的生产和贸易活动，人口（非法移民）和物品的走私活动，非法的色情和赌博活动等。二是通过非市场方式进行的合法经济活动，如小额易货贸易、在家庭内部进行的经济活动等。三是没有反映在国民经济核算账户中的合法的市场经济活动。如未记录的小额贸易，未经注册的就业、临时性工作所进行的经济活动，以及因逃避税收、不合理的行政管制、政府部门低效率和政府官员的寻租活动所发生的未记录的合法经济活动等。

第四，GDP 只能反映产品的市场价值，而无法反映它们的社会价值。

对于某些产品，如纸张和皮革制品，由于环境污染问题的存在，生产这些产品的社会成本大于私人成本，导致这些产品的社会价值低于其市场价值。另外，保护环境的相关活动会被记入 GDP，但环境污染带来的环境代价却没有从 GDP 中扣除。这些现象的存在都会导致以人均 GDP 表示的一个经济体社会成员的平均福利水平高于其实际的福利水平。

第五，GDP 无法反映闲暇时间增多、生活舒适程度提高、工作强度下降、工作环境改善带来的好处。同样，GDP 也无法反映社会成员幸福感、安全感的下降。这一特点限制了人均 GDP 作为生活质量衡量标准的准确性。

我们劳动的产出被记入 GDP，但我们享受的闲暇却无法记入 GDP。闲暇对我们来说同工作一样重要或更加重要，否则我们就会完全用工作取代闲暇。如果一个经济体的社会成员每天工作 6 小时就能生产出另一个经济体的社会成员每天需要工作12小时才能生产出来的物品和服务，这两个经济体的人均GDP虽然一样，但生活质量却大不一样。此外，我们今天的工作环境和劳动强度比起上一代人总体上要舒适得多，轻松得多。

在一些转轨国家中，由于贫富差距加大、房地产泡沫、犯罪率上升、环境危机、食品安全危机、老龄化、社会矛盾不断累积等问题，中低阶层的社会成员承担着越来越大的焦虑感和生活压力，这些精神方面的损失也无法通过GDP予以体现。

第六，GDP无法完全反映产品和服务质量的改进，除非这种改进能在产品和服务的价格上加以体现。所以，人均GDP的变化有可能低估因产品与服务质量的改进所带来的生活质量的提高。

第七，纳入GDP统计的一些经济活动是为了避免或遏制诸如犯罪或危害国家安全等坏事的发生，如生产防盗设施、监控设备，提供网络安全、社区保安、武装押运等方面服务的经济活动。这些经济活动本身并不能提高社会成员的生活质量。

第八，GDP无法充分反映一个经济体的综合实力。

GDP是反映一个经济体硬实力的重要指标，但它无法充分反映一个经济体的软实力。

软实力这个概念由哈佛大学肯尼迪政府学院教授约瑟夫·奈1990年在《注定领导世界：美国权力性质的变迁》一书及同年在《对外政策》杂志上发表的题为《软实力》一文中提出。

奈教授认为，一个国家的综合实力由基于基本资源（国土面积、自然资源、人口规模）、经济规模、科技水平和军事实力展现出的硬实力和基于文化、制度（制度的合法性、先进性）、意识形态、价值观、民族凝聚力、国民和国家形象（的亲和力）、外交政策、塑造国际规则和决定政治议题的能力等因素展现出的软实力共同构成。软实力是一种通过吸引而不是强迫或利诱的方式来引导别人按照自己的意志行事的能力。

第九，GDP无法反映一个经济体的经济结构的变化。一个经济体在GDP规模没有发生显著变化的情况下，可以通过改变产业结构来改善社会成员的生活水平，如选择生产更多的黄油和更少的大炮。

第十，GDP无法反映一个经济体在自由、平等、公平、法制、民主方面所发生的变化。人均 GDP 相同的经济体在自由、平等、公平、法制、民主方面的差距是很大的。虽然我们不能要求 GDP 去反映一个经济体在自由、平等、公平、法制、民主领域的进步或退步，但我们强调这一点的目的是，提醒大家不要试图用 GDP 的增长来替代或掩盖一个社会在自由、平等、公平、法制、政治民主方面的停滞或倒退，如在 20 世纪 30 年代的德国所发生的情况。

（九）完美主义者对过度强调人均 GDP 这个标准的批评

完美主义者经常激烈地抨击把人均 GDP 当作衡量一个经济体社会成员生活质量标准的做法，认为这样的衡量标准会把我们的注意力从一些更值得关注的目标或事物上转移开来，把我们的注意力狭隘地固定到物质产品的生产和消费上。

完美主义者认为，比物质产品的生产与消费更重要的是我们的健康、快乐、稳定的婚姻、宁静的心灵、闲适的生活、洁净的环境、廉洁的政府和高尚的义工。

这些批评无疑是有宝贵价值的，也是富有吸引力的。这些批评最主要的价值在于提醒我们不要片面地追求 GDP 的增长，但要做到这一点主要不是依靠批评 GDP 这样的统计指标或政治呼吁，而是通过及时、充分、真实、准确地反映社会成员意志的政治体制和自由竞争的市场经济体制去实现。

GDP 只是对一个经济体产出规模的描述，而不是指导我们从事经济活动的行动准则。GDP 所包含的内容是透明和清晰的，而不是一个难以察觉的圈套。

如果我们忽视了某些非常值得珍视的东西，也是因为我们自己把它忽视了，而不是因为存在 GDP 这样一个统计指标的缘故，更不是因为我们受到了 GDP 这个统计指标的诱导和欺骗。

如果我们过度强调了 GDP 的增长，比如政府官员的 GDP 崇拜，那也是一种制度缺陷的产物，而不是因为存在 GDP 这个统计指标的原因。

GDP 的增长有助于我们得到那些似乎与 GDP 无关甚至相互冲突的东西，GDP 的增长提高了我们获得那些宝贵事物的能力。

GDP 的增长不能保证我们每个人都一定会得到更多的快乐，但经济停滞，维持经济发展的落后状态也不意味着我们就一定会获得更多的快乐。

为了追求个人收入的增长，我们有时的确是过于忙碌和劳累了，但这在很大程度上是我们的一种自愿选择，毕竟不是所有的人都是因为挣扎在生存线上而别无选择。从经济发展的长期后果来看，我们的闲暇时间总体上是增加了而不是减少了，生活质量总体上是提高了而不是降低了。

在某一时期，我们可能会因为制度转型、欠妥的制度安排等原因而承受了特别的痛苦，如房奴、通勤时间过长等社会问题，但那并不是经济增长和关注 GDP 这个经济指标的必然后果。

GDP 的增长不能保证我们每个人都一定会变得更加健康，我们还要面对一些在“美好的旧时代”较少见到甚至不曾面对过的健康问题，如肥胖症、糖尿病、艾滋病、抑郁症等。

但在经济落后的状态下我们的健康水平总体上更加糟糕，人均预期寿命更短。经济发展使我们现在可以轻而易举地治愈许多曾经的绝症，也使我们能负担得起更好的医疗服务，我们的预期寿命现在是大大延长了，而不是缩短了。

GDP 的增长也许使我们的家庭婚姻不那么稳定了，但“美好旧时代”的“稳定”婚姻很难说是人们的自愿选择。缺乏选择的“稳定”婚姻，不是必然与幸福快乐联系在一起的。

经济增长使女性获得了更大的独立性，更多的自由和选择。作为一个理性的人，不会选择做对自己有害的事情。如果我们承认每个人都有追求自己幸福的权利，我们就不应对因为感情因素和选择能力增加而导致的离婚率上升过分担心。

GDP 的增长不能保证我们一定会获得更多的艺术杰作，但 GDP 的增长却使我们更有能力和机会去欣赏和创造艺术杰作。如果某些类型的艺术作品减少了，如传统戏剧、传统风格的油画，不应归罪于经济的发展，因为经济的发展并不会损害我们的艺术创作能力和审美情趣。某些类型艺术作品的减少，主要是因为我们的审美情趣随时代的发展发生了变化，我们有了新的艺术趣味。

我们有时愿意表现出非常喜欢那些距离我们已经非常久远的东西，但通常又不愿意为之付出时间和金钱，传统类型艺术作品的供给自然会减少。就如同我们大多数人都表现出很喜欢古老小镇悠闲生活的样子，但大多数人都会选择居住在喧嚣忙碌的大都市一样。

GDP 的增长不能保证我们一定会同时获得经济平等状况的改善。但经济停滞也不意味着国民收入的分配状况一定会更加平均。在经济增长的情况下，可供这些国家的政府运用现代税收制度和社会保障系统进行再分配的国民收入是增加了，而不是减少了。

初次分配偏离效率的轨道，不完全是市场经济运行的结果，在许多情况下反而是市场机制受到扭曲和压制的后果。

如果二次分配没有能够显著地改善这种不平均状况，那就是一个如何完善再分配制度的问题，而不应归咎于追求经济增长。

GDP 的增长也不是必然会造成难以忍受的环境污染，尤其对于后发展国家。后发展国家在今天已不需要重新认识经济活动对自然环境可能产生的巨大的破坏性影响，先发展国家已为此付出了惨重的代价。

后发展中国家目前在经济发展过程中面临的技术与制度约束与发达国家在当年面临的技术与制度约束也完全不可同日而语了。

尽管一个经济体不论其经济发展水平如何，在经济发展过程中都不可避免地要付出一定的环境代价。但今天一些发展中国家为经济增长所付出的巨大代价，在很大程度上是可以避免的。

GDP 的增长也不能保证我们一定会得到正义、勇敢、善良、诚实、忠诚与爱，但在一个人们不再需要为基本生活必需品的满足而竭尽全力的社会中，这些珍贵的品格和美好的气质更容易养成。

针对批评，一些经济学家和富有责任感的政治家们提出了许多 GDP 的替代指标或补充指标，如经济净福利（NEW）、绿色 GDP、国民幸福总值（GNH）和国内污染总值等。

（十）如何更好地对一个经济体的社会发展状况做出评价

鉴于 GDP 和人均 GDP 标准的局限性，学者们为更好地评价一个经济体的社会发展状况做出了很多努力。

1. 人类发展指数

联合国开发计划署在经济学家阿玛蒂亚·森和古斯特伍·兰尼斯的协助下编制了人类发展指数（Human Development Index，HDI），将经济指标和社会指标结合起来衡量不同社会的人类发展水平，以弥补人均 GDP 衡量标准过于单一的不足。

人类发展指数在 1990 年联合国开发计划署发布的首份《人类发展报告》中

提出。这个指数由生活质量、预期寿命、教育水平三个维度的四项指标加权计算而成：人均实际 GDP，出生时的预期寿命，小学、中学、大学的综合入学率（1/3 权重）和成人识字率（2/3 权重）。

人类发展指数的编制原则是：

（1）能测量人类发展的基本内涵。

（2）只包括有限的变量以便于计算并易于管理。

（3）是一个综合指数而不是多个独立指标。

（4）既包括经济指标又包括社会指标。

（5）具有可信的数据来源。

人类发展指数在指导发展中国家制定相应的发展战略方面发挥了重要作用。联合国开发计划署每年都发布联合国成员国的人类发展指数，并在《人类发展报告》中用它来衡量各成员国的人类发展水平。

尽管 HDI 和人均实际 GDP 之间存在显著的正相关关系，但 HDI 编制的目的就是要更加明确地提醒我们，发展中国家在追求经济增长的同时，不能忽视对人力资源的开发。

对人力资源的开发可以有效地缩小穷人和富人在经济机会上的不平等，缩小他们在利用经济机会的能力方面的不平等，缩小他们在收入和财富拥有方面的不平等，提高一个经济体的可持续发展能力。

根据联合国 2015 年发布的年度《人类发展报告》，挪威、澳大利亚、瑞士、丹麦、荷兰、德国和爱尔兰（并列）、美国、加拿大和新西兰（并列）、新加坡、中国香港的人类发展水平分列第 1～12 位，英国第 14 位，韩国第 17 位，以色列第 18 位，日本第 20 位，法国第 22 位，中国（大陆）第 90 位。第 188 位即最末位是非洲国家尼日尔。朝鲜及索马里等 7 个国家由于数据不足未纳入排名。

2. 全球幸福指数

从 2012 年开始，联合国每年都发布《全球幸福报告》（除 2014 年外），对世界超过 150 个经济体社会成员的幸福指数进行排名。

这份幸福报告的主要依据是每年向每个经济体随机抽样的 1000 位居民提出一个简单而主观的问题：想像一个阶梯，0 为最底端，代表生活非常糟糕，10 为最顶端，代表生活非常幸福。受访者觉得自己处于哪一个等级？这 1000 人给出分数的简单算术平均值即为该经济体的幸福指数。2017 年的《全球幸福报告》中首次单独列出了和中国有关的一章：《中国的经济增长与幸福：1990—2015》。

在 2017 年的年度报告中，最有幸福感的前十个国家分别是挪威、丹麦、冰岛、瑞士、芬兰、荷兰、加拿大、新西兰、澳大利亚、瑞典和以色列。位列最后十名的国家分别是中非、布隆迪、坦桑尼亚、叙利亚、卢旺达、多哥、几内亚、利比里亚、南苏丹和也门。中国（大陆）的幸福指数在参与排名的 155 个国家和地区中位列第 79 位，中国香港位列第 71 位，中国台湾地区位列第 33 位。

3. 繁荣指数

繁荣指数，由英国智库列格坦研究所（Legatum Institute）编制。列格坦研究所是英国伦敦一家致力于促进人类尊严、自由以及社会可持续发展的智库。列格坦研究所的年度全球繁荣指数排名从 2007 年开始发布，所使用的数据主要来自全球调查机构盖洛普公司。

列格坦研究所繁荣指数的编制主要参考 9 个方面的指标：经济基础、企业发展与创新能力、民主制度、教育、健康、社会安全、政府管理、个人自由及社会资本。

在繁荣指数的编制中，经济实力和经济增长对于一个经济体的社会繁荣具有重要的影响，但并不是主要的，更不是唯一的参考因素。繁荣指数更强调考察一个经济体的自由程度、社会安全、政府治理、社会成员生活的自我控制能力、健康、休闲时间等因素，因为这些因素的改善才是一个社会繁荣进步的重要标志。

在 2016 年 11 月发布的 2016 年度全球繁荣指数排名中，在 149 个参与排名的国家和地区中，新西兰、挪威、芬兰、瑞士、加拿大分列前五位，中国香港位列第 23 位，中国大陆位列第 90 位。

二、对一个经济体对外经济联系程度的衡量

在很多情况下，或是为了使经济分析过程变得更简洁一些，或是因为所讨论的问题与国际经济活动关系不大，我们经常会假设一个经济体不与其他的经

济体发生经济联系，是一个封闭的经济系统。我们称这样的经济体为封闭经济。

但实际上，所有的经济体都与其他经济体发生着不同程度的经济联系。我们将那些能够自由地与其他经济体展开贸易、投资活动的经济体称为开放经济。

随着交通、物流、储存和通信成本的下降，不同经济体之间的经济联系日益紧密。不同经济体之间基于互惠、自愿原则展开的国际经济分工与协作已取代军事征服和建立帝国的历史传统，成为一个经济体利用外部世界促进本国经济发展和社会进步的重要途径。

今天，不同经济体之间的经济联系，比一个世纪以前一个经济体内部邻近地区之间的经济联系还要紧密。几乎所有的经济体都会通过国际金融、国际贸易和跨国投资与其他经济体发生密切的联系。如出口一些商品和服务，进口另一些商品和服务；借钱给其他经济体的政府或公司，或把本国政府和公司发行的债券卖给其他经济体的政府、企业或个人；贷款给其他经济体的公司，或向其他经济体的金融机构贷款；进行对外直接投资，或吸引外来投资；购买其他经济体的资产，或将本国的资产卖给外国人。

现在，所有经济体的经济开放度都在不断提高，世界经济的一体化程度越来越高，世界经济已进入一个前所未有的全球化时代。

经济学家通过下面一些经济指标来对一个经济体的对外经济联系情况进行描述。

出口，就是将一个经济体生产的物品和所提供的服务销售到国外。

进口，就是一个经济体购买其他经济体生产的物品和所提供的服务。

净出口额，是指一个经济体的出口总额减去进口总额的剩余额。净出口额也被称作一个经济体的贸易余额。

如果一个经济体的净出口额是负值，就说明该经济体在世界商品和服务市场上出售的商品和服务少于该经济体向其他经济体购买的商品和服务，该经济体在经常项目下存在贸易赤字。

反之，如果一个经济体的净出口额为正值，就说明该经济体在世界商品和服务市场中总体上扮演的是卖者的角色，该经济体在经常项目下存在贸易盈余。

如果一个经济体的净出口额接近于零，就说明该经济体有着比较平衡的对外贸易活动。

当一个经济体存在贸易顺差，与其发生贸易关系的经济体作为一个整体就必然存在贸易逆差。但从全球角度看，所有经济体的进口总额必定等于出口总额。

衡量一个经济体经济开放程度的一个很重要的统计指标是该经济体的进出口总额或出口额（进口额）占其 GDP 的比重。

这个统计指标也被用来衡量一个经济体对国际市场的依赖程度，即对外贸易依存度。对外贸易依存度也被称作外贸系数。

如果用这个指标衡量，像美国这样的大型经济体，其出口额占 GDP 的比重只有 17%左右，和德国、法国、墨西哥、加拿大、中国、比利时、荷兰等经济体相比，更像是一个自给自足的经济体。而像新加坡、中国香港这样经济高度开放的城市型经济体，特别是充当贸易中心的城市型经济体，其对外贸易额经常超过这个经济体的 GDP。

在一个经济体内部，不同产业的对外贸易依存度差距是非常大的。在美国，玉米、大豆、棉花、烟草、民用大型客机、软件、汽车及配件、金融服务等行业的对外贸易依存度是非常大的，这些产业高度依赖国际市场。

2018 年，中国货物进出口总值达 30.51 万亿元，同比增长 9.7%。其中，出口为 16.42 万亿元，同比增长 7.1%；进口为 14.09 万亿元，同比增长 12.9%。贸易顺差为 2.33 万亿元，同比减少 18.3%。

若以美元计价，2018 年中国的货物进出口总值达 4.62 万亿美元，同比增长 12.6%（人民币升值了）。其中，出口为 2.48 万亿美元，同比增长 9.9%；进口为 2.14 万亿美元，同比增长 15.8%；贸易顺差达 3517.6 亿美元，同比减少 16.2%。

2018 年，中国国内生产总值（GDP）为 90.03 万亿元，同比增长 6.6%。中国的对外贸易依存度为 33%。

2018 年，新加坡的名义 GDP 达到 4870.875 亿新加坡元，按 2018 年平均汇率折算约为 3610.5 亿美元。按 565 万人口计算，2018 年新加坡的人均 GDP 约为 6.4 万美元。不仅远超同期日本的人均 GDP 水平（3.92 万美元），也略超美国的人均 GDP 水平（6.2 万美元）。同期，新加坡的失业率为 2.1%，较 2017 年下降 0.1 个百分点；通货膨胀率为 0.4%，较 2017 年下降 0.2 个百分点。

2018 年，新加坡的对外贸易额高达 7822.65 亿美元，是 GDP 的 2 倍多。

国际服务贸易，是一国的法人或自然人在其境内或进入他国境内向外国的法人或自然人提供服务的贸易行为。

国际服务贸易的主要形式有：

（1）从一国境内向另一国境内提供服务，又称跨境交付。如国际长途电话服务、呼叫中心服务、互联网医学诊断、远程授课等形式的国际服务贸易。

（2）一国的消费者或企业在另一国境内购买服务，又称境外消费。如出境旅游等形式的国际服务贸易。

（3）外国企业通过在另一国境内设立附属企业或分支机构的方式在该国提供服务，又称商业存在。如外国银行、外国会计师事务所的分支机构在某国境内开展业务等形式的国际服务贸易。

（4）服务提供者个人到另一国境内提供服务，又称自然人流动。如服装模特、电影明星、美甲师、高级管理人员或足球教练在其他国家提供服务等形式的国际服务贸易。

除了商品会在不同的经济体之间流动，投资也会在不同的经济体之间流动。

投资分为直接投资和间接投资。

（1）直接投资，是指企业将现金、实物或无形资产投入其他企业所进行的投资活动。

直接投资能够直接形成企业生产经营活动的能力，或为企业从事某种生产经营活动创造必要的条件。

直接投资具有与企业的生产经营活动紧密联系、投资回收期较长、投资变现速度慢、所形成资本的流动性差等特点。

（2）间接投资，是指以购买有价证券（如股票、公司债券等）或国际贷款的方式对其他企业所进行的投资。

购买一家公司的股权并不会形成新的生产经营能力。以购买公司债券或提供贷款的方式所进行的投资，需要在金融中介机构的帮助下完成，资金的提供者和使用者是分离的。

一个经济体的对外净投资，是指该经济体某一年份的对外投资总额减去外来投资总额的余额。对外净投资衡量了一个经济体对外投资与外来投资之间的不平衡程度。

当一个经济体的净出口额为负值时，就表示这个经济体或需要从国外借款，或存在对外净投资流入，或需要减少所持有的境外资产来为净进口进行支付。境外资产的类型主要有外汇储备、黄金储备、境外金融机构的贷款、境外的权益类资产、境外的不动产等。

国际收支平衡表，是反映一定时期一个经济体与世界其他经济体全部经济往来的收支流量表，是国际收支核算的重要工具。通过国际收支平衡表，可以综合反映一个经济体的国际收支平衡状况、收支结构及储备资产的变动情况。

在国际收支平衡表中，凡引起本国外汇收入的项目，均记入贷方，记为“+”。凡引起本国外汇支出的项目，均记入借方，记为“-”。

国际收支平衡表包括经常账户、资本账户和金融账户三部分。

经常账户可细分为货物和服务账户、初次收入账户、二次收入账户。

货物账户，记录了经济所有权在本国居民与非居民之间发生转移的货物交易。服务账户，记录了在本国居民与非居民之间发生的服务贸易。包括加工服务、维护和维修服务、养老金服务、金融服务、知识产权使用费、计算机和信息服务、其他商业服务以及别处未提及的政府服务。贷方记录本国居民提供的服务，借方记录本国居民接受的服务。

初次收入账户，记录了因提供劳务、金融资产和出租自然资源而获得的回报，包括雇员报酬、投资收益和其他初次收入三部分。

雇员报酬，是指根据企业与雇员的雇佣关系，因雇员在生产过程中的劳务投入而获得的酬金回报。

贷方记录本国居民个人从非居民雇主处获得的薪资、津贴、福利及社保缴款等。借方记录本国居民雇主向非居民雇员支付的薪资、津贴、福利及社保缴款等。

投资收益，是指因金融资产投资而获得的利润、股息（红利）、再投资收益（复利）和利息。金融资产投资的资本利得或损失不是投资收益，而是金融账户的统计范畴。

贷方记录本国居民因拥有对非居民的金融资产权益或债权而获得的利润、股息、再投资收益或利息。借方记录本国居民因对非居民投资者有金融负债而向非居民支付的利润、股息、再投资收益或利息。

其他初次收入，是指将自然资源让渡给另一主体使用而获得的租金收入，以及对跨境产品和生产的征税和补贴。

贷方记录本国居民从非居民处获得的相关收入。借方记录本国居民向非居民进行的相关支付。

二次收入，记录了本国居民与非居民之间的经常转移，包括现金和实物。

贷方记录本国居民从非居民处获得的经常转移。借方记录本国向非居民提供的经常转移。

资本与金融账户包括资本账户和金融账户。

（1）资本账户，是指本国居民与非居民之间的资本转移，以及本国居民与非居民之间非生产非金融资产的取得和处置。贷方记录本国居民获得非居民提供的资本转移，以及处置非生产非金融资产获得的收入。借方记录本国居民向非居民提供的资本转移，以及取得非生产非金融资产支出的金额。

（2）金融账户，是指发生在本国居民与非居民之间、涉及金融资产与负债的各类交易。根据会计记账原则，当期对外金融资产净增加记录为负值，净减少记录为正值。当期对外负债净增加记录为正值，净减少记录为负值。

金融账户细分为非储备性质的金融账户和国际储备资产。

非储备性质的金融账户包括直接投资、证券投资、金融衍生工具和其他投资四个项目。

（1）直接投资，是指以投资者寻求在本国以外运行企业获取有效发言权为目的的投资，包括直接投资资产和直接投资负债两部分。

相关投资工具可划分为股权和关联企业债务。

股权包括股权和投资基金份额。

关联企业债务包括关联企业间可流通和不可流通的债权和债务。

（2）证券投资，包括证券投资资产和证券投资负债，相关投资工具可划分为股权和债券。

股权包括股权和投资基金份额，记录在证券投资项下的股权和投资基金份额均应可流通（可交易）。

证券投资资产，记录本国居民投资非居民发行或管理的股权、投资基金份额的当期净交易额。

证券投资负债：记录非居民投资于本国居民发行或管理的股权、投资基金份额的当期净交易额。

（3）金融衍生工具，用于记录本国居民与非居民金融工具和雇员认股权的交易情况。

金融衍生工具资产，用于记录本国居民作为金融衍生工具、雇员认股权资产方与非居民的交易。

金融衍生工具负债，用于记录本国居民作为金融衍生工具、雇员认股权负债方与非居民的交易。

（4）其他投资，指除直接投资、证券投资、金融衍生工具和储备资产外，本国居民与非居民之间的其他金融交易。包括其他股权、货币和存款、贷款、保险和养老金、贸易信贷和其他。

储备资产，是指本国中央银行拥有的对外资产。包括外汇、货币黄金、特别提款权、在国际货币基金组织的储备头寸。

货币黄金，是指本国中央银行作为国际储备持有的黄金。

特别提款权，是指国际货币基金组织根据会员国认缴的份额分配的，可用于偿还国际货币基金组织债务、弥补会员国政府之间国际收支赤字的一种账面资产。

在国际货币基金组织的储备头寸，是指在国际货币基金组织普通账户中会员国可自由提取使用的资产。

外汇储备，是指本国中央银行持有的可用作国际清偿的流动性资产和债权。

其他储备资产，是指不包括在以上储备资产中的、本国中央银行持有的可用作国际清偿的流动性资产和债权。

国际收支平衡表采用复式记账法。由于统计资料来源和时点不同等原因，会形成经常账户与资本和金融账户不平衡。因此而出现的统计残差项，被称为净误差与遗漏。

中国人民银行发布的《2019 年第一季度中国货币政策执行报告》显示，截至 2019 年 3 月末，共有 1443 家境外机构进入境内银行间债券市场，持债总面额 1.77 万亿元，同比增长 31%。

股票市场已有的互联互通“桥梁”包括合格境外机构投资者（QFII）、人民币合格境外机构投资者（RQFII）、沪港通和深港通等。香港投资者通过沪股通和深股通持有的内地股票市值为 10330 亿元，同比增长 80%。

境外主体持有境内人民币金融资产 5.4 万亿元，同比增长 19%。

三、对一个经济体居民储蓄率和国民储蓄率的衡量

（一）存款余额的构成

一个经济体在某个时点上的本外币存款余额，由居民存款余额、非金融企业存款余额、非银行业金融机构存款余额、财政性存款余额四部分组成。

截至2018年末，中国本外币存款余额182.52万亿元。其中，本外币境内存款余额180.16万亿元，同比增加13.08万亿元，同比增长7.8%。

本外币境内存款余额中，居民存款72.44万亿元，非金融企业存款58.91万亿元，政府存款32.63万亿元，非银行业金融机构存款16.17万亿元。居民本外币境内存款同比增加7.24万亿元，同比增长11.1%。

截至2018年末，人民币存款余额177.52万亿元，同比增加13.4万亿元，同比增长8.16%。其中，居民存款增加7.2万亿元（同期居民贷款增加7.36万亿元，居民的净储蓄在减少），非金融企业存款增加2.16万亿元，政府财政性存款减少596亿元，非银行业金融机构存款增加1.96万亿元。

截至2018年末，外币存款余额为7275.4亿美元，同比减少634.2亿美元，同比下降8%。其中，境内外币存款余额为5419.28亿美元，境外外币存款余额为1856.11亿美元。

境内外币存款余额中，住户外币存款为1223.97亿美元，同比减少33.38亿美元，同比下降2.65%。

（二）居民储蓄率

居民储蓄率有三种核算方法。

居民储蓄率1＝居民本外币存款增加额/GDP×100%

居民储蓄率2＝居民本外币存款增加额/居民可支配收入总额×100%

居民储蓄率3＝居民可支配收入总额－居民最终消费支出/居民可支配收入总额×100%

2018年，全年全国居民人均可支配收入28228元，全年全国居民人均消费支出19853元。年末全国大陆总人口13.9538亿人，全年全国居民可支配收入

总额为39.39万亿元。全年全国居民本外币境内存款增加7.24万亿元。

按照第一种统计口径，2018年中国的居民储蓄率大约为8%。

按照第二种统计口径，2018年中国的居民储蓄率大约为18.38%。

按照第三种统计口径，2018年中国的居民储蓄率约为29.67%。

从长期变化趋势来看，中国的居民储蓄率处于不断下降的状态。

从不同国家（经济体）之间的横向比较来看，中国的居民储蓄率远高于世界平均水平。这一现象与中国的社会保障水平、文化传统、房地产泡沫、老龄化程度等因素密切相关。

从中国居民储蓄余额在居民部门内部的分布情况来看，居民储蓄余额在不同居民之间的分布高度不平均，呈现出“2-80”分布格局，即2%的人拥有80%的金融资产，一半以上的住户没有储蓄或为负储蓄。

（三）国民储蓄率

一个经济体在一定时期内的国民储蓄率等于国民总收入减去同期最终消费支出后与国民总收入的比率。

国民储蓄率=国民总收入-最终消费支出/国民总收入×100%

国民总收入，原称国民生产总值，是指一个经济体所有常住单位在一定时期内所获得的初次分配收入总额。国民总收入等于国内生产总值加上来自国外的初次分配收入净额。

最终消费支出，是指常住单位为满足物质、文化和精神生活的需要，从本国经济领土和国外购买货物和服务的支出。它不包括非常住单位在本国经济领土内的消费支出。

最终消费支出分为居民消费支出和政府消费支出。居民消费支出，是指核算期内居民个人为满足最终消费需求而购买的货物和服务所花费的支出。居民消费支出等于居民可支配收入减去同期增加的居民储蓄（广义）。政府消费支出，是指政府为满足社会公共需要而购买的货物和劳务所花费的支出。

最终消费率，是指最终消费支出占GDP的比率。最终消费率反映了一定时期社会创造的总财富中有多大比率是用于消费的。

2018年，中国的名义GDP为90万亿元，按可比价格计算，同比增长6.6%。国民总收入（GNI）为89.69万亿元，同比增长6.5%。

根据 IMF 的统计数据，2017 年中国的国民储蓄率为 47%，远高于 26.5%的世界平均水平，也高于发展中国家和发达国家的平均水平。

2017 年，中国的国内生产总值现价总量（名义 GDP）为 82.08 万亿元，最终消费支出为 43.5 万亿元，最终消费率达到 53%。

2018 年，中国最终消费支出对 GDP 增长的贡献率为 76.2%，对资本形成总额的贡献率为 32.4%，对货物和服务净出口的贡献率为-8.6%。

四、对一个经济体宏观税负水平的衡量

（一）宏观税负水平

一个经济体的宏观税负水平可以根据大、小两种口径进行衡量：

狭义宏观税负水平=税收收入/GDP

广义宏观税负水平=政府收入/GDP

中国的狭义宏观税负水平并不高。2016—2018 年，中国狭义的宏观税负水平分别为 17.6%、17.6%、17.4%。大幅低于经济发达国家，但高于许多新兴市场经济国家，如俄罗斯（16.8%）、印度（16.1%）和巴西（14.3%）。

世界上狭义宏观税负水平较高的国家主要是一些高福利国家。2016 年，36 个 OECD 国家的狭义宏观税负水平的平均值为 34.3%。其中，丹麦最高，为 45.9%。美国（26.0%）、日本（30.7%）、英国（33.2%）、德国（37.6%）、法国（45.3%）等国的狭义宏观税负水平普遍在 30%以上。

中国狭义宏观税负水平的历史走势有两个重要时间拐点：1985 年和 1996 年。1983—1984 年，中国进行了利改税改革，国营企业由原来的向国家上交利润改为缴纳税金，导致中国的狭义宏观税负水平在 1985 年飙升至 22.4%。之后，中国政府税收收入的增长率长期低于名义 GDP 的增长率，导致中国的狭义宏观税负水平自 1985 年的 22.4%持续下降至 1996 年的 9.6%。1994 年，中国实行了工商税制的全面改革。中国的狭义宏观税负水平从 1996 年的历史最低点，上升至 2012 年的 18.7%。从 2013 年起，中国的狭义宏观税负水平又开始缓慢下降。

按照 IMF 的统计口径计算，2017 年中国的广义宏观税负水平为 28.4%，低

于发达国家的平均水平（36%），高于新兴市场经济国家的平均水平（26.3%）。

按照“政府收入=预算内收入+预算外收入+社保基金收入+土地出让收入”的统计口径计算，2017年中国的广义宏观税负水平为34.5%，已高于美国并接近发达国家的平均水平。

中国的广义宏观税负水平自1998年的17.7%不断上升至2017年的34.5%，主要得益于土地出让金收入和社会保险基金收入的贡献。土地出让金等政府非税收入主要面向企业征收，大部分最终转嫁给家庭部门。

（二）政府收入的主要来源

政府收入分类反映了政府收入的来源和性质。中国政府收入的主要来源如下：

（1）税收收入。主要包括：增值税、消费税、企业所得税、个人所得税、资源税、固定资产投资方向调节税、城市维护建设税、房产税、印花税、城镇土地使用税、土地增值税、车船使用和牌照税、船舶吨税、车辆购置税、关税、耕地占用税、契税等。

（2）社会保险基金收入。主要包括：基本养老保险基金收入、失业保险基金收入、基本医疗保险基金收入、工伤保险基金收入、生育保险基金收入等。

（3）非税收入。主要包括：政府性基金收入（如土地出让金）、专项收入、彩票资金收入、行政事业性收费收入、罚没收入、国有资本经营收入、国有资源（资产）有偿使用收入等。

（4）债务收入。主要包括：国内债务收入、国外债务收入。

（三）中国企业的税负水平

根据世界银行的数据，2017年中国企业的纳税总额占企业利润总额的比率为67%，低于阿根廷，略低于巴西，高于绝大多数国家。

2017年，中国企业的纳税总额占政府税收收入的比率超过80%。相比之下，主要发达国家如美国、加拿大、英国、德国的企业税占比分别仅为34%、42%、50%和52%。

如果再加上中国企业向地方政府支付的土地出让金和为企业职工缴纳的社会保险基金、住房公积金，中国企业承担的广义税负更重。

直接税是对个人收入、企业利润或财富征税。间接税是纳税人可以将税负转嫁给他人的税种，如增值税、进口环节税、消费税等（进口环节税，是指针对已经海关放行的进口货物由海关代征的国内税，如增值税、消费税、船舶吨税等，船舶吨税亦称灯塔税，以进港船舶的注册净吨位为计税依据）。

西方发达国家的税制以直接税为主，直接税中又以个人所得税为主。中国目前的税制以企业承担的间接税为主，直接税中又以企业所得税为主。

2017 年，以增值税、进口环节税、消费税为主的间接税占中国政府税收收入的比率超过 60%。其中，企业增值税一项在中国政府税收收入中的占比就达 39%。

2017 年，间接税占企业税的比率超过 70%，其中，仅增值税一项占比就达 47%。

由于企业承担的间接税以及土地出让金等非税负担，均可转嫁给家庭部门。因此，中国目前的税制具有累退性质，低收入家庭承担的实际税负（或广义税负、整体税负、综合税负）占家庭税前收入的比率要高于高收入家庭。

（四）中国家庭的税负水平

2017 年，中国的个人所得税占 GDP 的比率为 1.4%，个人所得税占政府税收收入的比率为 7.7%，个人所得税占人均可支配收入的比率为 2.9%，均大幅低于经济发达国家，也低于新兴市场经济国家。

个人所得税不仅占比较低，而且在事实上已经演变成为主要针对工资性收入征收的一种工薪税。由于中高收入家庭的工资性收入占比较高收入家庭高，因此，个人所得税难以起到调节居民收入差距的作用。

但在近几年，中国政府个人所得税收入的增长速度大大超过政府税收收入和人均可支配收入的增长速度。2017 年，中国政府个人所得税收入的增速高达 18.6%，超过人均可支配收入增速的 2 倍。个人所得税不仅未能遏制住居民收入差距不断扩大的趋势，还成了居民人均可支配收入上升的阻碍因素。

由于不同国家政府提供的公共产品和公共服务的数量与质量不同，对家庭部门的转移支付力度也不同，有的国家还对企业部门实施了名目繁多的政府补贴计划，所以，我们不能孤立地去评判一个国家的宏观税负水平是否过高。

例如，中美两国的大（宽）口径宏观税负水平差不多，但 2017 年美国政府在教育、医疗、社会保障三个方面的支出占财政支出的比例为 61.7%，而中国只有 34.2%。

五、对一个经济体负债水平的衡量

（一）杠杆率

全社会总债务由金融企业、非金融企业、家庭和政府的债务余额组成。

实体部门债务由非金融企业、家庭和政府的债务余额构成。

杠杆率是衡量债务风险或债务可持续性的一个指标。

微观上，杠杆率是指资产负债表中净资产与总资产的比率，其倒数为杠杆倍数。宏观上，杠杆率是指实体经济部门总债务余额或某一实体部门债务余额与 GDP 的比率。

实体经济部门杠杆率，也称宏观杠杆率，是指实体经济部门总债务余额与 GDP 的比率。截至 2019 年 3 月底，中国实体经济部门的杠杆率为 248.83%。

截至 2019 年 3 月底，中国家庭部门的杠杆率为 54.3%。中国家庭部门的贷款余额为 49.7 万亿元。其中，中长期消费贷款余额为 30.5 万亿元，占比 61%；短期消费贷款余额为 8.7 万亿元，占比 18%；其余为经营性贷款。

住房按揭贷款是中国家庭部门中长期消费贷款中的主要部分，2018 年末达到 25.8 万亿元，占中国家庭部门贷款余额的 54%（注：截至 2018 年末，中国的本外币存款余额为 182.52 万亿元，人民币存款余额为 177.52 万亿元，其中，中国家庭的本外币存款余额为 72.44 万亿元）。

截至 2019 年 3 月底，中国非金融企业的杠杆率为 156.9%。其中，非金融企业的银行贷款余额为 93.48 万亿元，GDP 占比为 102.1%，企业债余额的 GDP 占比为 22.7%，信托贷款、委托贷款和未贴现银行承兑汇票等影子银行融资工具规模的 GDP 占比为 26.2%。

从融资主体看，国企债务在非金融企业中的占比为 68.2%，远高于民营企业的债务规模（注：截至 2018 年末，中国境内非金融企业的本外币存款余额为 58.91 万亿元）。

政府债务分为中央政府债务和地方政府债务。

中央政府债务，是指中央负有偿还责任的债务，主要以国债为主。绝大部分国债是国内债务。

截至 2019 年 3 月底，中国政府的总杠杆率为 37.7%，远低于欧盟 60%的警戒线，也低于主要市场经济国家和新兴市场国家的水平。其中，中央政府的杠杆率为 16.2%，地方政府的杠杆率为 21.4%。

截至 2018 年末，中国政府的债务余额为 33.35 万亿元。其中，中央政府债务余额为 14.96 万亿元，地方政府债务余额为 18.39 万亿元，均控制在全国人大批准的债务余额限额以内。地方政府债务余额与地方政府综合财力的比例是 76.6%，远低于国际通行的 100%～120%的警戒线。

截至 2018 年末，中国各级政府的财政性存款余额为 4.2 万亿元，机关团体的存款余额为 29.3 万亿元，二者合计 33.5 万亿元，占同期 GDP 的 36.6%。

（二）中国的地方政府性债务

中国的地方政府性债务，分为政府负有偿还责任的债务、政府负有担保责任的债务和政府可能承担一定救助责任的债务三种类型。

第一种类型的政府性债务属于政府债务，其他两种类型的政府性债务由债务人以自身收入偿还，正常情况下无须政府承担偿债责任，属政府或有债务。

政府负有偿还责任的债务，是指需由财政资金偿还的债务，政府及其组成部门是法律意义上的负债主体。

政府负有担保责任的债务，是指由地方政府提供担保的债务。当被担保人无力偿还时，地方政府需承担连带责任。

政府可能承担一定救助责任的债务，是指债务人为公益性项目举借，地方政府不负有法律偿还责任，但当债务人出现偿债困难时，地方政府可能需要给予一定救助的债务。如地方政府投融资平台公司通过发行城投债或向银行贷款所形成的债务。

政府债务是一种显性债务，政府或有债务是一种隐性债务。政府或有债务的一部分最终会转变为政府债务，即存在一个隐性债务显性化的过程。

地方国有企业（包括地方政府投融资平台公司）举借的债务大部分不属于政府债务，其债务由债务人负责偿还。地方政府作为出资人，仅在出资范围内承担有限责任。

截至2018年末，中国地方政府债务余额为18.39万亿元。其中，一般债务11万亿元，专项债务7.39万亿元。政府债券形式的地方政府债务余额为18.07万亿元，非政府债券形式的地方政府债务余额为3151亿元。

地方政府投融资平台公司，即通常所说的城投公司，是指由地方政府及其部门和机构通过财政拨款或注入土地、股权等资产设立，从事政府指定或委托的公益性或准公益性项目的融资、投资、建设和运营，拥有独立法人资格的经济实体。

2008年9月，国际金融危机全面爆发，中国经济增速快速回落，出口出现负增长，大批农民工返乡，经济面临硬着陆的风险。为了应对这种危局，中国政府于2008年11月推出了进一步扩大内需、促进经济平稳较快增长的十项措施。经过初步匡算，实施这十大措施，到2010年底约需投资4万亿元。这十大措施被称为“四万亿经济刺激计划”。地方政府投融资平台就是在这个背景下迅速发展起来的。

城投债，是指由地方政府投融资平台公司发行的债券，包括企业债、公司债、中期票据、短期融资券、非公开定向融资工具（PPN）等。

公益性项目，是指为社会公共利益服务、不以盈利为目的，资金来源主要为财政补贴，且不能或不宜通过市场化方式运作的政府投资项目。公益性项目包含但不限于城市开发、基础设施建设项目、土地开发项目、公益性住房项目、公益性事业等。

准公益性项目，是指为社会公共利益服务，虽不以盈利为目的但可产生较稳定的经营性收入的政府投资项目。主要包括但不限于公共服务项目和公共交通建设运营项目。

（三）如何衡量政府债务风险

如何衡量政府债务风险是否可控？国际上使用的指标主要有负债率、政府外债与GDP的比率、债务率和逾期债务率。

负债率，是指年末政府债务余额与当年GDP的比率。国际上通常以《马斯特里赫特条约》规定的60%负债率作为政府债务风险控制标准的参考值。

债务率，是指年末政府债务余额与当年政府综合财力的比率。国际货币基金组织（IMF）确定的债务率控制标准的参考值为90%~150%。

偿债率，是指当年政府债务还本付息总额与政府综合财力的比率。

逾期债务率，是指年末逾期政府债务余额与年末政府债务余额的比率。

政府外债与 GDP 的比率，是指年末政府外债余额与当年 GDP 的比率。国际通常使用的控制标准参考值为 20%。

截至 2018 年末，全球政府债务余额为 66 万亿美元，占全球 GDP 的 80%。

截至 2018 年末，美国政府的债务余额为 21.97 万亿美元，占其 GDP 的 105%。

2018 财政年度（2017 年 10 月 1 日至 2018 年 9 月 30 日），美国（联邦、州和地方）政府的财政赤字为 7790 亿美元，占 GDP 的 3.9%。根据美国国会预算办公室预测，2019 财年美国的预算赤字将达到 9730 亿美元，2020 财年将超过 1.1 万亿美元。

截至 2018 年末，日本的政府债务余额为 12 万亿美元，占 GDP 的 238%。

截至 2018 年末，中国的政府债务余额是 33.35 万亿元，政府部门的负债率为 36.67%。其中，中央政府债务余额为 14.96 万亿元，地方政府债务余额为 18.39 万亿元，均控制在全国人大批准的债务余额限额以内。

中国地方政府的债务率（债务余额与综合财力的比率）为 76.6%，低于国际通行的 100%~120%的警戒线。

（四）债券的收益率与票面利率

债券的市场收益率与其市场价格呈负相关关系。当某种债券的市场收益率上升时，就意味着这种债券的市场价格下降了。反之，当某种债券的市场收益率下降时，就意味着这种债券的市场价格上升了。

一国债券市场的市场收益率或市场价格的波动，与该国经济的景气状况密切相关。当一国的经济运行比较景气时，债券的市场价格就会下降，债券的市场收益率就会上升。反之，当一国的经济运行比较疲软时，债券的市场价格就会上升，债券的市场收益率就会下降。

债券的票面利率是固定不变的。债券到期日的债券持有者能按照票面利率获得相应的利息。

当某种债券的市场收益率低于票面利率时，债券的持有者就会出现账面盈余。在这种情况下，债券的持有者就有可能会选择获利了结，套现离场。反之，当某种债券的市场收益率高于票面利率时，债券持有者就会出现账面亏损。在这种情况下，债券持有者可以选择止损离场，也可以选择补仓或等待。

当一些国家的主权债券发生信用危机时，这些国家的主权债券就会遭到市场投资者的抛售，从而导致这些债券的市场收益率（到期收益率）因债券价格的暴跌而大幅上升。

2012 年，希腊发生了债务危机。2012 年 3 月 5 日，希腊 1 年期国债的市场收益率就曾超过 1000%。当时，10 万美元能在债券市场中买到面值 100 万美元的希腊 1 年期国债。同时，瑞士的主权债券由于受到债券市场中避险资金的追捧，市场收益率成为负值。最后，希腊政府与投资者达成债务置换协议，按照每 100 欧元面值的 1 年期希腊国债置换 31.5 欧元面值的 30 年期希腊长期国债的比例，将投资者手中的短期国债置换成长期国债。

六、对一个经济体国际储备资产规模的衡量

（一）外汇储备

一国的国际储备资产主要由外汇储备和黄金储备构成，除此之外还包括该国在国际货币基金组织拥有的特别提款权和储备头寸。

外汇，是一国中央银行以外国银行短期存款、高信用等级外国主权债券、外国政府机构债券、外国企业债券等形式保有的，可用于国际间债权债务结算的各种支付手段。

外汇储备（Foreign Exchange Reserve），指的是一国政府为满足维持国际收支平衡、保证对外支付、维持本币汇率稳定、吸引外来投资以及维持本国政府与企业的国际融资能力的需求，由该国政府或中央银行集中管理的外汇资产。一国外汇储备的主要来源是经常项目和资本项目的顺差。

（二）中国的外汇储备

中国的外汇储备、黄金储备和其他外汇资产，不是用政府财政资金购买形成的，而是中央银行通过投放基础货币在境内外汇市场中购汇，并在国际货币市场、国际债券市场、世界黄金市场等国际金融市场进行公开市场操作形成

的，属于中央银行的资产。

中国的外汇储备、黄金储备和其他外汇资产具体由国家外汇管理局负责经营管理。国家外汇管理局属国务院直属单位，由中国人民银行归口管理。

1950年，中国大陆的外汇储备规模为1.57亿美元，1960年为0.46亿美元，1974年为0，1978年为1.67亿美元，1980年为-12.96亿美元，1990年为111亿美元，2001年为2121亿美元，2008年为19460亿美元，2014年6月达到3.99万亿美元的峰值。截至2019年5月31日，中国大陆拥有3.1万亿美元的外汇储备，位居世界第一。

2018年世界外汇储备规模最大的10个经济体为：①中国大陆：31620亿美元；②日本：12500亿美元；③瑞士：7857亿美元；④沙特阿拉伯：4866亿美元；⑤中国香港：4375亿美元；⑥印度：3972亿美元；⑦韩国：3853亿美元；⑧巴西：3583亿美元；⑨俄罗斯：3565亿美元；⑩新加坡：2798亿美元。

中国外汇储备的结构被定义为国家金融机密，不对外公开。据国际清算银行估计，中国的外汇储备以美元资产为主，大约占70%，其余主要为日元资产、欧元资产和英镑资产。在理论上，中国外汇储备的结构是市场化投资行为的结果。

美元资产是世界各国（包括在政治上与美国强烈对立的国家）外汇储备的首选资产。这样的结果与下列因素有关：美国的政治稳定；美国经济增长的可持续性和可预见性好；美国国债的信用记录良好；美国是世界上经济规模最大的经济体；美国经济的对外贸易依存度相对较低；美国进口规模绝对值高，是大多数国家主要的贸易伙伴；美元资产的流动性好；美元的币值相对稳定。

美元成为世界主要的支付手段和国际储备货币，是国际市场参与者自由选择和市场化操作的结果，并不是军事实力或政治选择的结果。相反，美国的军事实力本身也是生产力发展的结果。

1. 日本为何拥有如此大规模的外汇储备

日本政府的外汇储备主要用于维持日元汇率的稳定。日本政府通过外汇平准基金维持日元汇率的稳定。该基金由日本财务省管理，由日本银行具体进行公开市场操作。外汇平准基金分设日元账户和美元账户，日元账户中的资金主要通过外汇平准基金在债券市场发行短期债券获得。通过使用日元账户中的日元在外汇市场、国际债券市场进行公开市场操作，不断累积逐渐形成目前美元账户中的美元资产余额。外汇平准基金美元账户中的美元资产构成日本政府外汇储备的主要部分，占比达到90%以上。

日本的通货膨胀率很低，日元汇率非常稳定，加之日本国债的信用良好，规模很大，流动性充沛，因此日本国债是一种广受国际投资者欢迎的金融工具和国际储备资产。由于海外投资者对日元国债的旺盛需求，日本国债的市场价格常年处于高位，导致日本短期国债的市场收益率（到期收益率）长期为负，10年期国债的市场收益率也经常为负。

日元资产作为一种优质的国际储备资产，升值压力一直很大，这就导致外汇平准基金进行公开市场操作的总体方向是在外汇市场中投放日元，购入美元，结果就是日元平准基金美元账户中美元资产的规模越来越大。需要指出的是，日本的居民部门和企业部门也持有大量的海外资产。

作为一种币值非常坚挺的国际储备货币，瑞士法郎的升值压力也很大。瑞士（850万人，人均GDP为8万美元）和新加坡（560万人，人均GDP为6万美元）一样，属于高度依赖国际市场的经济小国。为了保护瑞士经济的国际竞争力，瑞士中央银行不得不在外汇市场中不断抛售瑞士法郎，购入外汇资产，特别是美元资产，以减轻瑞士法郎的升值压力。结果就是瑞士中央银行的资产负债表不断扩大。2019年，瑞士的外汇储备规模已超过本国的GDP。

2. 一个经济体的外汇储备是不是越多越好

一个经济体的外汇储备不是越多越好。对于资本项目没有开放的经济体，外汇储备规模的国际警戒线为能够满足3~4个月的进口需求和偿还短期外债的需求。除此之外，外汇储备还要能够应对出口骤降、资本外逃等潜在风险。

对实行资本项目管制的经济体的外汇储备充足性的衡量，并不存在统一的标准。一个经济体的外汇储备规模是一个连续变量，受多种因素影响并处于动态变化之中的，因此对其外汇储备充足性的衡量需要综合考虑多方面的因素。如该经济体的资本项目开放程度、经济规模、经济结构、经济增长的稳定性、对外贸易依存度、贸易顺差的波动性、外商投资的利润返还规模、短期（政府与企业）外债余额、利用外资和国际融资的能力、汇率的稳定性、政治稳定性（政府融资能力）、所处的国际政治环境、应对国际投机资本冲击和突发事件的特殊需要等。

对那些资本项目完全开放、货币可自由兑换与使用、汇率可根据外汇市场供求自由浮动、资本可跨境自由流动、货币市场和资本市场完全开放的经济体，理论上并不需要拥有外汇储备。这些经济体的中央银行持有的被称为外汇储备的外汇资产，通常是维持本国货币汇率稳定的产物。

中国庞大的常备外汇储备规模与下列因素有关：

(1) 出口导向型而非内需拉动型的经济增长模式。一个经济体的对外贸易依存度越高，进出口规模越大，其所需要的外汇储备规模就越大。

(2) 投资拉动型而非消费驱动型的经济增长模式。中国每年通过各种优惠政策去吸引上千亿的外商投资，同时却拥有数万亿的外汇储备。

(3) 经济增长缺乏稳定性，必须保持较大的外汇储备规模以应对未来可能出现的因出口骤减而引发的国际收支风险，以及因经济形势、政治局势和社会秩序而出现的资本外逃，提高抵抗风险的能力。

(4) 国有企业的外债规模。中国外汇储备的一部分其实已经被国有企业和金融类公司以外债或对外债进行担保的形式变相使用了。

(5) 人民币贬值的压力越来越大。出于维持人民币汇率相对稳定的目的，也需要保持一个较大的外汇储备规模。

(6) 现行的出口结售汇制度在很大程度上限制了出口企业和个人的外汇留存，抑制了对外汇的需求和有效利用，导致外汇储备规模被动增加。

(7) 前些年人民币升值的预期导致大量投机性的国际短期资本（热钱，游资）通过缺乏真实性背景的国际投资和国际贸易活动绕开资本管制流入境内。

(8) 工资性收入在国民收入分配中占比过低，导致国内消费需求不足。

(9) 能源、粮食、高科技产品（如集成电路）等领域高度依赖进口，为此需要保持一个较大的外汇储备规模以维持进口。

过多的外汇储备意味着中国要因此而承受巨大的、不必要的机会成本和汇率风险。外汇储备必须在满足资产安全性和充足流动性的前提下，才能去追求保值、增值的目标。这就决定了外汇储备的投资回报率不可能很高。超额外汇储备的投资回报率和经营性企业的投资回报率之间的利差就构成超额外汇储备的机会成本。

外汇储备过多，也使中国失去了使用国际货币基金组织低息贷款的资格，而且还背负起援助那些出现国际支付困难的成员国的责任。

（三）黄金储备

黄金储备，是指由一国中央银行作为金融资产持有的黄金。黄金储备是一个国家重要的战略性金融资产和国际储备资产。在信用本位制下，黄金储备对一国金融稳定的重要性已大大降低。截至2019年3月底，全世界已开采出的黄金约为19万吨，其中，以官方黄金储备形式存在的黄金仅为3.3976万吨，占比1.784‰。

黄金储备虽然不存在金融资产的安全性问题，但存储成本较高。黄金的价格波动较大，黄金储备的实际收益率从长期来看基本为零，这意味着长期持有黄金储备的机会成本较高。所以，大多数国家的黄金储备在其国际储备资产中所占的比重较低。美国的黄金储备已经从20世纪50年代的20000吨下降至目前的8133吨，加拿大在2016年清空了其全部的黄金储备。

美国、英国及欧元区国家，由于其本币可自由兑换、使用与跨境流动，且是国际储备货币，所以这些国家的外汇储备以黄金储备为主，但相对规模不大。截至2018年底，美国、德国和IMF的黄金储备分别为8133.5吨、3371吨、2814吨，位列世界前三。中国大陆的黄金储备为1842吨，位列世界第七。

美国的黄金储备主要存放于美国肯塔基州诺克斯堡美国金银储备处金库、科罗拉多州丹佛铸币局金库和纽约州西点铸币局金库。

位于美国纽约曼哈顿岛上的纽约联邦储备银行金库是世界上最大的金库，存放着世界上80多个国家、欧洲中央银行和国际货币基金组织7000吨左右的黄金储备，约占世界官方黄金储备的20%以上，分别堆放在122个储藏室里。中国的黄金储备中，大约有600吨也存放于此。该金库并不神秘，部分区域对游客开放。

这些国家或国际组织之所以选择将本国的黄金储备存放于美国，与下列一些因素有关。

（1）美国纽约是世界上最重要的现货黄金市场。这些黄金储备中的大部分并不是这些国家或国际组织将自己的黄金储备运到美国的，而是这些国家和国际组织从美国的黄金市场中购买的。就像普通人会将多余的现金存入银行一样，出于运输、储存成本和安全性的考虑，他们自然会选择将自己的这些黄金储备存放于美国，而不会选择运回本土或在美国自建金库，也不会选择存放于美国营利性的仓库中。

（2）将黄金储备存放于美国，能够保证这些国家在国际外汇市场的交易中具备迅速动用黄金储备的能力。不同国家或国际组织之间的黄金交割，通常只需在纽约美联储的金库中将实物黄金移动储存位置即可完成。

（3）美国本土被入侵的概率非常低。因此，即使欧洲列强在冷战期间也选择将自己黄金储备的相当大部分存放于美国。随着冷战的结束，一些欧洲国家开始重新评估将黄金储备存放于美国的必要性，例如德国目前就存在“让黄金回家”的讨论。

（4）美国政府和美国联邦储备银行的信誉非常好，因此即使与美国敌对的国家，如委内瑞拉（2019），也选择将自己的黄金储备存放于美国。

（5）纽约美联储金库的设施非常先进，保安措施严密，自建成以来从未发生过任何安全问题。

这些黄金储备只是存放于美国，不涉及媒体上讨论的所谓加强了美国的黄金定价权问题。世界黄金价格由世界黄金现货市场、黄金期货市场和黄金衍生品市场（如黄金 ETF 基金）的参与者共同决定。在互联网时代，黄金市场是没有地理边界的。事实上，正是因为美国政府良好的信誉，这些国家的政府和国际组织才选择将自己的黄金储备存放于美国的。

问题：1 吨黄金和 1 吨 100 元面额的美元纸钞，哪个更值钱?

答案：1 吨黄金，100 万克。2019 年 6 月的国际金价大约为 43 美元/克，1 吨黄金的市场价值大约为 4300 万美元。

1 张 100 美元面额的纸钞重约 1. 05 克，1 吨 100 美元面额纸钞的总面值为 9523 万美元。

1 张 100 元面额的人民币纸钞重约 1. 15 克，1 吨 100 元面额人民币纸钞的总面值为 8700 万元。按 7∶1 的汇率粗略估算，大约折合 1270 万美元。

（四）特别提款权

特别提款权（SDR），不是一种有形货币，而是国际货币基金组织（IMF）创设的一种记账单位和账面资产。

当一个国家加入 IMF 时，必须按一定的份额向 IMF 缴纳一笔资金。份额的多少主要根据成员国的经济规模、经济发展程度、国际贸易规模等多种因素确定。IMF 成员国在 IMF 中的份额决定了该成员国的应付会费、投票权、接受资金援助的额度以及可以使用的 SDR 数量。

成员国可以直接用 SDR，也可以将 SDR 兑换成某种可以自由使用的货币偿付其国际收支逆差、贷款、利息和会费，还可以将其当作和黄金、美元一样的国际资产储备起来。成员国使用 SDR 需要支付利息。

SDR 在世界经济中的地位并不显著。2014 年的世界 GDP 总量为 77 万亿美元，全球外汇储备总额为 6.6 万亿美元。其中，SDR 账户的余额为 2381 亿特别提款权，价值 3271 亿美元，占世界 GDP 的 0.42%，全球外汇储备总额的 4.9%。

SDR 最早发行于 1969 年，初始价值被设为 1 单位 SDR 兑换 1 美元。由于当时的美元与黄金挂钩，1 美元等于 0.888671 克黄金，因此 SDR 也被称为纸黄金。

1974 年 7 月，IMF 正式宣布 SDR 与黄金脱钩，改用一篮子 16 种货币作为 SDR 的计价基础。SDR 的汇率由一篮子货币的汇率共同决定。

不同篮子货币在 SDR 汇率决定中的权重主要受各货币发行国的出口规模、IMF 成员国持有的以各种货币计值的外汇储备总额、该种货币在外汇市场的交易总额以及该成员国的国际银行负债和国际债券总额等因素的影响。这些因素反映了该成员国在国际贸易和国际金融体系中的重要程度。

1980 年 9 月，IMF 宣布将篮子货币简化为五种主要货币：美元、联邦德国马克、日元、法国法郎和英镑。每五年为一个 IMF 重新分配特别提款权份额的基本期。每隔五年，IMF 都会对 SDR 货币篮子进行一次例行审查，以决定是否调整篮子货币及其权重。

2016 年 10 月 1 日，人民币正式成为 SDR 货币篮子中的一员。目前，美元、欧元、人民币、日元、英镑在 SDR 汇率决定中所占的权重分别为 41.73%、30.93%、10.92%、8.33%和 8.09%。

人民币成为 SDR 篮子货币的主要含义是人民币成了 SDR 的定价基础。人民币入篮成功具有重要意义，是人民币国际化道路上的一个重要里程碑。人民币要想成为真正的国际货币，必须具备两个基本前提条件：自由兑换和汇率市场化。

七、对一个经济体家庭收入和财产不平均程度的衡量

（一）家庭收入与家庭财产

家庭收入可分为工资性收入、转移性收入、经营性收入和财产性收入四部分，包括货币收入和实物收入两种形式。

工资性收入，是指就业人员通过各种途径获得的劳动报酬。工资性收入既包括从事主要职业获得的劳动报酬，也包括从事第二职业、其他兼职和零星劳动获得的劳动报酬。

转移性收入，是指国家、单位、社会团体对家庭的各种转移支付和家庭间的收入转移。如政府对个人收入转移的离退休金、失业救济金、赔偿；单位对个人收入转移的辞退金、保险索赔、住房公积金；家庭间的馈赠、继承和赡养费支付等。

经营性收入，是指纳税人通过经常性的生产经营活动而取得的收益，即企业在销售货物、提供劳务以及让渡资产使用权等日常活动中所产生的利润。

财产性收入，也称资产性收入，是指通过资本参与社会生产和生活活动所产生的收入。如家庭拥有的金融资产（银行存款、债券、基金份额、股票、理财产品等）、实物资产（如土地、建筑物、收藏品、车辆、船舶、飞机等）和知识产权（著作权、商标权、专利权、商业秘密权、集成电路布图设计权、植物新品种权等）所产生的利息、红利、租金、资本利得、知识产权许可收入（版税、专利收入、商标许可收入等）等。

我们通常用家庭净资产或可投资资产来描述一个家庭拥有的财产数量。一个家庭拥有的所有财产的市场价值总和，减去这个家庭的总负债，就是这个家庭的净资产。

家庭净资产中剔除掉自住住宅和其他缺乏流动性的资产后的资产，被称为可投资资产。可投资资产，主要包括现金、存款、债券、基金份额、理财产品、股票、贵金属、不动产、艺术品等。可投资资产存在运行良好的二级市场，具有良好的流动性。

收入是一个流量概念，代表了单位时间内的变化量。财产是一个存量概

念，代表了某一时点上的累积量。

（二）洛伦兹曲线与基尼系数

基尼系数，是衡量一个社会不同家庭在收入或财产方面不平均程度的重要指标，分别被称为家庭收入的基尼系数与家庭财产的基尼系数。基尼系数由意大利统计学家基尼（1884—1965）于1912年根据洛伦兹曲线提出。

把一个经济体的全部家庭，按家庭收入的多少由少到多进行排序，然后将累计的家庭（或人口）百分比对应的这部分家庭（或人口）的累计收入占国民总收入的百分比绘制在坐标系中，就能得到一条曲线，我们称之为家庭收入的洛伦兹曲线。家庭财产的洛伦兹曲线，也是按照同样的方法绘制（见图2-1）。

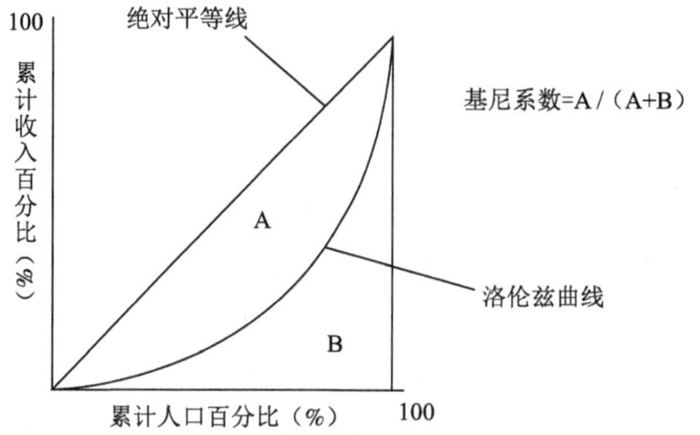

图2-1　洛伦兹曲线与家庭收入的基尼系数

坐标系中的对角线代表了一个社会的收入分配绝对平均的状态。呈直角的线代表了一个社会的收入分配绝对不平均的状态。在这种情况下，一个家庭拥有了这个社会的全部收入。洛伦兹曲线代表了一个社会实际的收入分配状态。

洛伦兹曲线处于绝对平均线和绝对不平均线之间的某个位置上。洛伦兹曲线与绝对平均线之间的区域，代表了实际的收入分配状态对绝对平均状态的偏离程度。这一部分的面积越大，或洛伦兹曲线越弯曲，就代表这个社会的收入分配越不平均。这样，我们就可以用这一部分的面积与绝对平均线和绝对不平均线围成的三角形的面积之比，来表示这个社会收入分配的不平均程度。这个比例被称为家庭收入的基尼系数。家庭财产的基尼系数按照同样的方法计算。

基尼系数位于0~1的区间内。基尼系数越接近0，表示收入或财产在不同家庭之间的分配越平均；越接近 1，表示收入或财产在不同家庭之间的分配越趋向于两极分化。

我们通常把家庭收入基尼系数位于 0.2 以下的收入分配状态视为高度平均，位于 0.2~0.29 视为比较平均，位于 0.3~0.39 视为相对合理，位于 0.4~0.59 视为差距较大。当基尼系数高于 0.6 时，就表示这个社会的收入分配差距非常悬殊。

国际上通常把 0.4 作为家庭收入基尼系数的警戒线。高于这一数值就容易出现经济增长乏力、政治不稳定、失业严重、绝对贫困人口增加，社会治安恶化、社会道德沦丧、社会矛盾激化等问题，甚至会发生大规模的社会动荡。一个贫富两极分化的社会，也是滋生极端主义思想和暴力恐怖活动的温床。

由于在家庭财产的统计中并不包含人力资本，而家庭收入包含了所有资产——包括人力资本——的收入。所以，家庭收入基尼系数是一个比家庭财产基尼系数更好地衡量一个社会贫富差距的工具。

作为一个经济发展的基本规律，发展中国家在经济发展的过程中，家庭收入的基尼系数和家庭财产的基尼系数均普遍比经济发达国家要高。这一现象与下列因素有关。

（1）发展中国家普遍存在一个庞大的低效率农业部门，农业部门存在大量的过剩劳动力。

（2）发展中国家在竞争性经济领域内存在大量低效率的企业。

（3）发展中国家存在较为严重的行政垄断，市场的开放度和竞争性不足。

（4）发展中国家普遍存在权力寻租活动。

（5）发展中国家社会保障系统的保障水平较低，二次分配的规模较小，效率较低。

（6）一些发展中国家的税收体制以间接税为主，具有累退性质，二次分配反而恶化了家庭收入的基尼系数。

（7）发展中国家的个人所得税，普遍以个人为单位征收，没有以家庭为单位征收。

（8）一些发展中国家存在的户籍制度限制了劳动力流动，变相剥夺了低收入群体参与经济活动创造财富、分享财富的机会。

（9）一些国家实行的土地国有制和集体所有制，使大多数低收入家庭无法充分分享土地的租金和增值收益。

就一个国家家庭收入分配状况的纵向变化而言，似乎存在一个规律，那就是一个国家在前工业化阶段，家庭收入的基尼系数有可能还比较低。一旦进入工业化进程，在工业化初期，随着经济的快速增长，国家家庭收入的不平均程度往往会加剧。在工业化进程完成以后，家庭收入的不平均程度会逐渐降低。

1955 年，俄裔美国经济学家西蒙·库兹涅茨提出一个假说，认为随着一个国家的经济发展，家庭收入方面的不平均程度会经历一个先扩大后缩小的过程，家庭收入的基尼系数与人均实际 GDP 之间存在倒 U 形的关系。这个假说被称为库兹涅茨假说。

目前，经济发达国家二次分配之前家庭收入的基尼系数也较高，但经过以累进的直接税为主，以高税收、高福利为基本特征的二次分配以后，这些国家家庭收入的基尼系数通常在 0. 25~0. 35，普遍低于发展中国家。

2018 年，联合国发布的世界各国家庭收入的基尼系数最低的 20 个国家为：①瑞典；②比利时；③丹麦；④挪威；⑤德国；⑥芬兰；⑦奥地利；⑧法国；⑨荷兰；⑩卢森堡；⑪日本；⑫冰岛；⑬爱尔兰；⑭澳大利亚；⑮加拿大；⑯意大利；⑰英国；⑱瑞士；⑲葡萄牙；⑳斯洛文尼亚。日本是其中唯一的亚洲国家。

除了基尼系数，经济学家还可以通过其他方式描述一个国家在家庭收入和家庭财产方面的不平均程度。

例如，如果一个国家家庭收入的众数收入低于中位收入，中位收入低于平均收入，就说明这个国家在家庭收入方面很不平均，多数家庭为低收入家庭。

我们也可以用某一年度不同家庭收入范围中的家庭数量占比来描述一个国家在家庭收入方面的不平均程度。

我们还可以先将一个国家的全部家庭按照家庭收入由少到多进行排序，将这些家庭五等分，从最贫穷的 20%家庭到最富有的 20%家庭，然后分别计算出每组家庭的（税前）收入在国民总收入中所占的比例。

（三）中国的贫富差距

2018 年，中国的人均 GDP 已接近 1 万美元，但中国却是世界上家庭收入基尼系数和家庭财产基尼系数较高的国家之一。此外，家庭收入和家庭财产高度不平均的国家大都分布在南美洲和非洲，如塞拉利昂、巴西、危地马拉、南非、巴拉圭、哥伦比亚、巴拿马、津巴布韦、智利、中非共和国、海地等。

1978 年，中国居民收入的基尼系数为 0.31。随着经济发展，中国居民收入的基尼系数不断上升，并突破警戒线。从 2004 年起，中国的统计部门不再对外公布中国居民收入的基尼系数了。2013 年 1 月，中国政府一次性公布了 2003—2012 年的全国居民收入的基尼系数，数值位于 0.46~0.49。2017 年，中国政府对外公布的全国居民收入的基尼系数为 0.467。

一些研究机构，如西南财经大学、北京大学进行的抽样调查表明，中国家庭收入的基尼系数在 0.6 以上，中国家庭财产的基尼系数在 0.7 以上。2014 年 7 月，北京大学发布的《中国民生报告》显示，中国家庭财产的基尼系数为 0.73，中国最富有的 1%家庭拥有全国 34.6%的家庭财产；中国最富有的 10%家庭，拥有全国 62%的家庭财产；中国最贫穷的 25%家庭，仅拥有全国 1.2%的家庭财产。

2018 年，全国居民人均可支配收入 28228 元，同年我国的人均 GDP 为 6.45 万元（约合 9600 美元）。上海市和北京市率先进入居民可支配收入的“6 万元俱乐部”，分别为 6.4 万元和 6.2 万元。

2018 年，北京市居民人均可支配收入为 62361 元。其中，城镇居民人均可支配收入 67990 元。从四项收入构成看，北京市居民人均工资性收入 37687 元，同比增长 7.0%；人均经营净收入 1201 元，同比下降 14.7%；人均财产净收入 10612 元，同比增长 14.0%；人均转移净收入 12861 元，同比增长 13.8%。其中，北京市城镇居民人均工资性收入 40489 元，同比增长 6.9%；人均经营净收入 1073 元，同比下降 17.0%；人均财产净收入 11983 元，同比增长 13.9%；人均转移净收入 14445 元，同比增长 13.7%。

（四）贫困线

按照绝对标准定义的贫困线，是指在一定的时间、空间和社会发展条件下，维持人们基本生存和社会公认标准所必须消费的物品和服务的最低费用。按照相对标准定义的贫困线，是指将所有家庭根据家庭可支配收入由高到低排列，然后将低收入家庭的某一比例，如 10%的家庭可支配收入设定为贫困线。世界各国通常使用绝对标准来定义贫困。

贫困线的一个重要功能就是识别贫困人口和计算贫困（发生）率。贫困，就是家庭可支配收入低于贫困线的一种生存状态。贫困率，就是家庭可支配收入低于绝对贫困线的家庭百分比。确定相对贫困线的家庭百分比本身就是贫困率。按相对贫困线确认的贫困人口永远无法消除。

世界银行 2015 年 10 月宣布，按购买力平价计算，将国际贫困线从此前的每人每天生活支出 1.25 美元上调至 1.9 美元。世界一些国家（地区）采用将本国（地区）家庭中位收入或平均收入的 50%作为本国（地区）贫困线的划分方法。

2016 年，全美家庭（平均 2.56 人）的（税前）中位收入为 5.9 万美元。2016 年，美国政府确定贫困人口的标准是：一人生活，家庭（税前）年（现金）收入低于 12228 美元；两人生活，家庭年收入低于 15669 美元；三口之家，家庭年收入低于 19105 美元；四口之家，家庭年收入低于 24563 美元。

欧盟主要根据下面 10 个方面的信息对绝对贫困人口进行识别：①无法支付抵押贷款；②无法承担房租或账单（物管水电气等）；③无法承担供暖费用；④无法承担所面临的意外开支；⑤无法定期摄入足够的蛋白质；⑥无法承受 1 周的旅游费用；⑦无法承担洗衣费用；⑧无法承担电视费用；⑨无法承担养车费用；⑩无法承担电话费用。凡具备以上 10 项条件中的四项及以上者，就被视为绝对贫困人口。

根据中华人民共和国《2018 年国民经济和社会发展统计公报》，全年全国居民人均可支配收入 28228 元，扣除价格因素，实际增长 6.5%。全国居民人均可支配收入中位数为 24336 元，增长 8.6%。

按常住地分，城镇居民人均可支配收入 39251 元，扣除价格因素，实际增长 5.6%。城镇居民人均可支配收入中位数为 36413 元，增长 7.6%。农村居民人均可支配收入 14617 元，扣除价格因素，实际增长 6.6%。农村居民人均可支配收入中位数为 13066 元，增长 9.2%。全国农民工人均月收入 3721 元，比上年增长 6.8%。

按全国居民五等份收入分组，低收入组人均可支配收入 6440 元，中间偏下收入组人均可支配收入 14361 元，中间收入组人均可支配收入 23189 元，中间偏上收入组人均可支配收入 36471 元，高收入组人均可支配收入 70640 元。

2008 年，中国政府将农村居民最低生活保障标准和农村贫困群众扶贫标准两线合一。按照农村人口年人均纯收入 2300 元（2010 年不变价）的国家扶贫标准计算（2018 年农村人口年人均纯收入 3318 元），截至 2018 年末，中国的农村贫困人口 1660 万人，贫困发生率 1.7%。

中国政府计划在 2020 年末，通过发展生产、易地搬迁、生态补偿、发展教育、社会保障兜底等方式，实现现行标准下农村（建档立卡）贫困人口全部脱贫，基本消除绝对贫困。衡量农村贫困人口是否脱贫的标准是“一超过、两不愁、三保障”，即年人均纯收入稳定超过年度国家扶贫标准，不愁吃、不愁穿，义务教育、基本医疗、住房安全有保障。

参考文献

[1] 马尔萨斯. 人口原理 [M]. 北京：商务印书馆，1992.
[2] N. 格里高利·曼昆. 宏观经济学 [M]. 北京：中国人民大学出版社，2011.
[3] 伊桑·马苏德. GDP 简史：从国家奖牌榜到众矢之的 [M]. 北京：东方出版社，2016.
[4] 伯纳德·鲍莫尔. 经济指标解读 [M]. 北京：中国人民大学出版社，2009.
[5] 约瑟夫·S. 奈. 美国注定领导世界？——美国权力性质的变迁 [M]. 北京：中国人民大学出版社，2012.
[6] 约瑟夫·S. 奈. 软实力 [M]. 北京：中信出版社，2013.
[7] 约瑟夫·S. 奈. 巧实力：权力，个人、企业和国家 [M]. 北京：中信出版社，2013.
[8] 国家统计局. 2011 国民经济行业分类注释 [M]. 北京：中国统计出版社，2011.
[9] 国际劳动组织. 消费者价格指数手册 [M]. 北京：中国财政经济出版社，2008.
[10] 阿瑟·刘易斯. 经济增长理论 [M]. 北京：商务印书馆，1999.
[11] 阿瑟·奥肯. 平等与效率 [M]. 北京：华夏出版社，2010.
[12] 西蒙·库兹涅茨. 各国的经济增长 [M]. 北京：商务印书馆，1985.
[13] 阿玛蒂亚·森. 论经济不平等 [M]. 北京：社会科学文献出版社，2006.
[14] 阿玛蒂亚·森. 贫困与饥荒 [M]. 北京：商务印书馆，2004.
[15] 罗斯托. 经济增长理论史 [M]. 浙江：浙江大学出版社，2016.
[16] 路易吉·津加莱斯. 繁荣的真谛 [M]. 北京：中信出版社，2015.

第三章　总需求管理

一、经济周期

（一）什么是经济周期

任何一个经济体都不可能总处于平稳增长的经济运行过程中，任何一个经济体都会围绕其经济运行的长期趋势发生短期波动。在一些年份，经济运行可能会出现过热的情况，甚至发生严重的通货膨胀和资产泡沫。在另外一些年份，经济运行又有可能出现经济增长乏力、经济增长速度下降、失业率上升的情况，甚至出现无增长或负增长，乃至经济滞胀的情况。经济运行的这种短期波动是无规律的，难以对其进行准确的预测。

对于任何一个经济体，重要的宏观经济指标，如 GDP 或 GDP 的增长率、失业率、社会总需求、社会总投资、全社会零售总额、价格指数以及原油、钢铁、有色金属、铁矿石、农产品、煤炭等大宗商品的产量等，都会沿着其经济运行的长期趋势上下波动，反复经历扩张和收缩的阶段。在这些宏观经济指标中，GDP 增长率是最经常使用的衡量经济波动的指标。

经济学家通过确定一个经济体在长期经济运行过程中的波峰和波谷，将该经济体的长期经济运行过程划分为不同的经济周期。经济周期，也被称为商业周期、商业循环或景气循环。经济学家通常将一个经济周期划分为衰退和扩张两个阶段，波峰和波谷是经济周期的转折点。一个完整的经济周期也可以被划分为繁荣、衰退、萧条和复苏四个阶段。

周期在字面上很容易给人一种错觉，似乎一个经济体经济运行的波动存在某种节奏，是有规律和可预测的。但事实上，难以对任何一个经济体经济运行的波动进行准确的预测。世界上没有完全相同的两片树叶，也没有完全相同的两次经济周期。

当经济规模的减少和失业的增加还不太严重时，我们就说发生了经济衰退。

在成熟的市场经济国家，政府并不会机械地根据某一经济指标的变化情况宣布经济衰退的到来。但一般认为，如果实际 GDP 连续两个季度出现下降，就非常有可能发生了经济衰退。

对发生经济衰退的确认通常是在发生经济衰退的数月以后，有时甚至在经济已经复苏时才能最终确认经济衰退发生的准确时间。

当实际 GDP 的下降和失业的增加较为严重且持续的时间较长时，就意味着发生了经济萧条。简单地说，长时间的、严重的经济衰退就是经济萧条。

在美国，确认经济周期转折点和各个阶段的任务是由一个非营利的私人研究机构——美国国家经济研究局（NBER）来承担的，该机构成立于 1920 年。在每一个明显的经济转折点过后，这个机构的经济周期确认委员会就开始确认这个转折点发生的准确月份。例如，在 2001 年 11 月，该委员会宣布上个经济周期的波峰点发生在 2001 年 3 月。

NBER 在宣布经济周期的拐点上相当迟缓，因为它需要时间收集和分析经济数据。漫长的时滞说明，确认经济衰退开始和结束的时间是一件非常严肃，也是一件非常困难的事情。

（二）经济周期的类型

学者们在研究经济周期问题的过程中，曾经提出过不同时间长度的经济周期假说。

法国经济学家朱格拉在 1862 年出版的《法国、英国及美国的商业危机及其周期》一书中提出，资本主义经济存在一种为期 9~10 年的经济周期。这种周期被称为朱格拉周期。由于这种类型的经济周期属于中等时间长度的经济周期，所以也被称为中周期。

苏联经济学家康德拉季耶夫在 1926 年提出，资本主义经济运行中存在一种为期 50~60 年的经济周期，这种经济周期被称为康德拉季耶夫周期。康德拉季耶夫认为，这种周期是因为耐用资本品集中更新引起的经济平衡的破坏与恢复造成的。这种解释被称为经济周期的长波理论。

美国经济学家约瑟夫·基钦在 1923 年提出，经济运行过程中存在一种为期

3~4 年的经济周期。基钦认为，经济周期有主要周期与次要周期，或大周期与小周期两种。主要周期即大周期，包含 2~3 个小周期。次要周期即小周期，平均长度为 40 个月。这种小周期就被称为基钦周期。基钦认为，3 个基钦周期构成一个朱格拉周期，18 个基钦周期构成一个康德拉季耶夫周期。

1930 年，美国经济学家西蒙·库兹涅茨在其《生产和价格的长期运动》一书中提出，资本主义经济存在一种平均长度为 20 年左右的经济周期。这种周期被称为库兹涅茨周期。由于库兹涅茨主要是以建筑业的周期性兴衰为标志划分经济周期的，所以这种类型的经济周期也被称为建筑业周期。

1939 年，美国经济学家熊彼特以他的创新理论为基础，对各种经济周期理论进行了综合，提出在资本主义经济发展过程中，同时存在长、中、短三种经济周期。每一个长周期包含 6 个中周期，每一个中周期包含 3 个短周期。短周期的平均长度大约为 40 个月，即基钦周期。中周期的平均长度约为 9~10 年，即朱格拉周期。长周期的平均长度约为 48~60 年。

熊彼特以重大创新为标志，将资本主义经济的发展历程划分为三个长周期。第一个长周期从 18 世纪 80 年代到 1842 年，是产业革命时期；第二个长周期从 1842 年到 1897 年，是蒸汽和钢铁时期；第三个长周期从 1897 年开始，是电气、化学和汽车时期。每个长周期中包含若干由中等创新引起的中周期，每个中周期中包含若干由小创新引起的短周期。

英国经济学家阿瑟·刘易斯认为，标准的经济周期是持续时间为 9~10 年的朱格拉周期，这是第一个被确定的周期。人们在谈到经济周期时，大多数情况下指的都是这个类型的经济周期。

（三）经济周期发生的原因

对于经济周期为什么会发生，历史上的经济学家给出过许多解释，可以将这些解释分为外生论和内生论。

外生论认为，是经济系统以外的某些因素的变化引起了长期经济运行过程中的波动，如货币供给、战争、选举、技术创新、自然灾害、气候变化甚至太阳黑子等因素发生的变化。

货币学派将经济周期归因于货币供给的扩展与收缩，政治周期理论认为经济周期是政治家为了赢得选举而操纵财政货币政策的结果，以创新理论为基础的经济周期理论认为经济周期是由创新引起的。

1939 年，奥地利经济学家熊彼特提出了以创新理论为基础的经济周期理论。熊彼特在《经济周期：资本主义过程之理论的、历史的和统计的分析》（1939）中提出，经济周期是一个由创新引起的原有均衡的破坏和向新的均衡过渡的过程。

熊彼特所说的创新，指的是企业家对生产要素的新组合。这包括引进了一种新的产品或改进了一种产品的质量；采用了一种新的生产方法；开辟了一个新的市场；获得了一种原料或半成品的新的供给来源；实行了一种新的生产组织形式；改变了某个产业的组织形态，如建立或打破了一种垄断地位。

熊彼特特别强调，发明并不等于创新，一项发明只有在应用于经济活动并获得成功时才是他所说的创新。创新者不是实验室的科学家，而是有胆识、敢于承担风险又有组织才能的企业家。企业家进行创新的动机与理性经济人的行为动机不同，他们追求的不是利益的最大化，而是梦想、征服的欲望、创造的激情、发挥个人能力和才智的快乐。并不是所有的企业领导者、管理者都是企业家，他们中的许多人是在不尝试新思想或新的做事方式的情况下经营企业的，企业家是那些引入创新的人。企业家引入新的产品、新的生产方式、新的企业组织形式、使用新的原材料或者进入新的市场，他们能够把握被其他人忽视的机会，能够通过自己的想象力和洞察力创造机会。企业家不一定是股东，股东是资本家而非企业家。

创新总是先由个别企业家进行的，创新会带来垄断利润，垄断利润会鼓励其他企业家模仿，从而形成创新浪潮，经济进入繁荣时期。当创新普及之后，这种垄断利润就会自然消失，在新的创新出现之前，经济就会由于对银行信用和生产要素需求的减少而进入衰退期，直至另一次创新出现，经济再次进入繁荣期。经济周期就是由创新所引起的繁荣和衰退这两个阶段的交替而形成的。

熊彼特把资本主义经济的发展过程看作是一个创造性衰退的过程。创新引起企业之间展开分享创新利润的竞争。在这个竞争过程中，守旧的企业会被淘汰，新的企业会诞生，还有一些企业会发展壮大起来，这就是创造性衰退的含义。

内生论从经济系统内寻找经济周期发生的原因。内生理论认为，经济扩张本身就孕育着经济衰退，在经济衰退的过程中，经济复苏和扩张的力量也同时在不断集聚。

乘数—加速数理论就是一个重要的经济周期内生理论。这种理论认为，一个经济体在经济运行过程中之所以会发生周期性波动，其根源正在于乘数原理与加速数原理的相互作用。经济扩张刺激了投资，增加的投资不仅会直接增加投资所发生部门和企业的产出，还会在经济系统其他部门、其他企业之间引起一系列的连锁反应，产生投资乘数效应，推动就业和总产出的进一步增长。

总产出的增加，由于现代社会机器大生产需要大量固定资本的特点，会引起固定资本投资更大规模地增长。这就是经济学中的加速数原理。在乘数原理和加速数原理的相互作用下，该经济体实现了充分就业，达到其生产的可能性边界（投资乘数等于1减去边际消费倾向的倒数）。

这时，经济的增长速度开始放慢，产能出现过剩。在加速数原理的作用下，投资出现更大规模的下降。投资的减少同样会在该经济系统中产生一系列的连锁反应，在投资乘数原理的作用下，带来总产出更大规模的下降。这样，在加速数原理和乘数原理的相互作用下，经济运行进入衰退阶段，直至到达经济周期的谷底。

随着社会总需求的增加和过剩生产能力的消失，投资开始复苏，就业开始增加，经济运行进入下一个周期。这样，在乘数—加速数原理的作用下，经济运行出现了从扩张到衰退，又由衰退到扩张的周期性波动。

（四）发达市场经济国家经济周期的新特点

从世界范围看，世界主要经济体的经济周期显示出明显的趋于缓和的特征。和马克思生活的那个年代相比，现在的经济波动已变得非常温和了。经济衰退期变得更短，经济扩张期变得更长，经济波动的幅度也变得更狭窄了。

以美国为例，在1945年之前的92年间，美国经济共出现过6次严重的萧条，平均每次持续约36个月。其中最严重的一次是发生于1929—1933年的经济大萧条，1932年的GDP同比下降了13%。而在1959年至今的58年间，仅发生过5次经济衰退，其中GDP降幅最大的是2008年华尔街金融危机发生后的2009年，降幅仅为2.8%。

经济学家对世界经济变得更加稳定的趋势提供了几种解释。

一个原因被认为是服务业在总产出中所占的比例越来越高。在经济衰退期间，制造业的衰退要比服务业严重。当收入下降时，消费者首先削减的是耐用品方面的支出。

一个原因被认为是发达国家的社会保障系统日趋完善，保障水平已经达到一个较高的水平。这些制度安排使家庭部门的收入不再像“二战”以前那样，随着经济的波动而剧烈波动。即使在经济衰退期，失业的人也能拥有较高的收入，从而维持相对稳定的消费支出。

一个原因被认为是宏观经济管理部门运用宏观经济稳定政策对宏观经济运行进行微调的结果。得益于宏观经济理论的发展，政府宏观经济政策实践经验不断积累，宏观经济统计系统不断完善，特别是近几十年来对大数据的分析处理能力迅速提高，宏观经济管理部门现在已经能够很好地对宏观经济运行过程进行监测和预警，并运用宏观经济稳定政策对宏观经济运行进行灵活调整，在很大程度上防止了经济运行过程中的各种短期波动，像滚雪球一样最终演化为一场经济衰退或经济严重过热。

但在一些市场经济还不够成熟、市场还不能在资源配置中发挥决定性作用、政府对宏观经济运行缺乏有效管理的发展中国家，经济运行过程中的波动依然比较频繁和剧烈，并会通过国际贸易、国际投资和国际金融渠道传导到其他经济体。

总的来说，经济衰退与经济过热如同感冒，而非飓风，可以防止，但难以彻底消除。那些导致经济衰退的因素如同感冒病毒一样，潜伏在我们身体中，潜伏在我们周围，一旦我们身体的抵抗力下降，就会乘虚而入，迅速繁殖。

（五）对经济周期的预测

经济学家目前还无法准确地预测衰退何时开始、何时结束，因为导致衰退发生的原因很多。但经济学家们还是尝试着对宏观经济运行的未来走势进行预测。经济学家们确定了一些能领先于经济周期率先发生变化的经济指标，即先行指标，然后根据这些指标的变化来预测宏观经济运行的未来走势。PMI 指数、失业人数、大型资本品的订单数量、钢产量、股票指数、货币供应量、集装箱货运数量、房地产建设许可证发放数量等经济指标，都是经济预测中经常使用到的先行指标。这些先行指标对经济周期虽然具有一定的预示功能，但并不精确。

股票指数的变化反映了市场对上市公司未来赢利能力的判断，货币政策对某些宏观经济指标（如经济增长率、社会总需求、CPI、利率、汇率等）的影响具有滞后效应，大型资本品的订单数量能够影响未来的产出量，这是它们能够成为先行指标的原因。

PMI 是采购经理指数（Purchasing Manager' s Index）的英文缩写。PMI 是一个能够反映宏观经济运行状况和变化趋势的先行指标，其转折点通常领先于 GDP 转折点几个月。PMI 是通过对采购和供应经理的月度调查汇总而成的指数，反映了被调查的采购和供应经理的主观判断。PMI 由多个指数加权而成，如新订单指数、生产指数、从业人员指数、供应商配送时间指数、主要原材料库存时间指数等。PMI 是一个指标体系，包括制造业 PMI、服务业 PMI、建筑业 PMI 等。PMI 还可以进一步分解到子行业甚至某些主要产品。PMI 以百分比表示，数值范围为 0~100%，每月发布一次。50%是 PMI 的景气分界线或荣枯分界线。如果 PMI 大于 50%，就表示该产业处于景气阶段；如果 PMI 小于 50%，则表示该产业处于不景气阶段。

2005 年 7 月 6 日，中国制造业 PMI 正式对外发布。中国的 PMI 由国家统计局和中国物流与采购联合会合作完成，目前发布制造业 PMI 和非制造业 PMI 两种指数。中国的 PMI 由 11 个单项指数加权形成：新订单、生产、就业、供应商配送、存货、新出口订单、采购、产成品库存、购进价格、进口、积压订单。

（六）一些与经济景气状况同步变化的辅助性指标

口红销售量。20 世纪 30 年代大萧条时期，美国商人莱昂纳多·劳德提出口红销售量具有与经济周期同步变化的规律。这种观点认为，在经济不景气的时期，由于收入水平下降，在妇女们只能买一件化妆品的时候，通常会选择口红，因为涂口红是化妆的底线和重要标志。所以，在经济不景气的时期，女性会选择用多支不同颜色的口红来替代多套不同的时装。因此，可以把口红销售量看成是衡量经济景气程度的一个同步指标。2008 年全球金融危机以后，西方国家的市场调研公司发现，在经济不景气的时期，粉底效应和指甲油效应有取代口红效应的趋势。

女性裙子的长度。1920 年，美国宾夕法尼亚大学的经济学家乔治·泰勒观察到一个现象，即经济越繁荣，女性穿的裙子就越短。这是因为在那个年代，女性穿的长筒丝袜还比较昂贵，又比较易损。当经济比较繁荣时，家庭收入处于一个较高的水平上，女性能够及时更换损坏的长筒丝袜。女性愿意穿上短裙，露出里面穿的丝袜。而当经济不景气时，家庭收入下降，女性难以及时更换破损的丝袜，就会选择穿上长裙。随着丝袜越来越便宜，这一规律目前已经失效。

年轻女性头发的长度。日本著名的化妆品公司——花王公司，通过对东京和大阪街头年轻女性头发的长度所进行的20年跟踪调查发现，经济越景气，年轻女性头发的平均长度就越长；反之，经济越不景气，就越短。这是因为打理（剪、烫、染、洗）长发的费用要大大高于打理短发。

高跟鞋的鞋跟高度。西方发达国家的一些市场调查显示，女性高跟鞋鞋跟的高度与经济景气指数呈现一种显著的正相关关系。经济越景气，女性对超高高跟鞋的需求就越高。经济越低迷，女性就越倾向于购买中低跟的高跟鞋。这是因为当经济比较景气时，女性更为乐观，更有活力。反之，经济比较低迷时，由于家庭收入下降，失业率上升，女性变得相对悲观和情绪低落，对高跟鞋鞋跟高度的选择也偏于保守。市场售出的高跟鞋的鞋跟平均高度的变化，反映了消费者消费心理的变化，而经济景气状况是影响消费者消费心理的一个重要因素。

也有的调查显示，经济越不景气，女性越倾向于选择穿更高鞋跟的高跟鞋，因为消费者希望以这种廉价的时尚方式抵消自己与日俱增的不安全感，逃离残酷的现实。还有的人认为，这些相互矛盾的结论说明，高跟鞋鞋跟高度的变化，只不过反映了流行时尚的循环和经济景气指数在某个时期表现出的相关关系，只是一种巧合与重叠，并不存在内在的因果关系。

女性的腰臀比。世界著名杂志《花花公子》有一个名为Playmate的栏目，该栏目每年都会举行由读者评选年度女郎的活动。美国学者佩蒂庄和庄格伯格通过对1960—2000年当选的年度女郎的生理特征进行的定量分析发现，在不同的经济景气条件下，女性吸引异性的生理特征并不相同。佩蒂庄和庄格伯格用环境安全假说来解释他们的发现。在经济不景气时，男性倾向于选择那些更具有劳动能力的女性，如年龄偏大、身材高大、健硕、丰满、没有玲珑曲线的女性。在经济比较繁荣的时期，男性通常喜欢那些生育能力更强的女性，年轻、娇小、轻盈，曲线优美。

此外，攀登富士山的游客人数、购买纯种狗顾客的数量、赴海外度假的人数、悲剧喜剧和恐怖片的流行程度、电影的票房收入、浏览婚恋网站的人数、领带的市场销售量、扑克牌的市场销售量、男裤的市场销售量、虐待儿童案件的数量等，也都曾被当作与经济景气状况同步变化的一种辅助性指标。

美联储前主席格林斯潘早年在当公司经济顾问时，就独创性地把包装纸箱的使用量当作判断经济景气状况的一个辅助性同步指标。因为只有对包装纸箱的需求开始增加了，经济活动才真正开始复苏。

二、总供给和总需求模型

（一）总需求曲线

大多数经济学家都使用总供给—总需求模型来分析短期经济波动和财政货币政策的短期效应。总供给—总需求模型由（短期）总供给曲线和（短期）总需求曲线构成。总需求曲线表示的是在各种可能的平均价格水平上，家庭、企业、政府和外国人想要购买的各种物品和服务的总量，包括消费、投资、政府购买、净出口四个部分。总供给曲线表示的是在各种可能的平均价格水平上，所有企业生产并出售的物品和服务的总量。平均价格水平和产量的调整使总供给和总需求保持均衡状态。

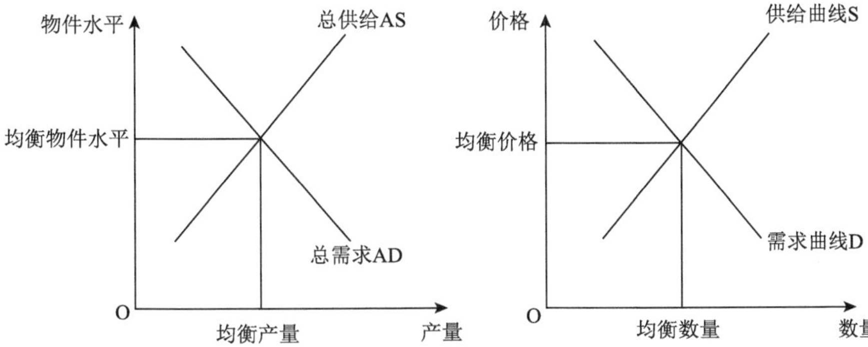

图 3-1　供求模型与总供给—总需求模型对比

总供给和总需求模型与用于描述单个市场的供求模型，在形式上非常相似，但在理论上却完全不同（见图 3-1）。在单个市场中，当价格上升时供给增加，这是因为生产要素从其他市场流入了这个市场；需求减少是因为消费者将他们的收入更多用在了相对价格较低的产品或服务上。当我们分析整个经济系统时，总需求曲线和总供给曲线向不同方向倾斜的原因是完全不同的。

（二）总需求曲线为什么向右下方倾斜

总需求曲线向右下方倾斜，意味着在其他条件不变的情况下，伴随着物价总水平的下降，总需求量会增加。

总需求可以分解为四部分：政府购买、消费需求、投资需求和净出口。政府购买由政府预算控制，不会随平均价格水平的变化而变化。当价格总水平下降时，家庭部门所拥有的货币的实际购买力增强了，就会增加在消费方面的支出。

同时，由于家庭部门购买他们想要的物品和服务所需的现金减少了，家庭部门就会用他们所持有的超额货币去购买债券，或将它们变成银行储蓄，从而使可贷资金市场中的利率水平下降。较低的利率会刺激企业的投资和家庭部门对新建住宅的投资，从而增加了对投资品的需求。

当价格总水平下降时，伴随着利率的下降，其他国家的资产变得更具吸引力了，对外投资的增加会提高外汇市场上本国货币的供给，从而导致本国货币汇率的下降。汇率的下降有助于增加本国产品和服务的出口，减少对外国产品和服务的需求，从而使净出口增加。

（三）总需求曲线的移动

在某一个既定价格水平上，任何能对消费需求、投资需求、政府购买和净出口产生影响的因素都能引起总需求曲线的移动。

如果家庭部门对未来的预期普遍恶化，开始增加储蓄，减少消费，总需求曲线就会因为家庭部门消费需求的减少而向左移动。如果股市或房地产市场的资产价格水平显著上涨，家庭部门所拥有的权益类资产或不动产的账面价值就会出现快速上涨，并产生财富效应，导致家庭部门的消费需求增加，总需求曲线就会发生向右的移动。当税率提高时，家庭部门的消费支出会减少，总需求曲线向左移动。当税率降低时，家庭部门的消费支出会增加，总需求曲线向右移动。利率上升，会减少家庭部门对新建住宅和汽车等耐用消费品的需求，使总需求曲线向左移动。汇率的变化，也会影响家庭部门对进口商品和服务的消费。

在某个既定的价格水平上，在其他条件不变的情况下，企业和家庭部门投资需求的变化也会使总需求曲线发生移动。如果企业对未来经济状况的预期发生恶化，来自企业的投资需求就会减少，总需求曲线就会向左移动。当某项技术创新引起了对某一领域的投资热潮，总需求曲线就会向右移动。税率下降会增加企业的投资需求，税率上升会抑制企业的投资需求，从而使总需求曲线发生移动。

在短期，货币供给增加会降低（实际）利率，刺激投资活动，增加对投资品的需求，使总需求曲线向右移动。相反，货币供给减少会提高利率，抑制投资活动，减少对投资品的需求，使总需求曲线向左移动。

改变政府购买的规模能够直接移动总需求曲线。如果政府通过增税或发行债券，扩大了政府购买的规模，就会导致在任何一个价格水平上的总需求量增加，从而使总需求曲线右移。反之，如果政府为了缩减赤字规模减少了政府购买的规模，就会使总需求曲线向左移动。

净出口的变化同样能够引起总需求曲线的移动。净出口减少，会使总需求曲线向左移动。净出口增加，会使总需求曲线向右移动。汇率是引起净出口变化的一个重要因素。如果本国货币在外汇市场上发生贬值，会刺激出口，抑制进口，使净出口增加，总需求曲线发生向右的移动。反之，如果本国货币升值，就会刺激进口，抑制出口，使净出口减少，总需求曲线发生向左的移动。

（四）总供给曲线

总供给曲线描述的是，在任何一个既定的平均价格水平上，企业生产并销售的物品和服务的数量。总供给曲线的形状取决于考察时间的长短。在长期，总供给曲线是一条垂线（见图 3-2）。在短期，总供给曲线向右上方倾斜（见图 3-3）。

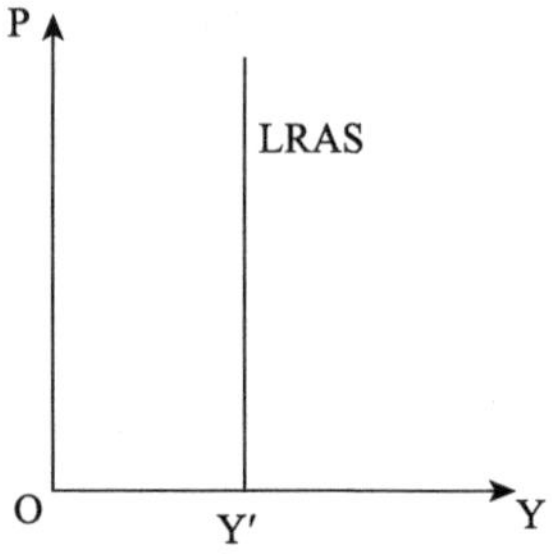

图 3-2　长期总供给曲线

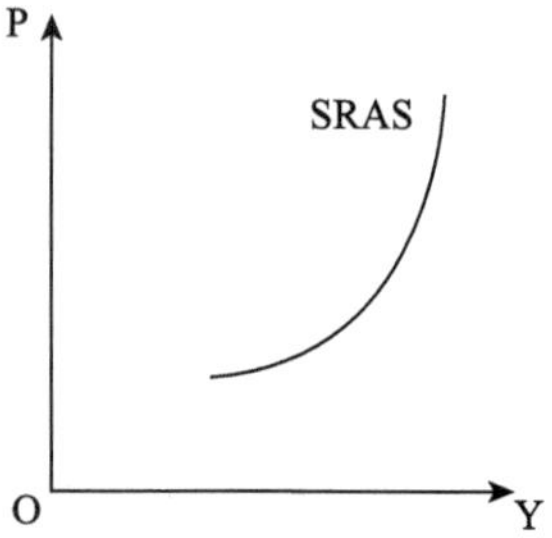

图 3-3　短期总供给曲线

在长期，一个经济体的产出规模由劳动、物质资本、人力资本、自然资源、生产技术和基础性制度等因素共同决定，不会随平均价格水平的变化而变化。所以，长期总供给曲线是一条垂线。

长期总供给曲线所表示的产出规模被称作潜在产出水平或充分就业产出水平，有时也被称为自然产出率，也是一个经济体在失业率为自然失业率的情况下的产出水平。

长期总供给曲线不同于某种产品或服务的供给曲线。某种产品的供给曲线向右上方倾斜，意味着当这种产品的市场价格上升时，其供给量也会增加，因为其他产品市场中的生产要素会流入这个市场。而对于整个经济体来说，总供给受到投入其中的劳动、物质资本、人力资本和自然资源的数量、所使用的生产技术以及基础性制度的制约，不会随平均价格水平的提高而增加。

（五）长期总供给曲线的移动

长期总供给曲线的移动意味着自然产出率的变动（见图 3-4）。一个经济体的自然产出率取决于劳动、资本、自然资源、生产技术和制度创新等因素，所以，我们可以把长期总供给曲线的移动归因于这些因素所发生的变化。

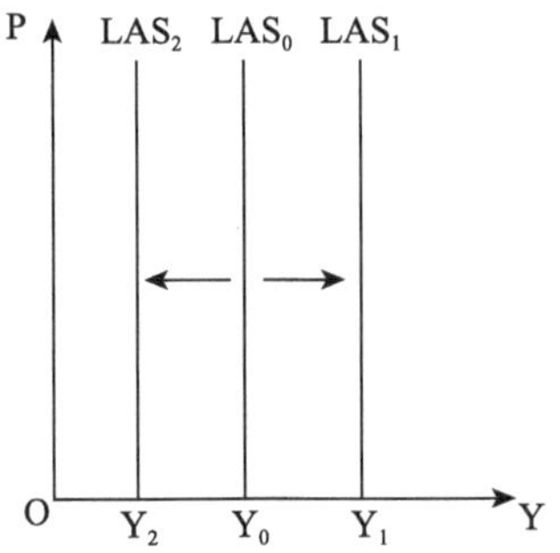

图 3-4　长期总供给曲线的移动

劳动投入的增加，如移民政策调整导致大量移民涌入，会使长期总供给曲线向右移动。相反，劳动投入的减少，如人口老龄化所造成的劳动人口的减少，会使长期总供给曲线向左移动。

自然失业率的变化也会引起长期总供给曲线的移动。如果政府大幅度提高最低工资水平，自然失业率就会上升，劳动投入的减少将使经济规模下降，长期总供给曲线向左移动。相反，如果失业保障制度的改革鼓励了失业者寻找工作的努力，自然失业率就会下降，长期总供给曲线向右移动。

资本存量的变化通过影响劳动生产率，影响到自然产出率，从而使长期总供给曲线发生移动。

物质资本和人力资本对劳动生产率和自然产出率的影响是同方向的。

自然资源投入的变化也会使长期总供给曲线发生移动。

恶劣的天气或气候变化会让农业部门遭受巨大损失，从而使长期总供给曲线向左移动。新油田的发现能使长期总供给曲线向右移动，美国制裁伊朗造成的世界原油价格上涨，会使长期总供给曲线向左移动。

技术进步使我们能够用同样多的劳动、资本和自然资源生产出更多的产品，提供更多的服务，从而使长期总供给曲线向右移动。

制度创新，特别是基础性制度创新，也能像技术进步一样发挥作用，使长期总供给曲线向右移动。如减税、加强对私有产权的保护、国有企业民营化改革、取消不合理的经济管制、开放金融领域、利率和汇率自由化、转变政府职能等都能使长期总供给曲线向右移动。

（六）为什么短期总供给曲线向右上方倾斜

长期总供给曲线是一条垂线，但在短期，如在一两年时间内，总供给曲线是向右上方倾斜的（见图 3-5）。平均价格水平上升，这个经济体的产出规模会增加；平均价格水平下降，这个经济体的产出规模会减少。

一个经济体的平均价格水平与产出规模之间的这种正相关关系是什么原因引起的？经济学家们提出不同的理论对此加以解释。这些理论有一个共同点，就是都强调了是实际的平均价格水平背离了预期的平均价格水平，才使这个经济体实际的产出规模背离了其自然产出率。

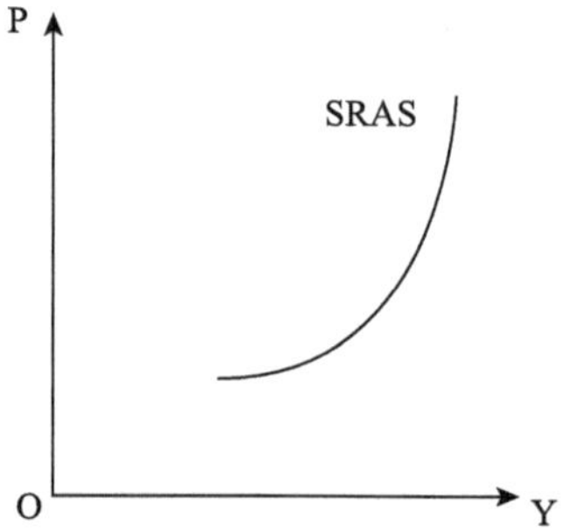

图 3-5 短期总供给曲线

错觉理论认为，平均价格水平的变动在短期内可能会使生产者产生一种错觉，使他们误认为仅仅是他们所生产的物品的市场价格发生了变化，也就是误认为他们所生产的物品的相对价格发生了变化，而没有认识到其生产的产品的市场价格所发生的变化是平均价格水平变动的一部分。这种对相对价格的短期错觉，会使生产者对产品市场价格的绝对变化做出反应。当产品价格上升时，会增加生产；反之，会减少生产。所以，短期总供给曲线会向右上方倾斜。

黏性工资理论认为，短期总供给曲线之所以向右上方倾斜是因为名义工资在短期内调整缓慢，是富有黏性的。名义工资之所以是黏性的，是因为在面对没有预期到的通货膨胀时，名义工资的调整会受到劳动合同的限制，不能随平均价格水平的变动及时调整。在这种情况下，伴随着平均价格水平的上涨，工人的名义工资就会低于实际工资，这意味着企业的生产成本下降了。企业会选择雇佣比在名义工资可以随实际通货膨胀率灵活变动的情况下更多的工人，从而导致总供给增加。反之，随着平均价格水平的下降，工人的名义工资就会高于实际工资，这意味着企业的生产成本提高了。企业会选择雇佣比在名义工资可以随实际通货膨胀率灵活变动的情况下更少的工人，从而导致总供给减少。因此，短期总供给曲线向右上方倾斜。

黏性价格理论认为，除了名义工资在短期内会受到劳动合同的限制难以灵活调整外，许多物品和服务的价格在短期内对市场供求变化的反应也是迟缓的，价格具有黏性。这种价格黏性会对短期总供给产生影响，并导致短期总供给曲线向右上方倾斜。

并不是所有物品或服务的价格都会随市场供求关系的变化而灵活调整。当市场供求关系发生变化时，一些企业因为某种原因，如为了避免价格调整所带来的菜单成本，选择在短期内保持价格不变。

当平均价格水平上升时，由于价格黏性的存在，一些物品和服务的相对价格会下降，从而导致销售增加，生产增加，总供给增加。反之，当平均价格水平下降时，由于价格黏性的存在，一些物品和服务的相对价格会上涨，从而导致销售减少，生产减少，总供给减少。

（七）短期总供给曲线为什么会移动

在短期，我们假定平均价格水平保持不变，假定技术和制度、人力资本和物质资本存量为既定，当向经济活动中投入的自然资源或劳动发生变化时，短期总供给曲线将发生移动。除此之外，如果对未来通货膨胀的预期发生了变化，短期总供给曲线也会发生移动。

如果人们预期通货膨胀率将上升，他们就会提高工资和产品价格水平，这会使产品的成本增加，市场价格上涨，产量下降，从而使短期总供给曲线向左移动。如果人们预期通货膨胀率将下降，他们就能接受更低的工资，这会使产品的成本降低，市场价格下降，产量上升，从而使短期总供给曲线向右移动。

（八）总供给—总需求模型

总供给曲线和总需求曲线的移动均可能引起经济的短期波动。这个运用总供给曲线和总需求曲线解释经济短期波动的模型，就是总需求—总供给模型。

在短期，如果由于某种原因总需求曲线发生了移动，也就是说在某一既定的价格水平上，总需求量发生了变化，经济就会衰退或过热。例如，股票市场崩溃所带来的财富效应就会导致总需求曲线向左移动。总需求的减少会导致平均价格水平下降、产能过剩、失业率上升。

面对经济衰退，政府增加财政支出的财政政策和中央银行增加货币供给量的货币政策立足于增加总需求，使总需求曲线回到原来的位置上。

（九）凯恩斯的有效需求不足理论

总供给—总需求模型是20世纪30年代世界经济大萧条在经济理论上的副产品，是凯恩斯留下来的理论遗产。1936年，凯恩斯出版了他的著作《就业、利息和货币通论》，在书中凯恩斯用有效需求不足理论解释了一般意义上的短期经济波动和特殊意义上的经济大萧条发生的原因。

凯恩斯认为，经济衰退和萧条之所以会发生，是因为有效需求不足。有效需求指的是总供给与总需求相等且处于均衡状态时的社会总需求。有效需求不足由边际消费倾向递减规律、资本边际效率递减规律和流动性偏好的心理倾向共同导致。

在边际消费倾向递减规律作用下，国民收入的增长快于消费需求的增长，伴随着家庭部门储蓄的增加，消费需求出现相对不足。在资本边际效率递减规律作用下（资本的边际效率即厂商增加投资时的预期利润率），厂商对资本未来收益的预期不断恶化，投资需求不断减少。在流动性偏好心理倾向的作用下，当利率处于一个很低的水平时，人们宁愿选择持有现金也不愿意放弃货币的流动性去进一步增加储蓄了。在这种情况下，由于利率无法进一步降低，刺激性的货币政策趋于无效，无法对投资需求产生影响，继续增加的货币供给量会落入流动性陷阱中。

宏观经济管理部门应该采取积极的财政政策来增加总需求。以减税、扩大赤字规模、增加政府支出为主要内容的扩张性财政政策能大大缩短市场恢复均衡的时间。凯恩斯认为，经济学家不能只从长期考虑问题，政府应该对短期经济波动进行干预。“在长期，我们都将死去。”“如果在暴风雨的季节，他们只能告诉我们，暴风雨在长期会过去，海洋必将恢复平静，那么经济学家给自己的任务就未免过于容易而无用了。”

三、财政政策、货币政策与总需求

财政政策，就是政府改变政府购买水平或财政收入水平的政策。货币政策在短期能够影响社会总需求，财政政策也能在短期内影响社会总需求。在长期，财政政策还能影响一个经济体经济增长的内在活力。

（一）乘数效应

当政府改变购买水平时，财政政策能够直接移动总需求曲线，而且总需求的变化量大于政府购买的变化量，这是因为政府购买规模的改变会产生乘数效应和挤出效应。

当一个经济体在其生产可能性边界内部运行时，政府购买支出的增加直接扩大了社会总需求。同时，政府购买支出的增加还通过提高家庭部门的收入，间接扩大家庭部门的消费需求。家庭部门消费需求的增加，还会通过进一步增加家庭部门的收入产生一系列类似的连锁反应。

当我们把政府改变购买水平对社会总需求所产生的这些影响加在一起的时候，我们就会发现其对社会总需求的最终影响，远远大于政府购买水平的改变量。政府购买水平的改变对社会总需求能够产生一种乘数效应。

经济学家用支出乘数来描述政府购买水平变动所产生的乘数效应的大小。

$$支出乘数 = 1/(1-MPC)$$

MPC 代表家庭（或个人）收入的边际消费倾向，指的是家庭可支配收入每增加一个单位所引起的家庭消费支出的增加量。

随着家庭收入水平的提高，每一单位家庭可支配收入的增加所带来的消费支出呈现递减的规律，这就是所谓的边际消费倾向递减规律。

边际储蓄倾向（MPS），指的是家庭可支配收入每增加一个单位，所引起的家庭储蓄的增加量。由于家庭收入分为消费和储蓄两部分，所以，边际储蓄倾向是边际消费倾向的镜像。$MPS = 1-MPC$，或者 $MPS+MPC = 1$。随着家庭可支配收入的提高，每一单位家庭可支配收入的增加所带来的储蓄额呈现出递增的规律，这就是所谓的边际储蓄倾向递增规律。

不仅政府购买水平的变动能够对社会总需求的变动产生乘数效应，家庭部门消费支出、净出口、企业投资的最初变化都会对社会总需求产生一个更大的影响。例如，当一国的净出口减少时，会导致该国的社会总需求以支出乘数倍数的规模减少。因为净出口的减少会减少该国家庭部门的收入，家庭部门收入的下降会带来家庭部门消费支出的下降，家庭部门消费支出的下降又会进一步引起家庭部门收入的下降。

（二）挤出效应

当政府改变购买水平时，在短期对社会总需求除了会产生乘数效应外，还会在相反的方向上产生挤出效应，减缓社会总需求的增长速度。

当政府增加购买规模时，在短期，家庭可支配收入和家庭消费支出均会增加，家庭消费支出的增加会提高货币市场中对货币的需求。在货币供给量不变的情况下，市场利率就会升高。较高的市场利率会抑制企业部门的投资性需求和家庭部门对住宅和耐用消费品的需求，从而抵消了一部分乘数效应，减缓了社会总需求的增长速度。

当政府增加购买规模时，在短期，由于总供给水平并没有发生变化，一部分出口需求会被挤出，净出口会减少。同时，利率的提高会使本币升值，出口需求因此会受到一定的抑制。

（三）货币政策如何影响总需求

由于货币政策和财政政策能够影响总需求，因此一个经济体的宏观经济管理部门可以运用货币政策和财政政策进行逆周期操作，以熨平经济波动。中央银行实施货币政策的工具主要有公开市场业务、调整准备金率和调整贴现率。中央银行运用这些货币政策工具影响货币供给量，再通过利率的变化来影响总需求。

具体来说，当中央银行增加货币供给量时，由于经济系统对货币的需求并没有改变，利率必然下降，以使货币的供求实现新的平衡。利率下降降低了借款成本和储蓄的收益，从而会刺激消费需求和投资需求。所以，增加货币供给量在短期内会提高任何一个既定物价水平下的总需求量，使总需求曲线向右移动。反之，当中央银行减少货币供给量时，利率必然上升，这会刺激储蓄，减少消费和投资，在短期内减少任何一个既定价格水平下的总需求量，使总需求曲线向左移动。

与财政政策相比，货币政策影响宏观经济运行的方式是迂回的，是通过影响利率水平来达到其目的的。由于很难对货币供给量进行准确衡量，中央银行通常将利率而不是货币供给量作为货币政策操作的直接目标。当中央银行确定了一个目标利率以后，就会通过调整货币供给量来实现这个目标利率。

在开放经济系统中，货币政策对总需求的影响要比在封闭经济系统中更大。在开放条件下，扩张性货币政策所带来的低利率会影响到本国货币的汇率。低利率会降低本国资产的价格，降低本国资产的吸引力，导致资本外流，从而引起本国货币的贬值。货币贬值有利于增加本国的净出口，结果是扩张性货币政策刺激总需求的效果，在开放经济条件下因汇率因素进一步增强了。反之，紧缩性的货币政策所引起的利率提高，不仅会通过减少投资需求和对耐用消费品的需求直接降低总需求，还会因汇率的上升而使净出口减少。

四、政策时滞与内在稳定器

（一）货币政策应该按固定规则行事，还是应该相机抉择

各国中央银行的货币政策委员会在制定货币政策的时候，均采取相机抉择的原则。货币政策委员会的决策者们会定期开会，对宏观经济运行状况进行评估，并对宏观经济运行的未来发展趋势做出预测，在此基础上决定是否需要对宏观经济运行进行政策干预。经济学家们在是否应该减少货币政策委员会相机抉择的空间，或是否应该遵循某种预先公布的固定规则去调整货币供给量的问题上，存在持久的争论。

1. 赞成按预先公布的固定规则制定货币政策的理由

主张中央银行应该遵循预先公布的固定规则去调整货币供给量的经济学家认为，如果允许货币政策的决策者们不受约束地进行相机抉择的话，经济系统就有可能因决策者的错误而蒙受损失。

社会公众也很难约束他们不去滥用这种可以进行相机抉择的权力。例如，他们有可能屈从于某种政治力量的压力而选择与之结盟，用货币政策服务于政党需要，从而引起选举周期的经济波动，形成政治性的经济周期。

此外，在相机抉择原则下，决策者经常根据经济运行情况的变化，中途改变原先设定的政策目标，导致他们实际上做的和事前宣称自己将要做的之间出现不一致，这被称作政策上的时间不一致性。例如，当失业率上升时，中央银行就可能放弃原先制定的维持价格水平稳定，或降低通货膨胀率的政策目标，尝试通过牺牲通货膨胀率的途径去降低失业率。

所以，当中央银行宣布即将实行紧缩性货币政策时，市场参与者往往持有将信将疑的态度，不太相信中央银行能有始有终地忠实执行其对外公布的货币政策。结果就会导致人们预期的通货膨胀水平要高于中央银行公开宣布的货币政策目标，从而使短期菲利普斯曲线上移。在这种情况下，实现同样的失业率目标，该经济体就要承受更高的通货膨胀率。

货币政策在发挥作用过程中存在的时滞现象，也非常不利于支持中央银行应奉行货币政策相机抉择的观点。

因此，相机抉择原则下的货币政策本身就是经济运行不稳定的一个原因。避免这种不利后果的一个办法就是要求中央银行遵循公开、固定和有法律保障的规则进行总需求管理，为货币政策装上自动驾驶仪。例如，增加新的法律条款，要求中央银行根据经济增长率和失业率，按照事先确定的固定规则调整货币供给量。$\Delta M/M=G+(u-4.5\%)$，其中，M 代表货币供给量，G 代表经济增长率，u 代表失业率，常数 4.5 代表自然失业率。

2. 反对按照事先公布的固定规则制定货币政策的理由

主张实行相机抉择货币政策的经济学家则认为，虽然相机抉择的货币政策的确存在缺点，但它也有一个很重要的优点——灵活性。经济波动是不可预测的，在面临类似 20 世纪 30 年代经济大萧条、70 年代石油危机、80 年代美国股票市场崩溃、21 世纪初互联网泡沫破裂和 2008 年华尔街金融风暴这样出乎意料的剧烈经济波动时，中央银行就不应墨守成规，而应见机行事，相机抉择。

那些反对中央银行进行相机抉择的经济学家们，夸大了相机抉择的不利后果，甚至用推理代替事实。例如，在当今欧美成熟的自由竞争市场经济国家中，中央银行的独立性是有法律保障的，政治性经济周期并不明显。

货币政策在时间上的不一致性也没有想象中的那么严重，中央银行在大多数时间中仍然较好地实现并维持了低通货膨胀率。

所有的经济学家都同意时滞会降低逆周期的总需求管理政策的有效性，但在现实中，时滞并没有使逆周期政策的有效性降为零，或反而加剧了宏观经济运行的波动性。

另外，货币流通的速度也是频繁变动的。在币值比较稳定的时候，货币就会在人们的钱包或银行账户上滞留较长的时间，而在通货膨胀非常严重的时期，没有人愿意持有货币，货币会在人们的手中或账户中迅速流转。由于货币流通速度是不确定的，所以，应该允许中央银行进行相机抉择，灵活调整货币政策。

况且，是否存在一个能够适应所有情况的固定规则呢？我们能够就中央银行应该遵循一个什么样的固定规则达成共识吗？如何保持固定规则的稳定性和灵活性之间的平衡呢？固定规则本身也需要调整，但一个频繁调整的固定规则还是固定规则吗？这些都是任何一个尝试以固定规则取代相机抉择的经济学家会遇到的问题。在经济学家们就应该遵循一个什么样的固定规则达成共识之前，我们除了让中央银行进行相机抉择外别无选择。

（二）中央银行应该把零通货膨胀率设定为货币政策的目标吗

通货膨胀会产生一系列的不良后果，如菜单成本、皮鞋成本、财富的再分配、税收负担不合意的变动等。另外，短期菲利普斯曲线又告诉我们，在短期我们面临着通货膨胀率与失业率之间的权衡取舍，我们可以用一定程度的通货膨胀换取经济和就业的增长。那么，中央银行是否应该将零（超低）通货膨胀率设定为货币政策的目标呢？多高的通货膨胀率才是不需要“治疗”（进行政策干预）的通货膨胀率呢？

主张应该将零通货膨胀设定为货币政策目标的经济学家认为，即使是温和的通货膨胀，它给社会带来的成本也是巨大的。虽然短期菲利普斯曲线告诉我们，实现零通货膨胀也是有代价的，但是，降低通货膨胀的努力是一项在短期内有成本而在长期有好处的行动。况且，降低通货膨胀的代价也不像那些持反对意见的经济学家所说的那么大。如果中央银行能够赢得社会公众信任的话，社会公众的通货膨胀预期就会降低，短期菲利普斯曲线就会下移，整个社会就能以较小的经济代价达到较低的通货膨胀水平。

反对将零通货膨胀作为货币政策目标的经济学家则认为，人们当然不喜欢通货膨胀，但这并不意味着人们愿意为消除通货膨胀承受巨大代价。一个经济体的零通货膨胀状态很难维持，但是因追求零通货膨胀所产生的经济衰退却很可能会持续较长时间。与温和的通货膨胀相比，零通货膨胀带来的好处不多，需要支付的代价却很大。此外，实现零通货膨胀的代价也不是平均分摊在所有社会成员身上。当一国经济因实行紧缩性反通货膨胀政策而进入衰退阶段时，并不是所有人的收入都同比例减少，而主要集中在那些在经济衰退中失去工作的非熟练劳动者身上。也就是说，反通货膨胀的代价最终主要由那些承受能力最差的人来承担。这些失去工作的人还将因此而失去积累人力资本的机会。

由于存在工资刚性和货币幻觉，一个低而稳定的通货膨胀率，有利于促进经济增长和实行充分就业。工资刚性，指的是工资等级一经确定就相对稳定，难以随劳动力供求的变化而变化，具有一种（向下的）刚性或黏性。劳动合同、最低工资制度、工会的力量，以及降低名义工资对雇员工作积极性和工作效率所产生的不利影响，是工资刚性形成的主要原因。由于工资刚性的存在，伴随着轻微的通货膨胀，企业的营业收入和利润会相应提高。这种提高有利于刺激企业的投资积极性，推动经济增长，实现充分就业。

在适度通货膨胀的情况下，由于雇员货币幻觉的存在，即使实际工资没有发生变化，名义工资的上涨还能提高雇员的工作积极性和工作效率。

如果零通货膨胀代表绝对洁净，低而稳定的通货膨胀就代表无害于健康的自然环境，恶性通货膨胀就代表被严重污染的环境。没有人会不计成本地为了自己的身体健康，去营造一个手术室级别的无菌环境。同样，零通货膨胀也不应该成为货币政策的目标。

政府反通货膨胀政策的目标应该是：在一个温和的通货膨胀水平上维持平均价格水平的稳定。各国的中央银行都没有清晰地去界定“低而稳定”的通货膨胀率的具体数值。这个低而稳定的通货膨胀率可以理解为没有进入家庭和企业决策过程的通货膨胀率，如低于3%的通货膨胀率。在低而稳定的通货膨胀水平上，我们还可以通过对累进制税率的累进标准、最低工资标准、基本养老金标准等进行指数化处理这类措施，来进一步减少由通货膨胀所产生的成本。

（三）宏观经济政策的时滞问题

宏观经济管理部门应该密切关注宏观经济指标的变化，并运用货币政策和财政政策对宏观经济运行的短期波动和长期趋势变化做出适当的反应。

大多数经济学家主张，经济政策的决策者们应非常谨慎地对宏观经济运行进行逆经济活动风向的微调，避免频繁地运用财政和货币政策对经济系统进行干预，以防止宏观经济管理部门本身因为政策时滞等原因成为经济波动的一个原因。

政策时滞，指的是从决策者发现问题、决定做出反应、制定政策、获得批准、开始实施到这些政策对经济系统产生影响，通常要经过很长一段时间。

货币政策是通过改变货币供给量、影响利率进而影响投资支出和耐用消费品支出的途径来影响总需求的，大多数经济学家认为货币政策要对产出和就业产生可观察到的影响，即使在成熟的市场经济国家中也至少需要 6 个月的时间。而这时，经济形势很可能已经发生了相反的变化。

财政政策发挥作用也存在时滞问题，这主要产生于制定政策的政治过程。在西方民主国家中，财政政策常常需要在行政和立法部门之间做出极大的妥协才能通过，完成这样的政治程序往往需要耗时数年的时间，当漫长的政治程序完成以后，宏观经济状况很可能已经发生了改变。财政政策应该主要服务于长期目标，如市场的内在活力和经济增长的动力。

因此，用于微调的宏观经济政策所起的实际作用，由于政策时滞的存在，很可能不是抑制了经济波动，而是引起或加剧了经济波动。

（四）经济系统中的内在稳定器

某些制度安排不用决策者采取任何有意的行动，就能自动发挥作用，影响总需求，起到抑制通货膨胀或经济过热、缓和经济衰退的作用，如累进的所得税制、社会保障制度、农产品价格维持制度等。这类制度安排被称为经济系统中的自动稳定器。由于这类制度安排能够自动发挥作用，就避免了宏观经济管理部门在运用总需求管理政策进行逆经济周期调节时面临的时滞问题。

经济系统中最重要的自动稳定器就是累进的所得税制。当发生经济衰退时，个人所得税和公司所得税的实际税率会自动降低，政府征收的所得税会自动减少。而且由于个人所得税和公司所得税实际税率的降低，政府征收的所得税的减少速度要快于国民收入减少的速度。当经济走向繁荣时，个人所得税和公司所得税的实际税率会自动上升，政府征收的所得税会自动增加，而且政府征收的所得税的增加速度要快于国民收入增加的速度。这种自动的减税和加税，能够降低宏观经济波动的幅度，成为经济系统中的一种内在稳定力量。

由社会保险、社会救济等内容构成的社会保障制度也能发挥宏观经济运行自动稳定器的作用。当经济陷入衰退时，伴随着失业率的上升，政府发放的失业救济金和其他形式的福利支出会自动增加，这在一定程度上能够缓解可支配收入和消费需求的下降。反之，当经济运行走向繁荣时，伴随着失业率的下降，政府发放的失业救济金和其他形式的福利支出会自动减少，这在一定程度上有助于抑制可支配收入和消费需求的过快增长。

农产品价格支持制度也能发挥宏观经济运行内在稳定器的作用。根据农产品价格支持制度，政府有法律责任将某些品种的农产品价格维持在一定水平上。在经济萧条时期，对农产品的需求会减少，农产品价格会下跌，在这种情况下政府直接进入市场收购农产品或向农民支付价格补贴。在经济繁荣时期，农产品价格上升，政府向市场投入库存的农产品，抑制农产品的价格上涨。

20 世纪 90 年代末期，当克林顿总统和美国国会就如何减少财政赤字展开激烈辩论的时候，美国经济保持了持续的快速增长，1996—1997 年美国的预算赤字规模大幅缩减，1998 年预算赤字变成了预算盈余。这个成果是强劲的经济增长和自动稳定器共同作用的结果。

我们也必须认识到，自动稳定器的作用还没有大到可以完全防止经济衰退和经济过热发生的程度，它只是使产出和就业的波动变得较为平缓而已。

税收制度和社会保障制度所具有的自动稳定器作用，成为经济学家们反对实行强制性的年度预算平衡制度的重要基础。如果法律要求政府必须实行年度预算的平衡，政府将不得不在发生经济衰退的时候减少支出或增加税收，这会使经济衰退更加严重。在这种情况下，现代税收制度和社会保障制度所固有的自动稳定器作用就无法发挥出来了。

参考文献

[1] 约翰·梅纳德·凯恩斯. 就业、利息和货币通论 [M]. 北京：商务印书馆，2005.

[2] N. 格里高利·曼昆. 宏观经济学 [M]. 北京：中国人民大学出版社，2011.

[3] 罗伯特·J. 巴罗. 宏观经济学 [M]. 上海：上海人民出版社，2008.

[4] 约翰·梅纳德·凯恩斯. 货币论 [M]. 北京：商务印书馆，1986.

[5] 约瑟夫·熊彼特. 经济发展理论 [M]. 北京：商务印书馆，1990.

[6] 欧文·费雪. 资本和收入的性质 [M]. 北京：商务印书馆，2017.

[7] 约瑟夫·熊彼特. 经济周期循环论 [M]. 北京：中国长安出版社，2009.

[8] 拉斯·特维德. 逃不开的经济周期 [M]. 北京：中信出版社，2012.

[9] 若迪·加利. 货币政策、通货膨胀与经济周期 [M]. 北京：中国人民大学出版社，2013.

[10] 米尔顿·弗里德曼. 资本主义与自由 [M]. 北京：商务印书馆，2004.

[11] 默里·罗斯巴德. 美国大萧条 [M]. 上海：上海人民出版社，2009.

[12] 欧文·费雪. 繁荣与萧条 [M]. 北京：商务印书馆，2019.

[13] 克莱因. 凯恩斯的革命 [M]. 北京：商务印书馆，2015.

[14] 保罗·萨缪尔森，威廉·诺德豪斯. 萨缪尔森谈财税与货币政策 [M]. 北京：商务印书馆，2012.

附录 经济大萧条与罗斯福新政

大萧条，是指在1929—1933年发源于美国，波及主要工业国家的一场世界性的经济萧条。

20世纪20年代，美国经济空前繁荣，由于当时处于美国第30任总统柯立芝的任期内（1920年3月4日至1923年8月2日，担任副总统，1923年8月3日至1925年3月3日继任总统，1925年3月4日至1929年3月3日担任第30任美国总统），所以被称为柯立芝繁荣。这一时期也因为爵士乐的兴起而被称为“咆哮的二十年代”（Roaring Twenties）。1922—1929年，美国的GNP年均增长率达到5%（货币供给量年均增长率为4.6%），CPI年均增长-0.54%，失业率从“一战”后的峰值11%降到1926年的3.5%。道琼斯指数从1921年初的72点一路上行，至1929年9月达到386点的最高点。

这一时期，美国的技术进步非常迅速，劳动生产效率得到迅速提高，汽车工业、电气工业、石油工业、钢铁工业和建筑业均取得快速发展。1929年，美国的工业总产值接近世界工业总产值的一半，超过了当时英、法、德三国的总和。美国生产了世界80%的汽车，平均每4个美国家庭就拥有1.3辆汽车。收音机已变得相当普及，电冰箱的年产量达到90万台，洗衣机、吸尘器、电话开始进入中产阶级家庭。在整个20世纪20年代，美国的对外贸易均为顺差。到1929年，美国拥有了世界45%的黄金储备，同时美国还成为世界最大的资本净输出国。柯立芝总统声称，美国人民已达到“人类历史上罕见的幸福境界”。

1929年3月，新上任的美国总统胡佛（1929—1933年）对选民说：“我们正在取得对贫困战争决定性胜利的前夜，贫民窟即将从美国消失。”当时美国最负盛名的经济学家、耶鲁大学经济学教授费雪在1929年10月22日的《纽约时报》头条上表示，“我认为股票价格现在还很低”。但两天之后，10月24日（史称“黑色星期四”），美国股票市场突然开始剧烈下跌，拉开了经济大萧条的序幕。

美元在当时实行的金本位制，被认为是美国经济由一场金融危机演变为经济危机并进一步发展为波及世界主要工业国家的经济大萧条的主要原因。在金本位制下，由于在经济繁荣时期，美国的货币供给量已经接近了《联邦储备法案》规定的黄金储备量40%的上限。所以，当经济危机来临时，面对大量的银行、企业、农场和家庭破产，失业率上升，美联储难以有所作为，无法大幅增加货币的供给量。直到欧洲主要工业国家相继放弃了金本位制，美国才于1933年决定放弃金本位制让美元贬值，增加货币供给，但为时已晚。

美联储为降低股票市场的投机，从1928年就开始提高市场利率。美国股市崩盘后，美联储由于无法大量增加货币供给量，所以非但没有降息，反而进一步提高了贴现率，以对冲商业银行旺盛的贴现需求。随着危机的深入，为了减少资本外流，美联储在1931年10月9日，将市场利率从1.5%提高到了2.5%，并在一周以后进一步提高到了3.5%。

面对危机，银行业也变得越来越谨慎，大幅提高了贷款利率并大量持有超额准备金，货币供给不断减少。1933年的货币供给量比1929年低了27%。贷款利率的提高使利率敏感部门，如建筑业、汽车工业，发生了严重衰退，大量企业破产和失业。货币供给量的减少，使更多的家庭、企业、银行和农场因为无法获得新的贷款而走向破产。

随着危机的深入，由于担心美国政府没有能力偿还债务，在经济危机早期广受欢迎的避险资产——美国国债，也被投资者大举抛售。随着经济危机在主要工业国家蔓延，美国人担心欧洲国家欠美国银行的债务无法偿还，加上对经济复苏信心的崩溃，纷纷到银行挤兑。1931年，美国发生了第二波银行危机，更多的银行倒闭了。

为了保护国内市场，美国于1930年5月19日通过了《斯姆特—霍利关税法》，大幅提高了进口关税税率。这一法案在主要工业国家引起了连锁反应。到1931年底，先后有25个国家采取了报复性措施，导致国际贸易市场大幅萎缩，出口变得更加困难。

在1918年第一次世界大战结束后，欧洲农业遭到巨大破坏，美国的农业种植面积和农产品产量（美国农业部门的劳动生产效率在20年代提高了25%）因为国际农产品市场的旺盛需求而获得巨大提高。但由于欧洲农业的迅速恢复，美国的农产品很快就出现严重的生产过剩，导致世界农产品价格不断下跌。

在经济大萧条发生之后，由于主要工业国家相互设置贸易壁垒，出口需求骤减。同时，国内需求因为持续的经济衰退、失业率上升、家庭收入下降、家庭资产缩水等原因，也在大幅下降，美国农产品的生产过剩问题进一步加剧。

由于一些农产品的市场价格低于生产成本，低于物流成本，甚至低于采摘成本，于是出现了大量的农场主宰杀奶牛和牲畜、将大量过剩的鲜牛奶（保质期极短）倒入河中、把过剩的小麦和玉米当作燃料等以极端手段去产能、去库存的现象。仅在1933年就有640万头生猪被扔进河中淹死，5万英亩未收获的棉花被点火烧掉。

1930—1933年，美国的GNP年平均增长率为-7.3%，CPI的年平均水平为-6.58%，失业率在1933年升至创纪录的24.9%。共有86000家企业破产，5500家银行倒闭。道琼斯指数下降了近90%。美国股市重新回到大萧条前的水平时，已经是1958年了。

由于美国的经济衰退迟迟没有结束，反而陷入越来越严重的经济危机中，人民为了表达不满，把用木板、纸板和粗麻布搭起的棚户称作胡佛屋，把胡佛屋组成的临时棚户区称作胡佛村，农民把为了充饥捉的野兔称作胡佛猪，失业者把手中提的装破烂的口袋称作胡佛袋，把骡子拉着破汽车后半部的车称作胡佛车，在公园长凳上过夜的人把裹着取暖的旧报纸称作胡佛毯，失业者把翻出的衣服口袋称作胡佛旗，胡佛总统本人也被称为饥饿总统。

1933年3月4日，富兰克林·罗斯福宣誓就任美国第32届总统。罗斯福上任后迅速实施了一系列以复兴（Recover）、救济（Relief）、改革（Reform）为主要内容的政策措施，史称罗斯福新政。

罗斯福新政的主要内容有：

（1）禁止私人储存黄金和黄金证券，禁止黄金出口，放弃美元金本位制，宣布美元贬值40%。规定拥有100万美元资产以上的商业银行必须加入联邦储备银行，并实行了存款保险制度，允许商业银行以资产做抵押获得流动性。

（2）颁布《全国工业复兴法》，要求不同行业对本行业企业的生产规模、价格水平、销售范围做出规定，以防止盲目竞争和生产过剩。1935年5月27日，美国最高法院裁决《全国工业复兴法》违宪。

（3）颁布了《农业调整法》，建立农业调整署（AAA）。政府通过与农场主签订合同的方式，直接控制小麦、玉米、大米、棉花、烟草、牛奶、猪肉、糖、亚麻等基础农产品的生产，并给予相应的政府补贴和政府贷款优惠。该法案出台后，美国有1000多万亩棉花田被耕掉，22万头母猪和600多万头小猪被屠杀。1936年，美国最高法院裁决《农业调整法》违宪。

（4）推行以工代赈。政府雇佣失业的年轻人从事植树护林、防治水患、水土保持、开辟森林防火线、设置森林望塔等工作，并要求他们将所得薪酬的一半寄回家中，以扩大救济范围。以工代赈，既可以使赈济对象和他们家人的基本生活得到保障，又能形成一批公共工程和基础设施。

（5）大力兴建公共工程。美国政府通过兴建公路、机场、桥梁、水坝、校舍、医院、图书馆、运动场、城市下水道系统、城市公园等公共工程，创造了大量的工作机会，提振了社会需求，促进了经济增长。参加这些公共工程项目的工人的工资水平虽然比在私人企业工作要低得多，但比救济要多。

（6）改革税制，开始实施累进的所得税制。根据1935年的新税法，对5万美元以上的家庭收入和4万美元以上的遗产按照31%的税率征收个人所得税和遗产税，对500万美元以上的遗产按照75%的税率征收遗产税。企业所得税过去一律按13.75%的税率征收，根据1935年的新税法，对5万美元以下的企业经营所得按12.5%的税率征收，5万美元以上的企业经营所得按15%的税率征收。

（7）建立了社会保障体系。颁布了《社会保险法》（1935年），建立了养老金制度、失业保险制度和对残废及无谋生能力者的救济制度。颁布了《全国劳动关系法》（1935年），成立了由劳资代表等组成的全国劳工关系局。颁布了《公平劳动标准法》（1938年），以消除对维持工人健康、效率和福利所必需的最低生活水平有害的劳动条件。该法案规定了工人的最低工资标准和最长工作时间，并禁止雇佣16岁以下的童工，危险性工作岗位禁止雇佣18岁以下的工人。

（8）颁布了《联邦紧急救济法》（1933年5月），并成立了联邦紧急救济署，对贫困人口和失业者展开救济。到1935年紧急救济署结束时，共发放了30亿美元的救济金。

第四章　货币制度与通货膨胀

一、货币

（一）商品货币与信用货币

货币，可以理解为人们普遍接受的用于购买商品和服务，或清偿债务的物品，如纸币、硬币、贵金属货币等。

货币的发明，大大简化了市场交易过程，提高了市场交易的效率，使大规模的社会分工成为可能，极大地提高了劳动生产效率和社会成员的生活水平。如果没有货币，我们将不得不依靠物物交换来得到我们需要的东西。物物交换能否成功，依赖于交易双方欲望的双向一致性或需求的双重巧合，即每一方都拥有对方想要的物品或服务。显然，这只能是一种偶然的巧合。在这种情况下，我们将不得不花费大量的时间在市场中寻找交易的对象，从而导致市场交易效率很低，社会分工无法深入，劳动生产效率和生活水平无法提高。

如果货币采取了具有内在价值的商品形式，这种货币就被称作商品货币。有实物支持的货币，也被称为商品货币，如贵金属本位制下的货币。具有内在价值，意味着这种商品货币即使不作为货币，依然具有市场价值。黄金、白银、铜、铁、布匹、稀有贝壳、谷物、牛、葡萄酒、皮毛等都曾在某个时期或某些特殊环境下充当过商品货币。除了具备内在价值外，能成为货币的物品还需具备一些其他条件，如比较稀缺、不易伪造、便于携带、均质、不易变质、容易加工等。金、银等贵金属非常适合成为制造商品货币的币材。

与商品货币对应的是信用货币，指的是由国家法律强制流通，不以任何贵金属为基础的货币。信用货币也被称为法定货币。信用货币既没有内在价值，也不能向发行银行按固定比率随时兑换成贵金属。

但仅有法律强制仍不足以保证一种信用货币在任何情况下都能被人们广泛接受。在发生恶性通货膨胀的情况下，人们就有可能拒绝接受正在迅速失去购买力的货币，只愿意接受和持有硬通货、贵金属或实物。在 1997 年的俄罗斯西伯利亚市，严重的通货膨胀使人们对卢布失去了信心，当地的电影院开始收取两个鸡蛋作为入场券。在冬天，由于鸡下的蛋较少，该市的电影院开始用空酒瓶作为入场门票。

（二）货币的演变

在人类社会的发展历程中，几乎所有社会的金、银等贵金属货币都长期充当交易媒介、支付手段和价值储藏手段。

在银行和政府取得了人们的信任，并且印刷术发展到使伪造纸币变得极为困难后，纸币逐渐取代金属货币成为主要的货币形式。

一开始，私人银行可以自己发行纸币，这种以贵金属做准备的纸币被称为银行券。当一国（或独立经济体）的中央银行垄断了货币发行权以后，私人银行发行的银行券就被法律强制使用的法定货币取代了。

随着现代银行的发展，支票被发明出来。支票比纸币更安全、更方便，印制成本更低。

伴随着信息技术的发展和电子支付系统、移动支付系统、电子转账系统的不断完善，借记卡、信用卡等银行卡取代了支票本，具有自动转账功能可以直接支付给第三方的银行账户逐渐取代了需要人工转账的银行账户，银行活期存款账户中的存款货币逐渐取代了纸币和铸币，人类社会正迈向无纸化现金时代。但由于纸币和铸币所具有的匿名性特征，纸币和铸币并不会被存款货币彻底取代。

中国人民银行正在研制央行数字货币（Digital Currency，Electronic Payment，DC/EP），央行数字货币是一种法定数字货币。数字货币，是一种基于节点网络和数字加密算法的虚拟货币，不同于存款货币或电子货币，它不是电子或数字形式的现金，而是一种数字形式的虚拟货币。中国计划发行的央行数字货币注重对 M0 的替代。

（三）货币的职能

货币在经济活动中具有四种主要职能：交换媒介、支付手段、计量单位和价值储备。

交换媒介，是买者在交易过程中给予卖者的东西。货币是能够被广泛接受的交换媒介，这使得商品的物物交换演变为商品流通，降低了市场的交易成本，促进了社会分工，提高了劳动生产效率和社会的资源配置效率。

价值尺度和计量单位。货币能够充当记录商品、服务、资产的市场价格、债务规模、收益和成本多少的手段，这就是货币在行使价值尺度和计量单位的职能。

支付手段。货币被用来清偿债务或支付赋税、租金、工资时，就是货币在行使支付手段的职能。

价值储备。货币执行价值储备的职能，就是将现在的购买力转换为未来的购买力。由于货币具有价值储备的职能，人们在领到工资后不必立刻花掉，可以把它保存起来延期购买所需的物品和服务。

虽然货币具有价值储备的职能，但由于通货膨胀的原因，货币在行使价值储备职能方面的表现很不理想。在长期，人们更愿意以股票、债券、不动产、艺术品、古董、珠宝、贵金属等形式的资产进行价值储备，将购买力转移到未来，并在此过程中实现资产的保值增值，而且有些资产还能为我们提供不同的效用，如可以居住、佩戴或欣赏。

（四）对现金的需求

家庭部门拥有的现金，包括纸币和铸币两种形式。广义的现金，还包括现金等价物。现金等价物指的是期限短、流动性强、易于转换为已知金额现金、价值变动风险很小的金融资产。如银行活期存款、短期定期存款、3 个月内到期的政府债券、可转让定期存单、货币市场基金份额等。现金及现金等价物是流动性最强的资产。

持有现金是存在机会成本的。选择持有现金，就意味着选择了放弃持有收益较高（风险较大、流动性较低）的资产，如股票、债券或定期储蓄存款。但人们为什么还要选择持有现金呢？最主要的原因是其他类型的资产要转化为现金，需要付出一定的交易成本，包括会计成本和时间成本。

对现金的需求可以分为交易性需求、资产性需求、预防性需求和投机性需求四类。

人们的收入和支出，无法同时发生。你一个月只有一天能领到工资，但要过 30 天才能领到下一个月的工资。所以，我们需要持有现金来购买日常生活所需的商品和服务，这种对现金的需求就是交易性需求。一个人的收入水平越高，消费水平也越高，就需要持有越多的现金以满足其交易性需求。

如果不保留足够的现金，一些情况下人们可能不得不把他们持有的其他资产出售，特别是带息金融资产，如定息存款、股票、债券等，以获得现金。在这种情况下，需要承受利息方面的损失，或因资产折价造成的损失，以及因出售资产而产生的税负所带来的损失。

人们也会为了满足资产性需求而持有现金。作为硬通货的现金，本身就是一种安全、稳定、具有完全流动性的金融资产，如美元、欧元、日元、英镑、瑞士法郎。如果一个国家发生了严重的通货膨胀，这个国家的家庭部门、企业和政府就会出于资产保值、满足进口需求、偿还外债等目的，对这类硬通货的现金产生强烈需求。对现金的这种需求就属于资产性需求。注意：在现代金融理论的投资组合中，并不包含现金，这是因为存在带息的现金等价物，如货币型基金份额、短期政府债券等。这类资产具有几乎和现金一样的流动性。

人们持有现金的第三种动机是为了满足预防性需求。人们为了应付难以预期的支出或不可预期的事件，如各种意外或稍纵即逝的打折商品，也会选择持有一些现金，以避免因借款（如高利贷）、错过机会、变现带息金融资产甚至变现实物资产而蒙受损失。例如，你在下班的途中可能会遇到一件打三折的衣服，而恰巧心仪已久；或遇到超市关门前打折的食品，而你正好需要这些食品；或在山区旅行期间遇到山洪暴发需要高价雇一辆汽车迅速撤离险境；等等。在这些情况下，如果你没有携带足够的现金，就有可能错失机会甚至蒙受生命财产方面的损失。穷家富路是中国人在日常生活中形成的宝贵生活经验，由此而所产生的现金需求，就是典型的预防性需求。

持有现金的第四个动机是为了满足投机性需求。对现金的投机性需求，是为了利用股票、债券、期货合约等资产的市场价格波动，进行投机性交易所产生的现金需求。

对现金的需求与利率水平密切相关。在其他条件不变的情况下，随着利率的上升，对现金的需求量会减少。特别是大公司，它们的现金需求量对利率的变动非常敏感。相比较而言，家庭部门的现金需求量对利率的变动并不十分敏感。这是因为对伯克希尔・哈撒韦公司这样常年拥有数百亿乃至上千亿美元现金等价物的大公司而言，利率微小的变动就能产生数亿美元的年化利息差异。所以，大公司都非常重视现金管理，通常只愿持有最低限度的现金余额。

谁在持有美元现钞？截至 2011 年 10 月底，全世界流通中的美元现钞有 7590 亿（同期，全世界流通中的欧元现钞为 6100 亿），但美国的家庭和公司并不会持有这么多现钞。因为现钞不仅容易丢失，还不产生利息。那么，还有谁在持有美元现钞呢？在委内瑞拉这样正发生严重通货膨胀的国家，在津巴布韦这样美元可以合法流通的国家，它们的家庭部门和公司甚至政府部门都持有大量的美元现钞。有组织的犯罪集团为了不在金融系统中留下金融记录，也大量持有美元现钞。在墨西哥警方的一次行动中，就查获了某贩毒团伙 2.5 亿美元的现钞。在电视画面上，这些现钞像建筑材料一样被码放在地板上，场面令人震撼。国际恐怖组织、独裁国家的领导人、腐败的政府官员也大量持有美元现钞。

2016 年 5 月，欧洲央行做出将于 2019 年 1 月 27 日起永久停止印刷、发行 500 欧元面额的纸币，以打击国际洗钱活动和恐怖主义活动。但目前流通中的 500 欧元面额纸币可无限期流通、兑换。在欧洲，绝大多数人都没有见过这种大面额纸币。由于难以鉴别其真伪，通常商家拒绝接受这种面额的纸币。但这种大面额的纸币因为便于携带、藏秘和运输，深受国际恐怖主义组织和犯罪集团的青睐，被称作“本・拉登的钱”。

（五）货币供给

货币供给量，或货币存量，指的是在经济系统中流通的货币数量。在经济系统中流通的货币以现金和各类存款的形式存在。如个人、企业或政府部门在银行或其他金融机构中开设的活期存款账户、定期存款账户、货币型基金账户以及个人和公司开设的股票交易账户、期货交易账户、非货币型基金账户中的存款余额等。

如何衡量在经济系统中流通的货币供给量呢？衡量一个经济体货币供给量

的规模，有四种最重要，也是使用最广泛的标准：M0、M1、M2 和 M3。

M0，是指所有未被银行持有的、在银行体系外流通的硬币和纸币之和，即流通中的现金。

M1，是指包括 M0、可随时用于支付的活期存款账户余额、信用卡账户中的存款余额。

M2，包括 M1 加上不可直接用于支付的活期存款账户余额、定期存款账户余额、货币型基金账户余额、证券交易账户中的存款余额、期货交易保证金账户中的存款余额、住房公积金账户中的存款余额以及各类非存款类金融机构（保险公司、证券公司、期货交易所和期货经纪公司、金融租赁公司、财务公司、信托投资公司）在存款类金融机构中的存款余额。

M3，包括 M2 加上其他货币型资产，如国库券、金融债券、商业票据、大额可转让定期存单等。

检验一种资产是不是货币就看它是不是可以作为支付手段。M1 可随时用于支付，所以，M1 是货币。

M2 中的定期存款账户余额、货币型基金账户余额、各类证券交易账户存款余额、各类期货交易保证金账户存款余额、住房公积金账户中的存款余额、各类非存款类金融机构在存款类金融机构中的存款余额，不能直接充当支付手段，但能迅速而低成本地转换为支付手段——现金或活期存款，所以，也是货币的组成部分。

M3 中的货币型资产，如国库券、金融债券、商业票据、大额可转让定期存单等，也能比较容易地转换为支付手段，只是流动性较 M0、M1 和 M2 弱。

（六）流动性

经济学家用流动性来衡量一种资产转换为支付手段的难易程度。因为现金（可随时用于支付）和活期存款可直接用于支付，所以，现金和活期存款是流动性最高的资产。股票和债券的流动性也很高，特别是大公司的股票和政府债券。这些资产的规模和每天的市场交易量非常大，市场交易活跃，所以很容易变现。艺术品和不动产的流动性就要差很多。特别是艺术品，由于市场狭小（很多高端艺术品全世界只有数量很少的潜在买家），交易不频繁，流动性很低，变现很难，出售这类资产需要花费更多的时间和精力。

当人们在进行以哪种结构的资产组合持有自己资产的决策时，需要在安全性、流动性、营利性之间实现某种平衡。现钞和活期存款的流动性最高，但现钞不安全，容易丢失，活期存款没有利息或利率很低，在发生严重通货膨胀的情况下这类资产的购买力会快速下降。房地产（房产）无法丢失或被盗，在房地产泡沫时期升值很快，但流动性较差，特别是在房地产泡沫以后很容易失去大部分的流动性（遇到中国式强拆，住宅有可能瞬间就消失了）。珍贵的古代瓷器不易保存，很容易破碎，流动性也很低，但可能在某一时期升值较快。

由于货币是流动性最强的资产，所以，在宏观经济分析中，经济学家经常把货币供给量直接称为流动性。流动性过剩，指的就是货币供给量偏离了均衡的货币供给量。货币供给量通常用 M2 来衡量。均衡的货币供给量，指的是没有引起通货膨胀的货币供给量。流动性过剩会带来资产价格上涨和通货膨胀的后果。

二、现代货币制度和货币政策

（一）金本位制和信用本位制

历史上曾经出现过的货币制度可分为两大类：金本位制和信用本位制。当使用黄金或可以随时兑换成黄金的纸币作为本位货币时，这种货币制度就被称为金本位制。当使用由国家法律强制流通、不以任何贵金属为基础、独立发挥货币职能的信用货币作为本位货币时，这种货币制度就被称为信用本位制。

本位货币，就是一国法律规定的标准货币。本位货币也称本位币、本币或主币。与本位币、本币对应的是外币，与主币对应的是辅币。人民币就是中国的本位货币或主币。人民币有 1 元、2 元、5 元、10 元、20 元、100 元六种。辅币，是辅助货币的简称，指主币单位以下的小额货币，供日常零星交易和找零之用。

（二）基础货币

基础货币由银行体系的法定准备金、超额准备金、库存现金以及银行体系外流通的（具有物理形态的）现金等四部分构成。

基础货币是中央银行对商业银行和社会公众的负债凭证。

基础货币由中央银行供应和直接控制，基础货币因此也被看作是中央银行的货币。

基础货币是商业银行体系创造货币的基础。基础货币进入商业银行体系后，能创造出多倍的存款货币。

与基础货币对应的是存款货币，就是由商业银行体系创造出来的货币。存款货币也被称作商业银行的货币。

中央银行通过控制基础货币的数量就能控制商业银行体系创造出的存款货币的数量，从而能够间接控制整个经济系统中的货币供给量。

基础货币数量的变化能够引起数倍的货币供给量的变化，基础货币因此也被称作高能货币。

货币供给量的变化量和基础货币变化量之间的比率被称为货币乘数。货币乘数等于法定最低存款准备金率的倒数。

（三）中央银行

中央银行是发行货币、实行金融监管、制定和执行货币政策的机构。在美国，联邦储备银行（Fed）承担着中央银行的职能。在中国，中国人民银行承担着中央银行的职能。世界上主要的中央银行还有英格兰银行、日本银行、欧洲中央银行等。

中央银行运用公开市场业务、法定最低存款准备金率和贴现率这三大货币政策工具，通过调节银行的存款准备金数量来间接影响银行间的同业拆借利率和货币供给量，以此实现货币政策目标：保持币值稳定、充分就业、经济平稳增长、国际收支平衡。

1. 中央银行的职能

以中国人民银行为例，中央银行的主要职能是：

（1）发布与履行其职责有关的命令和规章；

（2）依法制定和执行货币政策；

（3）发行人民币，管理人民币流通；

（4）监督管理银行间同业拆借市场和银行间债券市场；

（5）实施外汇管理，监督管理银行间外汇市场；

(6) 监督管理黄金市场；

(7) 持有、管理、经营国家外汇储备、黄金储备；

(8) 经理国库；

(9) 维护支付、清算系统的正常运行；

(10) 指导、部署金融业反洗钱工作，负责反洗钱的资金监测；

(11) 负责金融业的统计、调查、分析和预测；

(12) 作为国家的中央银行，从事有关的国际金融活动。

注：经理国库，指的是中国人民银行受国家委托管理国家财政预算资金的出纳、保管和划拨。央行受托经理的国库只包含预算内资金，政府预算外资金并不在国库经理范围之内。

注：中央银行作为一国支付、清算系统的参与者和管理者，通过一定的方式、途径，使金融机构之间的债权债务清偿及资金转移顺利完成，并维护支付系统的平稳运行，从而保证经济活动和社会生活的正常运行。

2. 中央银行的资产和负债业务

中央银行的资产业务，主要包括对商业银行的再贴现、再贷款、收购黄金和外汇，公开市场业务。

再贴现是中央银行对金融机构持有的未到期已贴现商业汇票予以贴现的行为。再贴现的最长期限为 6 个月。再贴现可采取回购和买断两种方式。

中央银行贷款，指中央银行对金融机构的贷款，简称再贷款。

中央银行从国内和国际黄金市场收购黄金。

中央银行通过公开市场操作获得对政府的债权（政府债券）。《中华人民共和国中国人民银行法》规定，中国人民银行不得对政府财政透支，不得直接认购、包销国债和其他政府债券，不得向地方政府、各级政府部门提供贷款，不得向非银行金融机构以及其他单位和个人提供贷款。

中央银行的负债业务，主要包括货币发行、经理国库和吸收财政性存款、集中管理存款准备金和金融机构用于票据清算的活期存款。

货币发行是中央银行最重要的负债业务。中央银行发行的货币通过再贴现、再贷款、购买有价证券、（在国内黄金市场）购买黄金、收购外汇和 MLF、SLF、PSL 等货币政策工具投入市场，成为流通中货币。

在 20 世纪八九十年代，中央银行对商业银行的再贴现、再贷款是我国基础货币投放的主要方式。2001 年 12 月 11 日，中国加入 WTO。伴随着外汇储备的快速增长，外汇占款成为中央银行基础货币投放的主要方式。2014 年以后，随着我国外汇储备的快速下降，中央银行通过创设中期借贷便利（MLF）、常备借贷便利（SLF）和抵押补充贷款（PSL）等货币政策工具提供基础货币，以对冲因外汇储备下降造成的基础货币被动减少。

作为国家的银行，中央银行被赋予经理国库的职责，政府和公共机构的预算内资金由中央银行经理。

作为银行的银行，中央银行管理着存款类金融机构和非存款类金融机构缴存的存款准备金和用于票据清算的活期存款。

3. 中央银行的缩表与扩表

中央银行缩表，指的是中央银行缩减资产负债表规模的行为，如在公开市场进行正回购操作，或卖出所持国债，或在国债被动到期后减少进行再投资的规模。中央银行缩表意味着中央银行收紧流动性，实行紧缩性的货币政策。中央银行缩表会导致中长期利率上升，抑制通货膨胀压力，本币升值，投资活动受到抑制，资金流出股票市场和黄金市场。

中央银行扩表，指的是中央银行扩张资产负债表规模的行为，如在公开市场进行逆回购操作，或买入国债。扩表意味着中央银行释放流动性，实行扩张性的（或宽松的）货币政策。中央银行扩表会导致中长期利率下降，增加通货膨胀压力，本币贬值，投资活跃，资金流入股票市场和黄金市场。

4. 中国人民银行货币政策委员会

中国人民银行在国务院领导下，制定和执行货币政策。货币政策委员会是中国人民银行制定货币政策的咨询议事机构。根据 1997 年 4 月 5 日国务院发布的《中国人民银行货币政策委员会条例》，货币政策委员会的职责是：在综合分析宏观经济形势的基础上，依据国家宏观调控目标，讨论货币政策的制定和调整、一定时期内的货币政策控制目标、货币政策工具的运用、有关货币政策的重要措施、货币政策与其他宏观经济政策的协调等涉及货币政策的重大事项，并提出建议。

货币政策委员会目前（2018 年）由 18 人组成，主席为中国人民银行行长，委员由央行领导（2 人）、外汇局领导、国务院官员（副秘书长）、财政部领导、国家发改委领导、银保监会主席、证监会主席、中国银行业协会主会长、国家统计局领导、金融专家（3 人）组成。中国人民银行行长、国家外汇管理局局长、中国证券监督管理委员会主席为货币政策委员会的当然委员。货币政策委员会实行例会制度，在每季度的第一个月中旬召开例会。

5. 中国人民银行的公开市场操作

公开市场操作，是中央银行吞吐基础货币、调节市场流动性的主要货币政策工具。中国人民银行的公开市场操作包括人民币操作和外汇操作两部分。外汇公开市场操作自 1994 年 3 月启动，人民币公开市场操作自 1998 年 5 月 26 日恢复交易。

中央银行通过与市场交易对手进行有价证券（如国债、地方政府债券、金融债券等）和外汇交易，实现货币政策调控目标。中国人民银行从 1998 年开始建立公开市场业务一级交易商制度，选择了一批能够承担大额债券交易的商业银行作为公开市场业务的交易对手。近年来，公开市场业务一级交易商制度不断完善，一级交易商的机构类别也从商业银行扩展至证券公司等其他金融机构。

从交易类型看，中国人民银行公开市场操作中的债券交易主要包括回购交易、现券交易和发行中央银行票据。

回购交易分为正回购和逆回购两种。正回购为中国人民银行向一级交易商卖出有价证券，并约定在未来特定日期买回有价证券的交易行为。正回购为中国人民银行从市场收回流动性的操作，正回购到期则为中国人民银行向市场投放流动性的操作。逆回购为中国人民银行向一级交易商购买有价证券，并约定在未来特定日期一级交易商将这些有价证券回购的交易行为。逆回购为中国人民银行向市场上投放流动性的操作，逆回购到期则为中国人民银行从市场收回流动性的操作。

现券交易分为现券买断和现券卖断两种。前者为中国人民银行直接从二级市场买入债券，投放基础货币。后者为中国人民银行直接在二级市场卖出所持有债券，收回基础货币。

中央银行票据即中国人民银行发行的短期债券。央行票据带有国债性质，但期限较短，通常在 1 年以内。中国人民银行通过发行央行票据收回基础货币，央行票据到期则意味着投放基础货币。

中国人民银行于 2013 年初创设了常备借贷便利（Standing Lending Facility，SLF）货币政策工具。常备借贷便利是中国人民银行正常的流动性供给渠道，主要功能是满足金融机构期限较长的大额流动性需求。常备借贷便利的发放对象主要为政策性银行和全国性商业银行，期限为 1~3 个月。常备借贷便利以担保方式发放，合格担保品包括高信用评级的债券类资产及优质信贷资产等。2019 年第一季度，中国人民银行累计开展常备借贷便利操作 753 亿元，3 月末常备借贷便利余额为 327 亿元。常备借贷便利的隔夜、7 天、1 个月利率分别为 3.40%、3.55%、3.90%。

2014 年 9 月，中国人民银行创设了中期借贷便利（Medium-term Lending Facility，MLF）货币政策工具。中期借贷便利是中央银行提供中期基础货币的货币政策工具，对象为符合宏观审慎管理要求的政策性银行和商业银行。中期借贷便利采取担保方式发放，金融机构提供国债、地方政府债券、央行票据（中央银行向商业银行等金融机构发行的债券）、政策性金融债（如政策性银行向金融机构发行的金融债券）、高等级信用债（如大公司发行的债券）等优质债券作为合格担保品。截至 2019 年 3 月末，中期借贷便利余额为 37265 亿元，比年初下降 12050 亿元。

中国人民银行为加大对小微企业、民营企业的金融支持力度，于 2018 年 12 月 19 日创设了定向中期借贷便利（Targeted Medium-term Lending Facility，TMLF）。大型商业银行、股份制商业银行和大型城市商业银行，如符合宏观审慎要求、资本较为充足、资产质量健康、获得央行资金后具备进一步增加小微企业、民营企业贷款的潜力，可向中国人民银行提出申请。中国人民银行根据其支持实体经济的力度，特别是对小微企业和民营企业贷款情况，并结合其需求，确定提供定向中期借贷便利的金额。定向中期借贷便利的操作期限为一年，到期可根据金融机构需求续做两次，实际使用期限可达到三年。定向中期借贷便利利率比中期借贷便利（MLF）利率优惠 15 个基点，目前为 3.15%。2019 年 1 月 23 日，中国人民银行首次开展定向中期借贷便利（TMLF）操作，金额为 2575 亿元，操作期限为一年。

为提升银行永续债的市场流动性，支持银行发行永续债补充资本，中国人民银行于 2019 年 1 月创设了央行票据互换工具（CBS）。同时，中国人民银行将主体评级不低于 AA 级的银行永续债纳入中国人民银行中期借贷便利（MLF）、定向中期借贷便利（TMLF）、常备借贷便利（SLF）和再贷款的合格担保品范围。央行票据互换操作采用固定费率数量招标方式，面向公开市场业务一级交易商进行公开招标。中标一级交易商根据本机构中标金额，将持有的合格银行发行的永续债换出给央行，并从央行换入等额的央行票据。央行票据期限与互换期限相同，即在互换操作到期时央行票据也相应到期。

为符合市场惯例，央行对换出的央行票据设置了2.45%的票面利率。但在互换操作到期时，换出的央行票据也将同时到期并被注销，不会实际发生本息的兑付。银行永续债的利息仍归一级交易商所有。央行票据互换操作的期限原则上不超过3年。互换的央行票据不可用于现券买卖、买断式回购等交易，但可用于抵押，包括作为公开市场业务一级交易商参与央行货币政策操作的担保品。中国人民银行于2019年2月20日开展首次操作，费率为0.25%，操作量为15亿元，期限1年。

（四）存款准备金制度与货币创造

如前所述，经济系统中的货币存量不仅包括现金，还包括各类金融机构的存款。存款货币是货币存量的主要形式。因此，造币厂相对于商业银行体系在货币创造过程中只扮演了非常次要的角色，绝大部分货币是由商业银行体系通过对外发放贷款的方式创造出来的。在现代社会中，我们能够看到纸钞和铸币的机会越来越少了，人类社会正走向无纸化现金社会。

商业银行不会仅仅充当存款保管者的角色。商业银行也不会把接收到的存款全部贷出去，因为它还要满足存款人提取存款和日常资金清算的需要。商业银行为保证存款人提取存款和日常资金清算的需要，缴存在中央银行存款准备金账户中的存款及商业银行的库存现金，就构成存款准备金。中央银行要求商业银行缴存的存款准备金占其存款总额的最低比例，就是法定最低存款准备金率。商业银行可持有高于法定最低存款准备金率要求的准备金，多余的部分被称为超额存款准备金。不同期限存款的法定最低存款准备金率是不同的，活期存款的最低存款准备金率最高。

法定最低存款准备金率总是显著高于商业银行需要或愿意持有的水平，这是为了使中央银行能够灵活地控制商业银行体系创造货币的能力。中国的法定最低存款准备金率通常在10%~20%内活动，但最低曾达到过6%（1999年），最高曾达到过40%（1984年）。

有些国家的中央银行只对法定最低存款准备金计付利息，有些国家的中央银行对所有的存款准备金都不计付利息。我国的中央银行对包括超额存款准备金在内的所有准备金存款都计付利息。根据我国的相关法律，中国人民银行对法定最低存款准备金按照 1.62%的利率计付利息，对超额存款准备金按照 0.72%的利率计付利息。

中国目前（2019 年 4 月）实行的是“三档两优”的存款准备金率制度。三档，是指根据金融机构系统重要性程度、机构性质、服务定位等，将存款准备金率设为三个基准档：第一档是大型银行存款准备金率，目前为 13.5%。大型银行包括中国工商银行、中国农业银行、中国银行、中国建设银行、交通银行和中国邮政储蓄银行 6 家商业银行。第二档是中型银行存款准备金率，目前为 11.5%。中型银行主要包括股份制商业银行和城市商业银行。第三档是小型银行存款准备金率，目前为 8%。小型银行包括农村信用社、农村合作银行、村镇银行和服务县域的农村商业银行。

两优，是指在三个基准档的基础上还有两项优惠：一是第一档和第二档银行达到普惠金融定向降准政策考核标准的，可享受 0.5 个或 1.5 个百分点的存款准备金率优惠。二是服务县域的银行达到新增存款一定比例用于当地贷款考核标准的，可享受 1 个百分点存款准备金率优惠。享受两优后，金融机构实际的存款准备金率水平要比基准档更低一些。

在部分准备金制度下，商业银行体系就具备了货币创造的能力。当商业银行将自己得到的一部分存款贷出去的时候，就意味着在整个商业银行系统中增加了等量的银行存款。这样的货币创造过程可以反复进行多次，即商业银行可以不断地将所得存款的一部分再贷出去。但商业银行在这一过程中创造出来的货币会越来越少，因为必须将所得存款的一部分以存款准备金的形式缴存到中央银行，而不能全部贷出去。因此，由一定数量的存款所引起的货币创造过程会最终停下来。法定最低存款准备金制度限制了商业银行体系创造货币的能力。

注意，货币创造不同于财富创造。商业银行体系能创造出货币，但不能直接创造出财富。从整个经济系统的角度看，商业银行在创造存款货币的同时，也创造出了等量的债务。吸收的存款对商业银行来说是负债，发放的贷款对商业银行来说是资产。同样，存款对储蓄者来说是资产，贷款对贷款者来说是负债。贷款者也不会因为得到一笔贷款本身而变得富有，除非他准备赖账。

在由一笔初始存款引起的货币创造过程中，如果不存在超额准备金，商业银行所缴纳的存款准备金总和必定等于初始存款量。初始存款量与商业银行系统因此而创造出的货币数量之间的比率，被称为货币（供给）乘数。货币乘数可以理解为商业银行系统用一单位初始存款所能创造出的货币数量，也可理解为商业银行系统用一单位存款准备金所能创造出的货币数量，还可理解为一单位存款准备金所能拥有的贷款数量。

货币乘数等于法定最低存款准备金率的倒数。因此，法定最低存款准备金率的大小决定了商业银行系统创造货币能力的强弱。法定最低存款准备金率越低，商业银行系统创造货币的能力就越强；反之，就越弱。所以，中央银行可以通过调整法定最低存款准备金率来改变货币供给量。

但各国的中央银行通常很少运用法定最低存款准备金率这种货币政策工具。这不仅是因为改变法定最低存款准备金率会造成货币供给量的剧烈波动，还因为改变法定最低存款准备金率在法治国家通常需要经历较长时间的决策过程和复杂的法律程序，难以针对宏观经济运行的短期波动进行及时和灵活的微调。此外，频繁地调整法定最低存款准备金率还会干扰银行业的正常经营活动。当中央银行提高最低存款准备金率时，如果商业银行没有超额存款准备金，它将不得不通过减少贷款、出售资产甚至向同业或中央银行借款的方式补充存款准备金。另外，如果一国的中央银行对商业银行向其缴存的存款准备金不计付利息，提高最低存款准备金率就相当于中央银行向商业银行征收了某种税负。

（五）贴现率

商业银行以票据贴现的方式向中央银行借款的利率被称为贴现率。贴现率，也被称作再贴现率，因为许多商业银行是将已贴现过的票据作质押向中央银行借款的。通常，中央银行会将利息先行扣除后再将贴现票据剩余的现值打入商业银行在中央银行开立的存款准备金账户中。

当商业银行由于客户提款太多，或中央银行提高了最低存款准备金率等原因，无法满足法定最低存款准备金率的要求时，就必须采取措施筹集存款准备金。商业银行可通过银行间同业拆借市场向有超额存款准备金的商业银行借款，也可出售自己持有的有价证券，将所得收入存入其存款准备金账户，还可以向中央银行进行贴现借款。

中央银行可以通过改变贴现率的方式来影响商业银行向自己的借款成本、

借款意愿和借款规模，并最终影响货币供给量。提高贴现率能抑制商业银行向中央银行借款的意愿和规模，降低贴现率能鼓励商业银行向中央银行借款。

由于商业银行向中央银行借款会产生一个心理成本，即会被市场怀疑其经营不善。所以，中央银行的贴现窗口（虚拟窗口）并不是商业银行筹集存款准备金的主要途径。

商业银行主要通过同业拆借的途径来应付存款准备金的临时短缺。因此，同业拆借利率通常会高于中央银行的贴现率，幅度大约为 0.5 个百分点。但中央银行的贴现率要高于市场利率，目的是防止商业银行用较低的贴现率向中央银行借款，再以较高的市场利率贷出，利用两者之间的利差牟利。

中央银行贴现率的调整，在大多数情况下只是为了和银行间同业拆借（拆放）利率保持合理的差距，属于一种跟随式的调整。如果同业拆借利率与贴现率之间的利差扩大，中央银行就会提高贴现率，以鼓励商业银行从同业拆借市场借款，而不是向中央银行借款。

中央银行发放的贴现贷款还能帮助遭遇暂时经营困境的商业银行。当一家商业银行仅是暂时性地遇到了流动性问题，商业银行的资产还是大于负债的。换句话说，商业银行还是有偿债能力的。在这种情况下，为了防止这家商业银行出现挤兑，如果需要，中央银行就会扮演最后贷款人的角色。

实际上，相比于将对商业银行的贴现贷款视为一种货币政策工具，中央银行更愿意将贴现贷款的功能定位为帮助那些遭遇暂时流动性困难的商业银行迅速获得流动性。因此，在非常紧急的特殊情况下，贴现贷款依然是商业银行筹集资金最为迅速的途径。2001 年 9 月 12 日，美联储向美国的商业银行紧急提供了 455 亿美元的贴现贷款，是平时正常水平的 500 倍。但由于并没有发生挤兑现象，到 2001 年 9 月 26 日，贴现贷款的规模就回落到 2000 万美元的水平了。

中国人民银行发布的《2019 年第一季度中国货币政策执行报告》显示，3 月末，广义货币供应量 M2 余额为 188.9 万亿元，同比增长 8.6%，增速比上年末高 0.5 个百分点。狭义货币供应量 M1 余额为 54.8 万亿元，同比增长 4.6%。流通中货币 M0 余额为 7.5 万亿元，同比增长 3.1%。2018 年末我国 M2 存量为 182.7 万亿元，M2/GDP 比例在 200%左右。

3 月末，金融机构本外币各项存款余额为 189.0 万亿元，同比增长 8.3%，比年初增加 6.5 万亿元。人民币各项存款余额为 183.8 万亿元，同比增长 8.7%，比年初增加 6.3 万亿元，同比多增 1.2 万亿元。外币存款余额为 7689 亿美元，比年初增加 413 亿美元。

从人民币存款部门分布看，住户存款、非金融企业存款、机关团体存款和财政性存款分别同比多增 1.8 万亿元、1.5 万亿元、1054 亿元和 1932 亿元。

截至 3 月末，金融机构本外币贷款余额为 147.8 万亿元，同比增长 13.3%，比年初增加 6.0 万亿元，同比多增 1.2 万亿元。其中，人民币贷款余额为 142.1 万亿元，同比增长 13.7%，比年初增加 5.8 万亿元，同比多增 9526 亿元。

从人民币贷款部门分布看，住户贷款增速 3 月末为 17.6%，比上年末低 0.6 个百分点。其中，个人住房贷款增速为 17.6%，较上年末低 0.2 个百分点，第一季度增量为 1.1 万亿元，同比多增 1172 亿元。

3 月，贷款加权平均利率为 5.69%，同比下降 0.22 个百分点。其中，一般贷款加权平均利率为 6.04%，同比上升 0.03 个百分点；票据融资加权平均利率为 3.64%，同比下降 1.94 个百分点；个人住房贷款加权平均利率为 5.68%，同比上升 0.26 个百分点。

3 月末社会融资规模存量为 208.41 万亿元，同比增长 10.7%，增速比上年末高 0.9 个百分点。第一季度社会融资规模增量为 8.18 万亿元，比上年同期多 2.34 万亿元。

注：社会融资规模，是指一定时期内（每月、每季或每年）实体经济从金融体系获得的全部资金总额，是增量概念。社会融资规模主要包括人民币贷款、外币贷款、委托贷款、信托贷款、未贴现的银行承兑汇票、企业债券、非金融企业境内股票融资、保险公司赔偿、投资性房地产和其他金融工具融资十项指标。投资性房地产，包括已出租的土地使用权、持有并准备增值后转让的土地使用权、已出租的建筑物和持有并准备增值后出售的建筑物。

三、费雪效应与货币幻觉

（一）货币数量理论

一个经济系统中的货币供给量和总体价格水平之间的关系，就如同一只杯子里的水量和水面高度之间的关系一样。一个经济系统中的货币供给量决定了单位货币的购买力和总体价格水平。

货币供给量的过快增长是发生通货膨胀的根本原因，货币供给量的增长率决定了通货膨胀率，这就是货币数量理论的核心内容。货币数量理论是一个古老的理论，在很久以前就由经济思想家们提出来了。这个理论在今天仍然是解释通货膨胀现象的一个基本分析工具。

货币数量理论可以用一个方程式来描述：

$$M \times V = Y \times P \text{ 或 } M = (Y \times P) / V$$

这个方程式叫货币数量方程式。方程式中的 M 代表流通中的货币数量，即货币供给量。货币流通速度 V 代表了货币从一个账户到另一个账户的流动速度，一般用名义 GDP 和 M 的比值来表示。除非发生了严重的通货膨胀，一个经济体的货币流通速度是相对稳定的。Y 代表实际产出量，用实际 GDP 表示。P 代表平均价格水平，通常用（1+GDP 平减指数）表示。Y×P 或 M×V 代表了名义 GDP。

（二）货币中性理论

货币供给量的变化会引起币值（和平均价格水平）的变化，币值与平均价格水平的变化又会引起以货币单位为基准衡量的一系列经济变量（名义变量）的变化。为了将货币因素（币值变动因素）与非货币因素对这类经济变量的影响区分开，经济学家将这类经济变量的值区分为名义值和实际值。

以货币单位为基准衡量的经济变量，在没有剔除掉货币因素影响的情况下，这些变量的值被称为名义值，如名义收入、名义 GDP、名义利率、名义价格的值。在剔除掉货币因素影响后，这些变量的值就变成了实际值，如实际收入、实际 GDP、实际利率、实际价格的值。

货币中性理论认为，在长期，即总体价格水平能够发生变化的时间区间内，在其他条件不变的情况下，货币供给量的变化只会影响到名义变量的名义值，而无法影响其实际值。但在短期，在其他条件不变的情况下，货币供给量的变化能够对名义变量的实际值（及名义变量的增长率）和实际变量，如实际 GDP、经济增长率、进出口总值以及失业率、发电量、货物运输量等，产生显著影响。这就是为什么运用货币政策能在短期内刺激经济增长，降低失业率的原因。

一个经济变量的名义值和实际值，不同于名义变量和实际变量。名义变量是以货币单位为基准衡量的经济变量，如价格、利率、收入、GDP 等。实际变量是用人口或实物单位衡量的经济变量，如失业率、玉米产量、人口数量、耕地面积、建筑面积、铁路运输量等。

（三）费雪效应

名义利率，就是银行利率表上的利率。代表了银行账户中存款数量在一定时期内的增长速度。

实际利率，是用通货膨胀率校正过的利率，代表了银行账户中一定数量银行存款所代表的购买力在一定时期内的增长速度。

实际利率=名义利率-通货膨胀率

或：名义利率=实际利率+通货膨胀率

在自由竞争市场经济条件下，在长期，名义利率会跟随通货膨胀率进行等幅调整。这种经济现象被称为费雪效应，以纪念最早研究这个经济现象的美国经济学家欧文·费雪（1867—1947 年）。但在某些金融市场受到管制的国家中，实际利率可能长期处于负利率状态。

（四）通货膨胀税

通货膨胀会使单位货币代表的购买力下降，这就好像是对每个持有货币的人根据这些货币的总面值征收了某种税一样。经济学家将这种在税表上并不存在的隐形税负称为通货膨胀税。

如在通货膨胀率为 5%的情况下，对持有货币的人来说，通货膨胀对这些货币所代表的购买力的影响与向持有这些货币的人按货币总面值征收 5%的货币税的效果是一样的。

对通货膨胀税的另一种解释是，在发生通货膨胀的情况下，由于实行累进的所得税制，伴随着个人名义收入或名义企业经营所得的提高，纳税人承受的所得税率在实际收入或实际经营所得并没有发生变化的情况下被提高了。提高的部分就好像是被征收了一种税表上并不存在的通货膨胀税。

上面两种解释，分别从币值变化和累进的所得税制两个方面解释了通货膨胀对实际收入所产生的影响。

（五）货币幻觉

货币幻觉，指的是在短期人们将以货币单位为基准衡量的经济变量（名义变量）的名义值的变化等同于其实际值变化的一种心理错觉。就如同池塘里的鸭子，在下暴雨的时候误以为自己在升高，其实是水面在升高。货币幻觉这一概念是由欧文·费雪于 1928 年提出来的。

例如，如果你面临两种选择，一种选择是你的年薪增加 2%，而同年的通货膨胀率为 4%。另一种选择是你的年薪下降 2%，同年的通货膨胀率为 0。你会选择哪一种组合呢?

尽管这两种组合所导致的结果是一样的，你的实际收入在剔除掉通货膨胀因素后均会下降 2%。但大多数人都会选择前一种组合，这就是因为大多数人都具有货币幻觉这种心理错觉。在相同情况下，人们总是希望看到收入、存款利率这类“好变量”的提高。

扩张性货币政策在短期具有产出效应和价格效应，在长期只具有价格效应。扩张性货币政策在短期之所以能够以通货膨胀率上升为代价换来产出增长和失业率下降，其中一个重要原因就是存在货币幻觉。

在长期，理性经济人只会对名义变量实际值的变化做出反应。货币幻觉一旦消失，扩张性货币政策的产出效应就会随之消失。

四、通货膨胀的类型

通货膨胀是经济体的一种常见病症，有点像我们的身体发热。通货膨胀率就好像是人体体温的变化率，这个变化率超出正常范围，导致体温过低或过高，就需要进行治疗（政策干预）了。

根据通货膨胀的严重程度、发生原因以及是否可被预期，可以将其分为几种不同的类型。

（一）温和的通货膨胀

如果某个经济体的通货膨胀率保持在 10%以下，我们通常就认为这种通货膨胀是温和的。

温和的通货膨胀，意味着这个经济体的总体价格水平上涨缓慢，币值相对稳定，人们对本位货币还比较信任，该经济体在未来的通货膨胀率是可以预期的，不同商品和服务之间的相对价格关系还比较稳定，人们还愿意签订长期合同。

（二）急剧或奔腾式的通货膨胀

如果一个经济体的年通货膨胀率达到两位数甚至三位数，这种通货膨胀就被称为急剧的或奔腾式的通货膨胀。

在这种通货膨胀过程中，币值的下降非常迅速，人们只愿意保留少量的货币以备日常交易之需，会以最快的速度将大多数货币换成物品、住宅、土地、固定资产、公司股权、硬通货或贵金属。没有人再愿意进行储蓄，商业银行面临挤兑的风险。如果经济契约没有根据某种价格指数进行过指数化处理，或不是直接使用硬通货进行结算，就难以达成。国内资本会通过各种途径流出国外，外汇储备会快速下降。政府在这种情况下可能不得不实行资本管制乃至全面的经济管制，甚至全面的社会管制。

（三）恶性通货膨胀

当一个经济体的年通货膨胀率达到百分之一万以上的时候，就意味着发生了恶性通货膨胀。

恶性通货膨胀就像一架高倍显微镜，将通货膨胀这种经济现象进行了放大，使我们能够更清楚地看到严重的通货膨胀会给我们带来什么样的影响和后果。

1918 年 11 月，在第一次世界大战接近尾声的时候，一场革命推翻了德国皇帝威廉二世的统治。1918 年 11 月 9 日，德皇威廉二世宣布退位。1919 年 8 月，德意志国成立，史称魏玛共和国。德国魏玛共和国的物价指数从 1922 年 1 月的 1 上升到 1923 年 11 月的 100 亿，成为我们观察恶性通货膨胀的一个重要标本。这场恶性通货膨胀对德国社会所产生的灾难性后果成为纳粹兴起和“二战”爆发的一个重要原因。1933 年 1 月，德国进入纳粹德国时期。

1948 年 8 月至 1949 年 6 月，中国国民政府进行的金圆券改革，引起了中国金融史上最严重的通货膨胀。2008 年，津巴布韦发生的通货膨胀是恶性通货膨胀的又一个样本。委内瑞拉目前（2019 年 5 月）正在发生的通货膨胀，是恶性通货膨胀的一个最新样本。

如果说一个经济体在奔腾式的通货膨胀情况下还能勉强运转的话，当发生恶性通货膨胀时，该经济体的经济系统必然崩溃。当恶性通货膨胀来临时，现金、储蓄、债券等金融资产所代表的购买力会迅速蒸发殆尽，变得一文不值。人们开始用小推车装钱，用衣兜装东西。一个小杂货店都能做动肆几百万、几千万甚至数以亿计（甚至数百亿、数千亿）的大生意。商品的价格标签常常显得过短，因为零太多了。为了降低印刷成本和便于携带，纸币的面额越来越大。由于无法满足交易的需要，小面额的纸币还没有开始流通就不得不化为纸浆。甚至需要不断推出新版货币，以消除纸币上过多的零。人们不再愿意接受月薪，甚至不愿意接受周薪，要求一天领一次工资，甚至一天领两次工资。人们不愿持有任何数量的本国货币，领到工资后会以最快的速度去购买任何能够买到的物品、硬通货或贵金属。坐在餐馆里的用餐者甚至不敢在得到不涨价承诺之前点菜。

在发生恶性通货膨胀期间，任何生产计划都失去了意义，不同商品之间的相对价格关系遭到彻底的破坏。在这种情况下，企业家和其他人一样关注的是如何保全财富而不是进行生产，投资活动会完全停止。企业的生产经营活动不断萎缩，失业变得非常严重。商人们开始囤积几乎所有的货物（商品、原材料、半成品、燃料、天然气等）。日益严重的商品短缺、抢购风潮和黑市交易迫使政府不得不进行价格和市场管制（如打击囤积货物，打击奸商，打击黑市贸易），从而使市场机制彻底失灵。政府雇员常常要求得到实物工资甚至食物工资，有时银行还会开设实物储蓄账户。

为什么在战争期间特别容易爆发恶性通货膨胀呢？这是因为政府在战争期间常常通过印刷钞票的办法来筹集急剧增加的军费开支，弥补巨额的财政赤字。一国的经济活动在战争期间会遭到严重破坏，政府财政收入剧减，又因政府信用问题常常难以在国内和国际债券市场中借到钱，还要为大量的军政人员和大规模军事行动支付费用，要求中央银行直接对政府财政赤字进行融资往往就成了这些政府别无选择的选择。货币供给量的急剧增加必然使总体价格水平快速上升。只有当政府的财政支出减少，财政收入增加，政府能够通过征税、发行债券、获得政府间贷款的方式筹集到足够的财政收入时，恶性通货膨胀才会结束。

（四）可预期的通货膨胀和不可预期的通货膨胀

我们还可以根据所发生的通货膨胀是否是可预期的，将通货膨胀分为可预期的通货膨胀和不可预期的通货膨胀。

如果通货膨胀是可预期的和温和的，通货膨胀对一个经济体的经济效率和财富分配状态的影响是较小的，因为我们可以根据预期到的通货膨胀率来调整我们的相关决策。

如果正在发生的通货膨胀是快速的，未来的通货膨胀率就是不可预期的。

（五）惯性的通货膨胀

在发生严重通货膨胀的情况下，中央银行即使把货币供给量降到一个合理的水平上，通货膨胀依然能够维持一段时间。也就是说，通货膨胀具有一种惯性，在一段时间内具有一种内在的自我维持能力。通货膨胀率越高，惯性就越大。

通货膨胀所具有的这种惯性，源于人们对未来的通货膨胀率所形成的预期。如果人们认为目前的这种通货膨胀率会继续维持下去，人们在进行各种经济决策时就会把这种通货膨胀预期考虑进去。在这种情况下，人们对未来通货膨胀率的预期就像是一种能够自我实现的预言，通货膨胀会按照预期的通货膨胀率维持一段时间。这种基于人们对未来通货膨胀率的预期而形成的通货膨胀，就被称为惯性的通货膨胀。

例如，如果人们普遍预期未来的通货膨胀率会维持在10%的水平上，未来一段时间内的通货膨胀率，在没有其他因素影响的情况下，仅凭这种通货膨胀预期就能维持在10%的水平上。工人在签订劳动合同时，会要求雇主将工资水平提高10%；投资者在做投资决策时，会在10%通货膨胀率的基础上进行可行性分析；银行在发放贷款时，会提高贷款利率以维持实际利率不变。

五、通货膨胀的成本与后果

不管我们是否正面临着严重的通货膨胀，通货膨胀率都是我们需要密切关注的一个宏观经济变量。没有人喜欢通货膨胀，但要准确说明通货膨胀的代价和后果，却不是一个简单的问题，特别是温和通货膨胀的代价是相当隐蔽的。

（一）皮鞋成本

在发生严重通货膨胀期间，人们为了避免自己所持现金的购买力下降，会采取行动减少现金的持有量，选择更多地持有经过指数化处理的定期存款或债券、权益类资产、不动产、硬通货、贵金属，以及艺术品、古董甚至消费品等实物资产。

为减少现金持有量所采取的行动是有成本的。例如，在发生严重通货膨胀期间，你可能会频繁地到开户行的柜台上或利用手机银行进行操作，将你工资卡里的活期存款和没有执行指数化存款利率的定期存款转移到执行指数化利率的账户中，或兑换成硬通货，或转移到证券交易保证金账户中，或频繁地光顾房产中介公司，甚至开始关注艺术品拍卖信息。你不得不投入许多时间和精力去关注各类财经新闻，扮演业余经济学家和通货膨胀率预测师的角色。你为减少通货膨胀所带来的损失而耗费的时间、精力和皮鞋底等成本，就被称为皮鞋成本。

在发生温和、可预期的通货膨胀的社会里，社会所承担的皮鞋成本是较小的。但在发生恶性通货膨胀的社会里，社会所承担的皮鞋成本是非常巨大的，巨大到能够让正常的经济活动和私人生活走向崩溃。

（二）菜单成本

尽管市场中的供求情况每时每刻都在发生变化，但在正常情况下，厂商并不会经常改变所售商品或所提供服务的价格，有的商品价格甚至几年都保持不变。研究表明，典型的美国企业大约一年调整一次产品的价格。我们的工资水平也是相对稳定的，即使我们所处的行业或公司存在自由工会，工会也不会无休止地启动工资谈判。价格保持相对稳定的一个原因是因为调整价格是有成本的，这种成本被称为菜单成本。

菜单成本这个术语源于经济学家对餐馆菜单的观察。经济学家发现，许多餐馆在食材的价格发生变化时，也就是说，在生产成本发生变化时，并不会同步印制新的菜单。这是因为印制新菜单的成本，以及由此引发的消费者不满所产生的成本，可能会超过调整价格所带来的收益。

价格调整所带来的菜单成本主要包括：因进行价格调整决策、印刷新的产品价格目录、打印新标签、扩散新的价格信息、说服代理商和消费者接受新价格、处理消费者和代理商不满情绪所产生的成本，以及企业形象因价格频繁调整而受损所带来的损失。

在通货膨胀率较低的情况下，企业为避免承担菜单成本，通常会选择实行价格相对稳定的策略。但在发生恶性通货膨胀的情况下，调整价格所产生的菜单成本与不调整价格所造成的损失相比，就显得微不足道了。这时，企业就会根据成本的变化不断调整价格，甚至在一天内数次更换价格标签。

（三）价格体系的扭曲与资源配置的非效率

市场经济依靠价格机制配置稀缺资源。消费者通过比较不同商品和服务的质量与市场价格按照效用最大化的原则进行消费决策。消费者投出的货币选票决定了生产要素如何在生产者之间进行配置。生产者在生产要素和商品价格的引导下，按照利润最大化原则进行生产决策。

当发生严重通货膨胀时，由于不同商品和服务的价格并不会简单地同时、同比例上升，不同商品和服务之间的价格关系就会发生扭曲。当不同商品和服务之间的价格关系因通货膨胀因素而发生扭曲时，有的商品（或服务）的相对价格变得较高，有的商品（或服务）的相对价格变得较低，这取决于该种商品（或服务）价格的变化是快于还是慢于总体价格水平的变化。

在这种情况下，消费者和生产者就难以准确区分出一种商品（或服务）的价格变化在多大程度上反映的是市场供求关系的变化，在多大程度上反映的是总体价格水平的变化，从而难以对市场价格的变化做出正确的反应。消费者和生产者根据这种被扭曲的市场价格进行消费决策和生产决策，就会扭曲市场对生产要素的配置，使之偏离帕累托最优状态。

同时，在发生严重通货膨胀期间，人们会更多地购买不动产、贵金属、硬通货、古董、艺术品这类非生产性资产，而不是进行能够扩大生产可能性边界的生产性投资。这会导致这个经济体的产出规模偏离其生产可能性边界曲线。

（四）财富再分配

许多契约是以货币为计价单位签订的，如工资合同、贷款合同、房屋租赁合同等。在发生通货膨胀时，货币的价值，即单位货币所代表的购买力会降低。

如果通货膨胀是可预期的，在签订契约时就可以将币值的这种变化考虑进去，通过指数化条款来防止通货膨胀引起财富的再分配。温和的通货膨胀通常表现为稳定和可预期，恶性通货膨胀总是不稳定和不可预期的，目前还没有观察到高速且稳定的通货膨胀。

如果通货膨胀是不可预期的，签订契约时就难以采取指数化措施，通货膨胀就可能引起财富的再分配。例如，你持有一张没有指数化条款的贷款合同，在合同有效期内发生了未预期到的严重通货膨胀，这就会以银行的巨额损失为代价将财富转移给你。

在发生了未预期的严重通货膨胀的情况下，纳税人的名义收入会大大超过其实际收入。在实行累进制所得税率的条件下，纳税人就可能要按一个更高的税率纳税了。这样，在纳税人实际收入没有发生变化的情况下，由于应税收入（名义收入减去免征额）的提高，纳税税率和实际税负都可能会提高和增加。这种情况下，财富就会从家庭部门向政府部门转移。

实际税负的提高还会扭曲激励结构，改变人们的经济行为。纳税人的工作积极性会受到抑制，从而会抑制经济增长的内在动力。例如，如果税则规定，名义工资收入在 1200 元～2999 元的个人所得税税率为 5%，名义工资收入在 3000 元～4999 元的个人所得税税率为 10%。2016 年价格指数为 100，2016 年你的名义工资收入为 2000 元，你应缴纳的个人所得税为 100 元。2017 年价格指数为 150，2017 年你的名义工资收入为 3000 元，你的实际收入没有发生变化，但你应缴纳的个人所得税由 100 元变为 300 元。考虑到通货膨胀因素，你的实际纳税额由 2006 年的 100 元变为 2007 年的 200 元。只有在纳税标准经过指数化处理的情况下，才能保证纳税人的实际税负保持不变。

参考文献

[1] 黑田明伸. 货币制度的世界史 [M]. 北京：中国人民大学出版社，2007.
[2] 劳伦斯·H. 怀特. 货币制度理论 [M]. 北京：中国人民大学出版社，2004.
[3] 基思·贝恩，彼得·豪厄尔斯. 货币政策：理论与实务 [M]. 北京：清华大学出版社，2013.
[4] 若迪·加利. 货币政策、通货膨胀与经济周期 [M]. 北京：中国人民大学出版社，2013.
[5] 乌尔里希·宾德赛尔. 货币政策实施：理论、沿革与现状 [M]. 大连：东北财经大学出版社，2013.
[6] 本杰明·M. 弗里德曼，罗伯特·M. 索洛，约翰·B. 泰勒. 通货膨胀、失业与货币政策 [M]. 北京：中国人民大学出版社，2004.
[7] 约瑟夫·斯蒂格利茨. 通往货币经济学的新范式 [M]. 北京：中信出版社，2005.
[8] 米尔顿·弗里德曼. 最优货币量 [M]. 北京：华夏出版社，2012.
[9] 卡尔·E. 瓦什. 货币理论与政策 [M]. 北京：中国人民大学出版社，2001.
[10] 伯南克. 通货膨胀目标制：国际经验 [M]. 大连：东北财经大学出版社，2006.
[11] 托马斯·图克. 通货原理研究 [M]. 北京：商务印书馆，1996.
[12] 凯恩斯. 货币论 [M]. 北京：商务印书馆，1986.
[13] 路德维希·冯·米塞斯. 货币和信用理论 [M]. 北京：商务印书馆，2015.
[14] 理查德·M. 埃贝林. 货币、银行与国家 [M]. 海口：海南出版社，2018.
[15] 米尔达尔. 货币均衡论 [M]. 北京：商务印书馆，1997.
[16] 欧文·费雪. 利息理论 [M]. 北京：商务印书馆，2013.
[17] 弗兰克·H. 奈特. 风险、不确定性与利润 [M]. 北京：商务印书馆，2010.

附录1　美国的联邦储备制度

美国于1913年12月23日依据《联邦储备法》(*Federal Reserve Act*)创建了联邦储备系统[The Federal Reserve System，简称美联储(Federal Reserve)]。

美国被划分为12个联邦储备区，每个联邦储备区设立一家具有独立法人资格的地区联邦储备银行。12个地区联邦储备银行的总部分别位于波士顿、纽约、费城、克里夫兰、里士满、亚特兰大、芝加哥、圣路易斯、明尼阿波利斯、堪萨斯城、达拉斯和旧金山。每个地区联邦储备银行在辖区内又会设若干分支机构。

每个地区联邦储备银行的代码由一个字母和数字组成，如1A、2B、3C。波士顿联邦储备银行是第一个成立的联邦储备银行，代号1A；纽约联邦储备银行第二个成立，因此代号为2B。其他联邦储备银行以此类推。每张美元纸钞上均印有地区联邦储备银行的代码，以标示纸钞是由哪个地区联邦储备银行流入市场的。

12个联邦储备银行按照地理位置分为4组，每个组内的地区联邦储备银行轮流行使在联邦公开市场委员会中的投票权。第一票，由波士顿、费城、里士满轮流；第二票，由克里夫兰和芝加哥轮流；第三票，由亚特兰大、圣路易斯和达拉斯轮流；第四票，由明尼阿波利斯、堪萨斯城和旧金山轮流。

美国的联邦储备系统由设在华盛顿的联邦储备理事会和12个地区联邦储备银行组成。从法律上说，这12个地区联邦储备银行都是私有的，是由其所有会员商业银行共同投资设立的股份公司，但地区联邦储备银行是一种特殊的私有公司，其股份不能转让与出售。“私有公司”在这个地方对应的是“上市公司”，即公司股权为私人或非政府组织所拥有，不能公开上市交易。不能将联邦储备银行理解为普通的私营公司，其股东在相关法律的约束下无法运用货币政策去谋求自身利润的最大化，只能获得固定股息。作为一个整体，美联储是一个独立的政府机构，直接对国会负责。

美国没有采用单一中央银行制的目的，一方面是为了防止中央银行被美国东部地区的金融业，特别是华尔街所操纵；另一方面是为了防止中央银行的运作受到联邦政府的干预，以强化中央银行的独立性。

联邦储备系统发行货币，作为回报，它可以用这些货币购买政府债券，并获得利息。联邦储备银行还可以向商业银行发放贷款并收取利息。联邦储备银行还向商业银行提供服务并收取费用，如为它们提供支票结算、资金周转、自动化票据交易所等服务。联邦储备系统自身运转所需要的资金就来自其利息收入和向商业银行提供服务所收取的报酬。在支付完会员银行的固定股息后，美联储必须将剩余的收入上缴美国财政部，这部分收入大约占美联储全部净收入的94%。这种机制有效地防止了美联储运用货币政策谋取自身利益，偏离自身被赋予的公共职能，有效地防止了货币政策偏离币值稳定、充分就业、促进经济平稳增长的政策目标。

美联储的资产主要是政府债券和对商业银行的贴现贷款。美联储的负债主要是流通中的货币、商业银行的存款准备金和财政部的存款。美联储自己并不制造货币，它只发行和维护货币。印刷纸币和铸造硬币属于美国财政部的职能。新印刷出来的大部分纸币被用来替换破损旧币。

美联储由联邦储备理事会管理。联邦储备理事会由7名理事构成，理事由总统提名，参议院任命。联邦储备理事会理事的任期为14年，不得连任。设置14年的任职期限，是为了保证美联储的独立性，防止总统和国会为了自身的党派利益和政治需要不公正地提名和任命理事会成员，防止美联储在制定货币政策时因受到来自政府和国会的政治压力而采取短期性质的货币政策。联邦储备理事会理事的任期是交错的，间隔两年。这意味着总统在一个任期内仅可提名两位理事，即使连任成功也只能提名四位理事，以限制政府对美联储货币政策的影响力。联邦储备理事会的理事只有在参议院三分之二以上议员赞成的情况下方可罢免。

联邦储备理事会中最重要的成员是理事会主席，每4年由总统提名、参议院任命一次。格林斯潘可能是历任主席中最著名的一位。现任美联储主席为杰罗姆·鲍威尔（Jerome Powell）。各个地区联邦储备银行的总裁由各储备银行的理事会决定。

美联储的首要职能是对商业银行体系实施监管，以保证商业银行体系的正常运转。这项职能主要由地区联邦储备银行来承担。地区联邦储备银行还作为银行的银行，发挥最后借款人的作用，以维持整个商业银行体系的稳定。

美联储的第二个职能是制定货币政策。美联储通过运用货币政策工具实现

“寻求最大限度的就业和价格稳定”这两个最重要的货币政策目标。货币政策由联邦公开市场委员会（FOMC）制定。

联邦公开市场委员会每6周在华盛顿召开一次会议，会期两天，以确定是否需要调整以及应该如何调整货币政策。联邦公开市场委员会具有投票权的委员由联邦储备理事会的7名理事、纽约联邦储备银行总裁和4个联邦储备区中的4个地区联邦储备银行总裁组成，但所有的地区联邦储备银行总裁都参加会议。纽约联邦储备银行拥有整个联邦储备系统约1/4的资产，是最重要的地区联邦储备银行，因此拥有FOMC的永久投票权。

联邦储备理事会主席（美联储主席）兼任联邦公开市场委员会主席。每次联邦公开市场委员会的会议议程由美联储主席确定，但美联储主席仅拥有和其他委员同样的投票权。

直到1994年初，美联储才开始在FOMC会议后发表声明。第一份声明出现在1994年，只有四句话，只描述了美联储就调整联邦基金目标利率做出的决定。随后的声明增加到几个简短的段落，增加了对经济状况和FOMC政策行动理由的描述。2000年1月，FOMC宣布将会在每次例会后发布一份声明。

FOMC的声明遵循一种简单结构，包含特定的部分：

（1）自上次会议以来宏观经济运行的情况；

（2）阐明货币政策的目标，即最大限度地实现可持续就业和价格稳定；

（3）本次会议做出了什么决定；

（4）对未来宏观经济运行的走势和货币政策进一步调整的可能方向做出前瞻性描述；

（5）对委员会在未来的货币政策决策中将会考虑的因素做出描述；

（6）投票记录，即公布本次会议投出赞成票的委员名单。

美联储货币政策的直接调控目标是联邦基金利率——即银行间同业拆借利率，主要是隔夜拆借利率。联邦基金，指美国的商业银行存放在联邦储备银行的准备金，包括法定准备金及超额准备金。联邦基金市场是美国货币市场的一个重要组成部分。

联邦基金利率是美国银行同业拆借市场的资金价格，是货币市场的核心利率，能及时、灵敏、准确地反映银行同业拆借市场乃至整个货币市场的资金价格和资金供求关系走向。联邦基金利率是美国金融市场中最重要的短期利率。

美联储会公开宣布自己确定的联邦基金利率调控目标，以此向外界传递货币政策的走向。美联储并不直接规定联邦基金利率，联邦基金利率由联邦基金市场中的借款者和贷款者共同决定。美联储通过运用货币政策工具改变商业银行系统中的超额准备金数量，来实现它期望的联邦基金利率。

美联储使用的主要货币政策工具是公开市场操作，且美联储在债券市场中买入或卖出美国联邦政府债券，以实现其联邦基金利率调控目标。如果美联储在债券市场中出售政府债券，联邦基金市场中可用于向其他商业银行发放同业拆借贷款的超额准备金就会减少，联邦基金利率就会升高。如果美联储在公开市场中购入政府债券，联邦基金市场中可用于向其他商业银行发放同业拆借贷款的超额准备金就会增加，联邦基金利率就会降低。

联邦基金利率的变化会引起一系列的连锁反应。联邦基金利率的变化会直接影响其他短期利率（如短期国债利率、短期商业票据利率等），并进一步改变长期利率（如住房贷款利率、汽车贷款利率、长期企业债券利率等）。当长期利率下降时，由于企业投资、家庭住宅投资和家庭耐用消费品消费的资金成本下降，投资和消费都会增加。因此，在发生经济衰退时，美联储就会通过降低联邦基金利率的手段促进经济增长。反之，当经济出现过热时，美联储就会选择提高联邦基金利率，以抑制投资和消费活动。

美联储的利率政策还会影响资产的价格。当利率下降时，投资债券的收益就会下降，资金就会从债券市场流向股票市场和其他资产市场，推高这些资产的价格。

利率的变化还会影响进出口活动。降低利率，外汇市场中对美元的需求就会减少，美元的汇率就会走弱，有助于促进出口。反之，提高利率，外汇市场中对美元的需求就会增加，美元的汇率就会走强，有利于扩大进口。

附录 2　1948 年中国国民政府的金圆券改革

1948 年 8 月，中华民国政府进行币制改革，发行金圆券代替已严重贬值的法币，以挽救国内战争带来的经济与财政危机，弥补因军费开支急剧增加所产生的巨额财政赤字。法币与金圆券的兑换比率为 300000∶1。

但由于发行了太多的金圆券，最终引发了一场更大的恶性通货膨胀。金圆券原定发行 20 亿，但至 1949 年 6 月，国民政府总共发行了 130 万亿金圆券。金圆券的面额也越印越大，到最后最大面额达到了 100 万圆。在 1949 年 5 月的上海，经过折算，一粒大米的价格达到了 130 元金圆券。在这场恶性通货膨胀中，受损最大的是城市的中产阶级，他们所持有的现金、存款、政府债券金融资产的价值被清零，黄金、白银、美元等贵金属和硬通货被强制兑换（后又放开）。

1949 年 4—5 月，南京、上海相继被解放军占领。1949 年 6 月，解放区人民政府宣布金圆券停止流通，按照 100000∶1 的比率兑换人民币。

1949 年 7 月 3 日，迁至广州的国民政府宣布停止发行金圆券，用银圆券取代，实行银本位制。金圆券按照 5 亿比 1 的比率兑换银圆券。银圆券遭到华南和西南未解放地区民众的普遍抵制。解放区的地方人民政府也宣布对国民政府发行的银圆券不予收兑。

附录 3　津巴布韦的恶性通货膨胀

1980 年 4 月，津巴布韦脱离英国的殖民统治正式独立，建立了津巴布韦共和国，穆加贝（1924—）成为首任总理，并从 1987 年起担任总统。穆加贝获得权力后把主要精力都放在巩固政权上。在独立初期，津巴布韦经济在白人治理的基础上还能按原来的发展惯性继续向前发展。20 世纪 80 年代，GDP 年均增长率为 5%。进入 90 年代，经济开始滑坡，GDP 的年均增长率降为 4.3%。在连续担任 4 届总统后，要求穆加贝退休的呼声越来越大。穆加贝开始消除异己，排斥反对党，压制舆论自由。

2000 年 2 月，穆加贝开始实施“土地改革快车道”运动，没收了白人农场主拥有的土地，分给他的亲信和追随者们（津巴布韦大约 4000 个白人农场主拥有该国 70%的耕地）。这些白人农场主拥有的土地中，一半以上是在津巴布韦独立之后通过购买获得的，地契上盖的是穆加贝政府的印章。但穆加贝并不在意，穆加贝表示，“如果白人可以从我们的手中掠夺土地，我们也可以把土地从他们手中夺回来”。此举造成津巴布韦境内大量白人出走，大批土地荒芜，饥荒蔓延，政府工作人员素质下降，政府部门运行效率降低，出口骤减，外资撤出。再加上国际制裁，津巴布韦经济陷入混乱。津巴布韦传统的优势产业，如农业、旅游业和采矿业更是一落千丈，经济逐渐走向崩溃。津巴布韦的经济增长率 2000 年为-5%，2001 年为-8%，2002 年为-12%，2003 年为-18%。总统穆加贝大造舆论，称饥荒是由干旱和外国敌对势力经济制裁造成的，企图掩盖人祸的事实。2005 年，穆加贝以“加强城市管理，美化城市”“拆除非法建筑”为名发起了强拆居民住房运动，导致很多居住在城市的底层民众无家可归。根据联合国的一个报告，穆加贝的强拆运动让津巴布韦 70 万人失去家园。

激进的土地改革后，大多数黑人（尽管他们的肤色和统治阶层是一样的）并未从中受益。大量有管理能力的白人离开了津巴布韦，白人农场主原来的雇员大都失去了工作。这些农场的新主人只想拥有土地，并不在乎经营管理，导致土地的生产效率急剧下降，整个国家陷入严重饥荒。曾经的“非洲面包房”，变成了一个需要依靠国际慈善组织粮食救援的国家。

一方面津巴布韦的经济在衰退，另一方面总统穆加贝为了维护自己的权力，维持着一个庞大的、低效率的腐败政府，公务员、军人和警察享有远高于平均水平的收入。面对日益严重的经济危机和日益庞大的财政赤字，穆加贝选择了通过印刷更多的钞票去弥补巨额的财政赤字、掩盖严重经济衰退的道路，这必然导致严重的通货膨胀。

第一套津巴布韦元于1980年发行，取代了殖民地时期的罗得西亚元。美元对津元的汇率为1：0.68。1994年，津巴布韦开始实行浮动汇率制。到1999年，美元对津元的汇率跌到了1：38。津巴布韦在2000年进行土地改革后，国内经济一落千丈，通货膨胀日益加剧。2001年，1美元可兑换100津元。2002年2月，1美元就能兑换到800津元了。2004年1月，津巴布韦开始实行外汇拍卖制。到2005年7月，在津巴布韦外汇拍卖市场中，1美元能够兑换到17500津元。在黑市，1美元能够兑换到35000津元。

2006年8月，津巴布韦进行货币改革，发行了第二套津元，新津元与旧津元的兑换比率为1：1000。同时，将新津元的美元汇率一次性贬值了60%。津巴布韦的货币改革计划于2006年8月21日完成。由于新津元的供给量继续高速增长，货币改革并没能抑制住通货膨胀，新津元继续大幅贬值。

总统穆加贝于2007年6月26日发布命令，要求所有商品的价格削减50%。此举导致玉米粉、面包、肉类、鸡蛋、牛奶等基本生活物资的供给急剧减少，大量基本生活物资退出市场流通，被囤积起来；或流入日益繁荣的黑市，以高出政府限价5倍的价格出售。削减市场价格，进行价格管制，仅仅是执政党寻求民众支持、转移社会矛盾的一种政治策略，根本不可能解决因政治腐败、滥发货币带来的恶性通货膨胀、经济崩溃、超高失业率、日益严重的贫富两极分化和社会贫困等问题。

在津巴布韦经济陷入崩溃的同时，其股票市场却在一段时间内异常繁荣。在民众意识到纸币正在快速贬值以后，大量储蓄从银行流入股市。津巴布韦工业指数在2007年前四个月中的涨幅高达595%，在之前十二个月中的涨幅达到12000%。2008年10月，津巴布韦工业指数在一天内的涨幅最高达到257%。

2008年1月，津巴布韦推出了100万、500万和1000万面额的津元。同年4月4日，推出了2500万和5000万面额的津元。5月6日，进一步推出1亿和2.5亿面额的津元。津元汇率在2008年6月26日达到1美元兑换1000亿新津币的新高度，而1000亿新津元在当时只能买一个面包。

2008年8月1日，津巴布韦发行了第三套津元，去掉10个零，1新津元等于第二套津元的100亿。同年12月4日，津巴布韦推出1000万、5000万和1亿面额的新津元。12月12日，推出5亿面额的新津元。12月19日，推出100亿面额的新津元。2009年1月，发行了100万亿面额的新津元，达到了人类货币史上的历史性高度。此举也是为了应对由恶性通货膨胀引发的银行提款难问题而采取的一种措施。当时，津巴布韦央行已经没有足够的硬通货向欧洲的造币厂支付印刷费用了，大量已经印好的津元无法向津巴布韦央行交货。

2009年2月2日，津巴布韦中央银行决定发行第四套津元，新津元与第三套津元的兑换比率是1：10000亿，相当于将第三套津元的面额删除12个零。当时在津巴布韦，点钞机成了紧俏商品，津巴布韦报纸上每天充斥着日本生产的高质量点钞机的广告。人们坐在堆满钞票的餐桌上就餐，就像是坐在拉斯维加斯的赌桌旁，该国的计算机系统经常因为无法处理动辄上万亿的数字而陷入瘫痪。

2009年3月，津巴布韦政府宣布取消外汇管制，承认外国货币在国内流通的合法性。2009年4月12日，津巴布韦宣布无限期暂停使用津巴布韦元，津巴布韦元退出流通，法定的记账货币单位改为美元。在津巴布韦流通的主要货币有美元、南非兰特、欧元、英镑和博茨瓦纳普拉。目前可以在津巴布韦合法流通的货币还包括澳元、日元、人民币和印度卢比。津巴布韦中央银行成为一个不发行本国货币、没有货币政策、不用进行金融监管的中央银行。

津巴布韦元在津巴布韦停止流通后，津巴布韦的通货膨胀一下子就神奇地消失了。津巴布韦经济在多货币体系下，非但没有出现通常认为的崩溃局面，反而在经过近十年的严重衰退后，进入一个高速增长的阶段。根据世界银行的数据，2008年津巴布韦的GDP是44亿美元，2009年就增加到82亿美元，2010年继续增加到94亿美元，2013年达到134亿美元。

2015年，津巴布韦政府发布法令，2015年9月30日前本国居民必须将自己银行账户中的津元兑换成美元，每17.5万万亿津元可兑换5美元，不足17.5万万亿津元的部分，也可兑换成5美元。这样，津巴布韦国民的储蓄就被这场恶性通货膨胀一笔勾销了。在津巴布韦，1美元纸币是流通量最大的货币。对普通津巴布韦人来说，1美元就值很多钱了，其贫富两极分化程度之高可见一斑。

为解决外币流动性不足的问题，2016 年 11 月 28 日，津巴布韦政府正式发行与美元等值的债券货币。债券货币包括 2 元面额和 5 元面额的纸币以及 1 元面值的硬币。根据津巴布韦法律，政府、公司和个人不得拒收包括债券货币在内的法定流通货币。在穆加贝宣布发行债券货币后，民众担心债券货币很快就会像原来的津元一样贬得一文不值，纷纷从银行挤兑美元，导致美元短缺的情况非常突出，许多银行不得不下调了美元的每日取现额度。

2017 年 11 月 21 日，津巴布韦议会宣布穆加贝辞去总统职务，津巴布韦进入后穆加贝时代。2018 年下半年以来，津巴布韦债券货币兑美元的官方汇率和黑市汇率开始出现较大差距。2019 年 6 月 5 日，津巴布韦总统姆南加古瓦宣布，将在年内推出新的主权货币。2019 年 6 月 24 日，津巴布韦政府签署法令，宣布从即日起不再允许美元等外国货币在津巴布韦境内合法流通，在新津元发行前，债券货币是该国唯一合法流通的货币。

附录4 德国1923年发生的恶性通货膨胀

1914年6月28日（塞尔维亚国庆日），奥匈帝国皇储斐迪南大公夫妇在萨拉热窝视察时，被塞尔维亚青年加夫里若·普林西普枪杀，该事件成为第一次世界大战的导火线。第一次世界大战交战的一方为同盟国，主要包括德国和奥匈帝国，以及支持它们的奥斯曼帝国、保加利亚；另一方为协约国，主要包括英国、法国和俄国以及支持它们的塞尔维亚、比利时、意大利、日本等国。1917年，美国参加对德作战，中国等国也相继投入战争，协约国的阵营增加到27个国家。1918年11月，德皇退位，德国宣布投降，第一次世界大战结束。这场战争历时4年，有6500万人参战，1000多万人丧生，2000多万人受伤，30多个国家、15亿人卷入战争。

1919年1月19日，德国举行国民议会大选。1919年2月6日，德国国民议会在德国小城魏玛召开。1919年7月31日，德国国民议会通过了德国历史上第一部民主宪法，即《魏玛宪法》，德国成为一个议会民主制联邦共和国，史称魏玛共和国。战后，参战各国于法国巴黎召开了和平会议，简称巴黎和会。经过长达6个月的谈判，于1919年6月28日在凡尔赛宫签署和约，标志着第一次世界大战正式结束。

《凡尔赛和约》对战争发起国德国进行了严厉的惩治。根据《凡尔赛和约》，德国共需赔偿2260亿德国（黄金）马克（约合113亿英镑）（后减至1320亿德国马克）；阿尔萨斯和洛林割让给法国；萨尔煤矿归法国开采15年；莱茵河以西的领土由协约国占领15年；承认奥地利独立；将德国所有的海外殖民地分让给各协约国等。在协约国看来，只有这样才能惩罚这个战争罪犯，并避免在欧洲大陆再次出现一个强大的德国。

同盟国特别强调，赔偿款必须以黄金马克或同等价值的原材料进行支付。自1871年起，马克成为德意志国的官方货币。2790（黄金）马克相当于1公斤纯金，1美元=4.2黄金马克，1英镑=20.43黄金马克。随着“一战”爆发，1914年8月4日德国宣布停止以马克兑换黄金，有黄金支持的黄金马克变成了没有黄金支持的纸马克。

《凡尔赛和约》过分苛刻的条款引起许多人的强烈不满。协约国联军总司令福煦说："这只是二十年的休战。"魏玛共和国首任总理谢德曼说："谁要是签署这样的条约，他的手就会烂掉!"在巴黎和会上担任英国财政部首席代表的经济学家凯恩斯回到英国后，于当年写了一本名为《和平的经济后果》的著作，阐述了自己对德国赔偿问题的不同看法。在书中凯恩斯写道，"这是一个残忍的胜利者在人类文明史上所干出的最残暴的行为"。

在德国用煤炭和木材偿付战争赔款出现数次违约之后，战争赔偿委员会投票决定占领德国最大的工业区鲁尔，以执行《凡尔赛和约》的赔偿支付条款。1923 年 1 月，法国和比利时出动十万大军占领了德国的鲁尔区。德国政府呼吁鲁尔区的工人们拒绝侵略者的所有要求，进行消极抵抗，并承诺正常支付给他们工资。在这种情况下，德国政府不仅失去了来自其最重要工业区的财政收入，还必须给参加罢工的工人支付工资。德意志银行以政府债务货币化的方式开始大肆印钞，以维持政府巨大的财政支出，弥补巨额的财政赤字。

从 1923 年 5 月起，德国的通货膨胀开始失控。德国的股票指数在 1917 年刚刚超过 100 点，到了 1923 年 11 月就超过了 10 万亿点。寄 1 封信，在 1918 年初只需要 0.15 马克，到 1923 年 10 月则需要 200 万马克。"一战"结束时能买 5000 亿个鸡蛋的马克，到 1923 年 10 月只能买到 1 个鸡蛋。每份报纸的价格从 1921 年 1 月的 0.3 马克上升到 1923 年 10 月 15 日的 12 万马克，10 月 29 日的 100 万马克，11 月 9 日的 500 万马克，11 月 17 日的 7000 万马克。1 升牛奶的价格到 1923 年 11 月达到 3600 亿马克。工资的发放先是改为每周发放，进而改为按天发放。在通货膨胀最严重的时候，雇主一天要分两次支付工资。一位喝了两杯咖啡（每杯 5000 马克）的顾客，结账时花了 1.4 万马克。因为他忘记同时点两杯咖啡了，点第二杯咖啡时，咖啡已经涨价了。

那些依赖土地产出的农民，由于通货膨胀时期的产出并不会减少，他们选择囤积粮食和物物交换，因此避免了财富的严重缩水。在恶性通货膨胀中损失最为惨重是德国的中产阶级，他们苦心积累的存款很快就变得一钱不值了。中产阶级家中的钢琴、艺术品、做工精良的服饰、装帧精美的书籍在黑市上通常只能换到很少的食物。

在恶性通货膨胀期间，德国政府动用了 300 家造纸厂和 2000 台印刷机昼夜赶印钞票，但纸币仍不能满足交易的需要。到最后，为了提高钞票的印刷速度，先是改成单色印刷，继而又改成单面印刷，以节省钞票晾干的时间。德国马克到最后实际上已形同废纸。孩子们把成捆的马克当成积木，在大街上搭积木玩。人们甚至用马克代替木柴，投入火炉中取暖做饭，因为买木头比燃烧纸币更贵。后来，有两位经济学教授在绘制德国历年通货膨胀率的柱状图时，不得不在1923年的数据柱下用脚注说明："如果将该年度的数据柱画出，其长度将达到200万英里"。

1923年11月15日，德国政府决定终结恶性通货膨胀。德意志银行停止将政府债务货币化，废除了德国马克，发行了一种新货币——地租马克，1地租马克兑换1万亿德国马克。德意志银行通过干预外汇市场，将地租马克的汇率维持在1美元兑换4.2地租马克的水平上。这恰好是"一战"前美元与德国黄金马克之间的汇率。

1923年的这场恶性通货膨胀让德国元气大伤，人民的不满和失望情绪到达极点。民众最失望的时刻，往往是新兴政治势力野蛮生长的大好时机，这次登上历史舞台的是纳粹党和希特勒。纳粹党的全称是民族社会主义德国工人党。1933年，纳粹党通过选举上台执政，德国进入一个更加黑暗的时期。

第五章　通货膨胀、失业与菲利普斯曲线

一、对一个经济体平均价格水平的衡量

（一）价格指数

平均价格水平，指的是一组商品、服务或资产经过加权平均后的平均价格。

价格指数，指的是反映一组商品、服务或资产的平均价格水平变动趋势和相对程度的一种统计指标。

不同时期的收入、GDP、成本是不能进行简单比较的，因为在不同的时点上单位货币的购买力是不一样的。运用价格指数对这些带有货币单位的数据进行调整之后，不同时点上的数据才具备可比性。

例如，1931 年美国胡佛总统的年薪为 7.5 万美元，1999 年美国克林顿总统的年薪为 20 万美元，这两位总统谁的年薪更高一些呢？在用美国的 CPI 数据调整过之后，胡佛总统的年薪相当于 1999 年的 82 万美元。美国总统的年薪就其代表的实际购买力而言越来越低了。

主要的价格指数有消费者价格指数（CPI）、生产者价格指数（PPI）、GDP 平减指数等。此外，还有一些反映特定区域和特定种类商品、服务或资产平均价格水平的价格指数，如原材料燃料价格指数、不同食品的分类价格指数、农村居民消费价格指数、城市居民消费价格指数、农业生产资料价格指数、房地产价格指数、波罗的海干散货运价指数（BFI）、上证综合指数、道琼斯 30 种工业股票平均价格指数、标普 500 指数、MSCI 指数等。

（1）消费者价格指数（CPI）是最有影响力的价格指数，反映的是用于个人消费的物品和服务的平均价格水平。CPI 变化的百分率就是通货膨胀率。CPI 能较好地反映家庭部门生活成本或消费支出的实际变化。

在中国的统计指标体系中，居民消费价格指数扮演着 CPI 的角色。

居民消费价格指数，反映的是一定时期内城乡居民所购买的生活消费品和服务项目平均价格水平的变动趋势和相对程度，是对城市居民消费价格指数和农村居民消费价格指数进行综合汇总计算的结果。

城市居民消费价格指数，反映的是城市居民家庭所购买的生活消费品和服务项目的平均价格水平的变动趋势和相对程度。

农村居民消费价格指数，反映的是农村居民家庭所购买的生活消费品和服务项目的平均价格水平的变动趋势和相对程度。

在我国关于平均价格水平的统计指标体系中，与居民消费价格指数相类似的一个价格指数是商品零售价格指数，反映的是城乡商品零售价格平均水平的变动趋势和相对程度。

（2）生产者价格指数（PPI），反映的是企业在生产阶段购买的一揽子货物和生产性服务的平均价格水平的变化趋势和变动幅度。这些货物包括原材料、半成品和产成品。

中国的工业生产者价格指数包括工业生产者出厂价格指数和工业生产者购进价格指数。

工业生产者出厂价格指数，反映的是工业企业产品第一次出售时的平均出厂价格水平的变化趋势和变动幅度。

工业生产者购进价格指数，反映的是工业企业中间投入产品（如原料、燃料、动力等）的平均购进价格水平的变化趋势和变动幅度。

国家统计局统一编制全国和省级的工业生产者价格指数。指数编制的基本流程包括：确定调查产品目录；确定调查企业；确定各类调查产品的代表权数；搜集基础数据；计算各类 PPI。比较基期、调查产品目录、各类调查产品代表权数 5 年调整 1 次。

中国的工业生产者出厂价格调查产品目录，包括 1638 个基本分类的 20000 多种工业产品。工业生产者购进价格调查产品目录，包括 900 个基本分类的 10000 多种工业产品。

对全部规模以上工业企业（即年主营业务收入 2000 万元以上的工业企业）通过主观选样和抽样相结合的方式确定调查企业。对规模以下工业企业通过随机抽样的方式确定调查企业。目前，全国工业生产者价格调查企业近 6 万家，分布在430个调查市、县。

中国的工业生产者出厂价格指数，包括生产资料出厂价格指数和生活资料出厂价格指数两类指数。

生产资料出厂价格指数包括采掘工业、原材料工业、加工工业出厂价格指数。

生活资料出厂价格指数包括食品、衣着、一般日用品和耐用消费品出厂价格指数。

中国的工业生产者购进价格指数，包括燃料、动力类、黑色金属材料类、有色金属材料及电线类、化工原料类、木材及纸浆类、建筑材料及非金属类、其他工业原材料及半成品类、农副产品类、纺织原料类购进价格指数。

将食物及能源价格去除后的CPI和PPI被称为核心CPI（Core CPI）和核心PPI（Core PPI）。

由于食物及能源（特别是原油）的价格容易受到季节、气候以及政治事件等外部因素的影响，波动比较剧烈，所以，核心CPI和核心PPI更能反映出CPI和PPI的真实走势。

（3）GDP平减指数和CPI一样，也是一个衡量平均价格水平的指数，只不过它衡量的是一个经济体生产的所有最终产品和服务的平均价格水平。GDP平减指数，等于名义GDP与实际GDP的比值。

由于基年的名义GDP等于实际GDP，所以，基年的GDP平减指数等于1，其余各年的GDP平减指数是一个大于或小于1的数字，反映了该经济体各年平均价格水平的变化幅度。

例如，我们将1990年设定为基年，如果2015年的GDP平减指数是1.78，2016年的GDP平减指数是1.86，就意味着该经济体2016年的平均价格水平相对于2015年上涨了4.5%，相对于1990年的平均价格水平上涨了86%。

CPI与GDP平减指数均是描述平均价格水平变动趋势及相对程度的统计指标，二者在长期呈现同步变化的特点。但在短期，它们的变化有时并不完全同步。

CPI反映了包含进口商品在内的消费品和生活服务的平均价格水平的变动趋势及相对程度，而GDP平减指数只反映国内生产的商品和服务的平均价格水平的变动趋势及相对程度，不包含进口商品的价格变动因素。因此，有可能出现 GDP 平减指数和 CPI 没有同步变化的情况。

例如，如果消费品的价格没有发生变化而资本品价格上涨了，就会发生 GDP 平减指数上升而 CPI 不变的情况。如果进口消费品，如进口汽车、进口化妆品等商品的价格上涨了，进口消费品价格的这种变化就会反映在 CPI 中，但不会在 GDP 平减指数中得到反映。

（二）CPI 的统计

计算 CPI 时，首先要确定一揽子有代表性的样本商品和服务。

在现实生活中，住户部门消费的商品和服务的种类数以千计，但我们最常消费的商品和服务不过数百种而已。这些商品和服务大体上可分为食品饮料、水果蔬菜、服装、住房、家具、汽车、家用电器、交通、通信、娱乐、医疗、水电天然气、学费等几大类。这些商品和服务对消费者来说最为重要，它们的价格涨跌对消费者生活成本的影响也最大。因此，用这一揽子商品和服务来代替住户部门消费的所有商品和服务，既可以大大节约统计成本，又能比较真实地反映出平均价格水平变化对消费者日常生活的影响。

样本商品和服务是在统计部门定期对住户部门的消费结构进行调查的基础上确定的。

中国编制居民消费价格指数的样本商品和服务的构成及权重，主要根据全国城乡 12 万户居民家庭消费支出构成数据和其他相关资料来确定。

在通常情况下，统计部门每五年会进行一次居民消费模式的大规模调查，以根据居民消费模式的变化更新样本商品和服务的构成及权重。确定了样本商品和服务后，统计部门会在全国不同的城市采集这些商品和服务的价格信息并进行平均价格水平的计算与比较。我国的居民消费价格指数是对全国 550 个样本市、县近 3 万个采价点进行价格信息采集的基础上计算出来的。

在计算 CPI 时，显然不会将这几百种商品和服务的价格进行简单加总。这些商品和服务在住户部门日常支出中所占的比重是不一样的，这意味着这些商品和服务的价格变动对住户部门生活成本变化的相对重要性是不同的。所以，统计部门根据住户部门在不同样本商品和服务上的支出占日常消费总支出的比重来确定它们在 CPI 计算中的权重。

中国 CPI 统计中的样本商品和服务采用一揽子样本商品和服务，包括食品、烟酒及用品、衣着、家庭设备用品及服务、医疗保健及个人用品、交通和通信、娱乐教育文化用品及服务、居住等八大类，263 个基本分类，共约 700 个品种。八大类商品和服务的权重分别为 34%、4%、9%、6%、10%、10%、14% 以及 13%。

计算 CPI 还需确定某一年份为基年，将基年的一揽子样本商品和服务的价格根据各自的权重进行加总，然后再将某年的一揽子样本商品和服务的价格根据相应的权重进行加总，二者的比率就是 CPI。基年的 CPI 为 1。为了使用方便，通常将这个比率乘以 100。

（三）CPI 统计方法的局限性

CPI 并不是反映生活成本变化的一个完美指标。在 CPI 的统计中存在三个难以完全克服的局限性。

1. CPI 是一种固定权重指数

也就是说，样本商品和服务的权重在一段时间内是固定不变的，但样本商品和服务的相对价格是不断变化的。消费者显然会对这种相对价格的变化做出反应。如在居住类平均价格水平上涨的同时，会相应减少在休闲娱乐方面的支出。这样，由于 CPI 的统计假定消费者的消费结构在一段时期内保持不变，统计出来的 CPI 就会与消费者实际生活成本的变化幅度出现差异。

2. CPI 难以反映样本商品和服务的质量变化

CPI 统计的是一揽子样本商品和服务的价格，而不是一揽子质量固定的样本商品和服务的价格。

在科技进步异常迅速的今天，一些商品和服务的质量处于不断提高的过程中，特别是电子通信类产品。样本商品和服务的质量提高意味着消费者维持同样生活质量所需承担的费用更少了。在样本商品和服务的质量提高以后，如果它的价格也上升了，这种价格变化就不再是单纯反映币值的变化了。在这种情况下，统计出的通货膨胀率就会高于实际的通货膨胀水平。

同样，当原材料涨价时，样本商品和服务有可能在价格不变的情况下，因为偷工减料或减量而出现质量或数量下降的问题，如每瓶啤酒的毫升数减少了，衬衣的布料变差了。这意味着消费者要维持相同的生活质量需要承担更高的费用。在这种情况下，统计出的通货膨胀率就会低于实际的通货膨胀水平。

3. CPI 难以反映新产品的引进

一揽子样本商品和服务在一段时间内是相对固定的，但消费者的实际生活成本无疑会受到那些没有包含进 CPI 统计中的新产品的影响。此外，节日打折、商场积分、赠送赠品、返券以及其他名目繁多的促销策略也使商品标签上的价格和实际售价不一致。

另外，不同社会群体的消费结构差别很大。例如，青年人和退休人员的消费结构就有很大的不同。所以，CPI 难以准确反映出不同社会群体生活成本的真实变化。解决的办法就是编制针对特定社会群体的 CPI 指数。

完善 CPI 统计方法具有重要意义，因为 CPI 作为我们监测经济体“体温”的一个重要指标，是许多宏观经济政策的重要决策依据。比如：要不要给政府公务员涨工资？要不要调整最低工资标准？要不要提高退休人员的基本养老金？要不要实行从紧的货币政策？

（四）为什么住宅价格不计入 CPI

按照联合国统计委员会向各成员国推荐的国民经济核算体系（SNA）1993 年国际标准，住宅价格不计入 CPI 的统计。根据国民经济核算的国际标准，住宅购买属于固定资产投资范畴。

如果中国的统计规则将住宅价格纳入 CPI 的统计中，中国的 CPI 与世界其他各国家的 CPI 就不具可比性了。一个既反映资产平均价格水平变动，又反映消费品平均价格水平变动的价格指数，就不再是 CPI 了。

CPI 反映的是与居民即期消费密切相关的消费品及服务项目的平均价格水平的变动，因此 CPI 的统计不包含房地产的价格。

住宅通常能使用数十年，也就是说住宅的购买与消费在时间上是严重脱节的，其中的差额属于由储蓄（或贷款）转化而来的一种固定资产。

住宅与私人飞机、豪华游艇等昂贵耐用消费品不同的一个重要特点是，住宅的实际市场价值通常会随经济的增长不断升值，所以，购买住宅属于一种投资行为，而非消费行为。

没有将住宅价格计入 CPI，不等于 CPI 完全不反映住宅平均价格水平的变化。住宅平均价格水平的变化对 CPI 的影响，是通过 CPI 统计中与住宅相关的四类商品和服务的价格变化来反映的：

（1）建筑材料和装修材料的价格；

（2）住宅租金；

（3）物业管理费与住宅维修基金；

（4）水、电、燃料的价格。

在我国目前的 CPI 统计方法中，居住类商品和服务的权重仅为 13.2%，明显低于 30%的国际平均水平。例如，美国为 42.1%，加拿大为 36%。由于在 CPI 的编制方法上淡化了居住类商品和服务的平均价格水平变动对 CPI 的影响，就使 CPI 难以反映出居民实际消费支出的变化幅度。

（五）通货膨胀与通货紧缩

通货膨胀，是指一个经济体平均价格水平的上升。一个经济体平均价格水平的变动趋势及相对程度用通货膨胀率来表示。

经济学家通常用消费者价格指数（CPI）来表示一个经济体的通货膨胀率。某一时期的通货膨胀率等于该时期 CPI 变化的百分比。

N 年的通货膨胀率=［N 年的 CPI-（N-1）年的 CPI］/（N-1）年的 CPI×100%

例如，我们假定 1990 年的 CPI 为 100，2015 年的 CPI 为 178，2016 年的 CPI 为 184，则 2016 年的通货膨胀率为：

（184-178）/178×100%=3.3%。

通货紧缩，是一个与通货膨胀相对应的概念，是指一个经济体平均价格水平下降的状态。

在我们生活的这个时代，通货紧缩很少发生。但在马克思生活的那个年代，通货紧缩却是频繁发生的，是经济周期中经济危机阶段的一个重要特征。那时的西方国家政府普遍信奉市场能够很快自动恢复正常的教条，大多数国家还没有成立中央银行，不同的商业银行各自发行自己的银行券。实行金本位制的货币制度也限制了中央银行通过扩张性货币政策刺激社会总需求、干预宏观经济运行的能力。在经济危机期间，产能严重过剩、库存快速上升、大量企业破产倒闭、银行利率上升、投资骤减通常会产生严重的失业和通货紧缩。

由于在发生通货膨胀的过程中，并不是所有的物品、服务和资产的价格都以相同的速度均匀上升，也不是所有家庭的可支配收入都以相同的速度增长。

因此，有的人会在通货膨胀中遭受损失，有的人反而会因通货膨胀受益。通货膨胀具有财富再分配功能。受益还是受损，取决于持有的是什么类型的资产、借没借债、可支配收入的增长速度高于还是低于通货膨胀率。

例如，在发生恶性通货膨胀的情况下，持有现金、银行储蓄的人将蒙受巨大损失。而持有黄金、硬通货、优质公司股权、固定资产等类型资产的人就能较好地避开本币贬值所带来的风险。在没有对借据进行指数化处理的情况下，债务人拿正在快速贬值的钞票还债，债权人将会因此而蒙受损失。持有长期非指数化租赁合同的承租人，会从实际租金的下降中获益，出租人则会因实际租金收入下降蒙受巨大损失。在累进的所得税制下，通货膨胀会使政府的税收收入以更快的速度增长。

（六）指数化措施

许多经济变量能根据法律条文或商业契约的事先约定，随通货膨胀率的变动自动调整。这种规避通货膨胀风险的措施被称为指数化措施。

通过对特定经济变量进行指数化处理，我们能够自动消除通货膨胀因素对这些经济变量实际值的影响。

能够进行指数化处理的经济变量很多，如最低工资标准、基础工资、基本养老金标准、所得税课税标准、长期租赁价格、名义利率等。

对于长期雇佣合同，如果基础工资采取指数化短期调节机制，基础工资每年随通货膨胀率自动调整，就能较好地避免基础工资的实际购买力受到通货膨胀因素的影响。

基本养老金采取指数化定期调节机制，能保证退休者的基本生活不会受到通货膨胀因素的影响。

所得税课税标准采取指数化定期调节机制，也是为了保证纳税人的税收负担不会因通货膨胀因素而加重。

例如，月收入在3500元~7000元的个人所得税税率为10%，3500元以下的所得税税率为5%。如果你的月收入原来为3499元，由于发生了通货膨胀上升为3500元，你承受的所得税税率就会提高5%。

对银行存贷款利率进行指数化管理，能够保证实际利率不会因为通货膨胀率发生变化而变化。存款类金融机构对外公布的利率为名义利率，名义利率减去当期的通货膨胀率为实际利率。

就储蓄存款而言，名义利率告诉你的是银行账户里的存款数字变化有多快，实际利率告诉你的是银行账户里的存款数字所代表的购买力变化有多快。在没有对利率进行指数化管理的情况下，当通货膨胀率超过名义利率时，实际利率就变成负值了，即所谓的负利率。在负利率情况下，一定数量的银行储蓄所代表的购买力会变得越来越小。

二、对一个经济体失业程度的衡量

失业是最容易观察到的经济现象之一。失业不仅是一个经济问题，也是一个社会问题。

失业意味着人力资源和与之相匹配的自然资源和资本得不到利用，意味着失去了本可以得到的物品和服务，意味着一个经济体远离了它的生产可能性边界。经济研究表明，美国在1929—1939年的经济大萧条期间，平均失业率达到18.2%，实际GDP和潜在GDP之间的差额平均为2420亿美元，占同期GDP平均值的27.6%。

失业又是个严重的社会问题。绝大多数人都是依靠工资性收入来维持生活的。失去工作，不仅意味着失业者的生活水平会降低，失业者和他们的家庭还会因此而遭受难以用金钱衡量的精神痛苦，失业使他们失去人生的成就感、安全感和自信心。失业还会引起犯罪率、自杀率、疾病发病率的上升和家庭暴力的增多。

每个负责任的政府都会将充分就业当作施政的一个重要目标，每个想赢得选民支持的政治家都会将促进充分就业目标的实现当作自己竞选活动的一个重要主题，失业率也是各国中央银行调整货币政策的一个重要依据。如何对一个经济体的失业程度进行准确衡量，对于宏观经济政策的选择至关重要。

（一）失业

如果一个人在接受调查前一周的大部分时间里从事着有酬工作，这个人就会被当作就业者。如果一个人正在寻找工作或等待新工作的开始，他就被看作是失业者。

如果一个人不愿在目前的竞争性市场工资水平下就业，自愿选择失业，他就不再被看作是失业者，而被统计为自愿失业者。

一个人选择自愿失业，可能是因为他在现有的工资水平和失业津贴标准下，更喜欢享受闲暇和失业津贴，也可能选择做无薪工作，如选择做一名环保志愿者。

劳动人口是就业人口与失业人口之和。在中国的统计体系中，劳动人口被称为经济活动人口。

如果一个人既不属于就业者，又不属于失业者，如自愿失业者、学生和退休者，他就被归入非劳动人口。

劳动年龄人口（15~59 岁）不等于劳动人口或经济活动人口。中国国家统计局以 2015 年 11 月 1 日零时为标准时点进行的全国 1%人口抽样调查显示，中国的总人口为 13.7 亿人，劳动年龄人口为 9.08 亿人，占全国总人口的 66.3%。全国就业人口为 7.7 亿人，其中城镇就业人口为 3.93 亿人。

在美国，失业方面的数据由美国劳工部下属的劳工统计局发布。美国劳工统计局采用随机抽样的方式收集相关数据，这些数据来自对全美随机抽取的 6 万多户家庭的定期调查。这 6 万户家庭涵盖了美国的乡村和城市的 11 万劳动人口。被调查者会被归入就业者、失业者和非劳动人口三类中的某一类。

在抽取这 6 万户家庭前，整个美国被划分成 2025 个地理区域（即取样单元），美国劳工统计局从中选出 824 个取样单元，代表美国各州、各区域以及华盛顿哥伦比亚特区。

被抽样调查的 6 万户家庭中每月会有 1/4 进行更换，以防止有的家庭连续 4 个月被调查。每个月，会有 2200 名训练有素的调查员访问这 6 万户家庭，对他们的工作状态、出生日期、性别、种族、婚姻状况、受教育程度等信息进行详细记录，并录入随身携带的便携式电脑中。这些数据被即时传输到位于华盛顿的劳工统计局总部，最终汇总生成有关失业情况的一系列数据。

在中国，就业和工资方面的统计数据由国家统计局人口与就业统计司、人力资源和社会保障部、国家工商行政管理总局共同提供。

（二）失业率、平均失业周、劳动参与率

失业率，是指失业人数在劳动人口中所占的百分比，7%通常被认为是失业

率的警戒线。

在美国的失业统计中，还有三个失业率的配合指标——平均失业周、就业人口比率、劳动参与率。

平均失业周，用于反映失业者的平均失业时间。

就业人口比率，是指15岁及以上的就业人口占15岁及以上国内总人口的比率。经济学家认为这个指标比失业率更客观，因为不需要做出被调查者是否在积极寻找工作这样的主观判断。

劳动参与率，是指劳动人口或经济活动人口在劳动年龄人口（15岁及以上）中所占的比率。这个比率说明了一个经济体的劳动年龄人口中有多大比例的人进入了劳动力市场，以此衡量一个经济体的劳动年龄人口参与经济活动的状况。

伴随着经济发展和社会进步，不同经济体的男性劳动参与率与女性劳动参与率之间的差距在不断缩小，男性和女性在现代经济活动中发挥着越来越平等的作用。

女性劳动参与率提高的主要原因有：妇女受教育程度的提高；职场性别歧视的减少，男女工资水平差距不断缩小；节育技术的发展；抚育子女的经济成本和机会成本不断提高；家庭生产技术的进步所带来的家务劳动生产效率的提高；家务劳动社会化程度的提高；家庭规模不断缩小；对女性进入职场的社会态度的转变等。这些原因使女性的生育率不断下降，劳动参与率不断提高。

例如，洗衣机、烘干机、电冰箱、冷藏柜、电烤箱、微波炉、洗碗机等家用电器的出现与改进大大提高了家务劳动的效率，减少了完成正常家务活动所需的时间。服务业的发展，家庭收入的提高，也使越来越多的家庭选择将一些类型的家务外包给企业，通过市场购买来获得，如请钟点工、叫外卖、购买成品和半成品食物、衣物清洗、宠物护理等。

与女性劳动参与率不断提高形成对比的是男性劳动参与率存在轻微的下降。可能的原因有：男性在学校读书的时间比他们的父辈和祖辈更长；平均寿命的延长使退出劳动市场的男性老年人在男性劳动年龄人口中所占的比例提高了；随着已婚女性离开家庭进入职场，现在有比过去更多的男性离开职场回到家庭，从事无薪的家务劳动。

（三）中国的城镇登记失业率和调查失业率

目前我国的失业率统计主要采用两种方法，城镇登记失业率和城镇调查失业率。

城镇登记失业率，是指在报告期末城镇登记失业人数占期末城镇从业人员总数与期末实有城镇登记失业人数之和的百分比。

城镇登记失业率=城镇登记失业人数/［（城镇单位就业人员-使用的农村劳动力-聘用的离退休人员-聘用的港澳台及外方人员）+不在岗职工+城镇私营业主+城镇个体户主+城镇私营企业及个体就业人员+城镇登记失业人数］×100%

城镇登记失业人员，是指非农业人口，在劳动年龄（16 周岁至退休年龄）内，有劳动能力，无业且要求就业，并在当地就业服务机构进行求职登记的人员。但不包括：①正在就读的学生和等待就学的人员；②已经达到国家规定的退休年龄或虽未达到国家规定的退休年龄但已经办理了退休（含离休）、退职手续的人员；③其他不符合失业定义的人员。

城镇登记失业率的统计口径较窄，仅包括城镇劳动力中的登记失业人员，排除了国有企业下岗未就业人员、持农村户口的城镇失业人员和所有未登记城镇失业人员。

期末城镇从业人员总数，是指辖区内城镇劳动年龄人口中 16 岁至退休年龄、有劳动能力、在调查周内从事 1 小时以上社会劳动并取得劳动报酬或经营收入的人员，以及由于学习、休假及其他原因（如天气、设备维修、动力不足、原材料短缺等）在调查周内暂时处于未工作状态的人员，或离开本单位仍保留劳动关系的职工，不包括聘用的离退休人员、港澳台及外籍人员和使用的农村劳动力。

由于许多城镇失业者并不一定去登记，在城镇就业的农村居民也不被纳入统计范围，因此近些年公布的试点城市的城镇登记失业率总是低于城镇调查失业率。更为严重的一点是，城镇登记失业率（以及城镇调查失业率）已渐渐失去了与宏观经济运行状况的联系，波动很小。这个特征使城镇登记失业率（以及城镇调查失业率）饱受诟病，并逐渐失去其本该具有的权威性。

2018 年 2 月 28 日，国家统计局发布的《2017 年国民经济和社会发展统计公报》显示，2017 年末中国的城镇登记失业率为 3.9%，比上年末下降了 0.12

个百分点，为 2002 年以来的最低水平。同期全国 31 个大城市的城镇调查失业率和全国城镇调查失业率均在 5%以下，处于近年来的低位。

城镇调查失业率，是指城镇调查失业人数占城镇调查从业人数与城镇调查失业人数之和的百分比。

调查失业率是根据城镇劳动力情况通过抽样调查所取得的城镇就业与失业数据汇总而成的。即通过经过培训的调查人员，采取访谈形式，向有代表性的人群提出具有普遍意义的问题，如家中有什么人、是否都有工作、是否可以工作以及采取了何种措施寻找工作等，来进行调查统计的。

城镇调查失业率比城镇登记失业率能更真实地反映出实际的城镇失业率。未来中国统计部门发布的调查失业率，将不仅涵盖城乡的全口径调查失业率，还会同时发布城镇和农村地区的分项调查失业率。

2010 年 3 月，中国国家统计局与人力资源和社会保障部提出，将在“十二五”（2011—2015 年）时期正式实施调查失业率制度，由国家统计局进行统计。之前，我国主要采用登记的方法统计失业率，由人力资源和社会保障部进行统计。

从 2009 年开始，国家统计局建立了覆盖 31 个大城市的劳动力调查制度，按月统计劳动力资源和失业人口情况。

2013 年，国家统计局将开展月度劳动力调查的大城市增加到 65 个。

2015 年 7 月，国家统计局又将开展月度劳动力调查的城市扩展到全部地级市。

2018 年 4 月，中国开始正式发布城镇调查失业率。2018 年 1—3 月的全国城镇调查失业率分别为 5.0%、5.0%和 5.1%，分别比上年同月下降了 0.2 个、0.4 个和 0.1 个百分点；31 个大城市的城镇调查失业率分别为 4.9%、4.8%和 4.9%，分别比上年同月下降了 0.1 个、0.2 个和 0.1 个百分点（中国的经济增长率同期在不断下降）。

在未来，城镇调查失业率和通货膨胀率将会取代 GDP 增长率成为中国政府进行宏观经济调控的主要政策目标。

（四）失业的种类

经济学家将失业分为四类：摩擦性失业、季节性失业、结构性失业和周期性失业。

1. 摩擦性失业

摩擦性失业，指的是由劳动力流动性问题而导致的失业。

不同求职者对工作地点、工作环境、工作时间、薪资水平、发展空间、在职培训等方面的要求是不同的。不同工作岗位对求职者在工作经验、职业培训经历、教育经历、外语能力、年龄、性别、户籍等方面的要求也是不一样的。处于搜寻招聘信息、进行面试、等待录用、办理入职手续等阶段的失业者所经历的失业就是摩擦性失业。摩擦性失业是一种在寻找工作的过程中发生的失业。摩擦性失业持续的时间通常较短。

对于任何经济体，摩擦性失业都无法完全避免。任何一个经济体的经济活动都处于不断变动的过程之中，每天都有新的企业诞生，原有的企业破产倒闭；新的产业不断产生，一些传统产业逐渐走向衰落，甚至消失；新的职业不断诞生，一些传统的职业会逐渐消失。

虽然摩擦性失业无法完全避免，但这并不意味着摩擦性失业不可减少。劳动力市场不完善、劳动力供求信息不完全、职场歧视、户籍制度等均是导致摩擦性失业的重要原因。因此，任何提高劳动力市场效率的措施都能起到减少摩擦性失业和降低自然失业率的作用。政府在消除职场歧视、取消户籍制度方面发挥着决定性的作用。

2. 季节性失业

季节性失业，指的是由某些部门因季节原因产生的间歇式生产特征所造成的失业。

农业、航运、旅游、休闲娱乐、捕捞、建筑、制糖等部门对劳动力的需求就会随季节的变化而变动。例如，从事游泳教练、滑雪教练、收割采摘等工作的人，在工作季节结束后如果没有及时从事新的工作，就会处于一种季节性失业的状态。

3. 结构性失业

结构性失业，指的是由劳动者的技能、经验、年龄、性别、地区、主观愿望等因素决定的劳动力供给结构与需求结构不匹配所造成的失业。

产业结构的变化是产生结构性失业的主要原因。如果劳动力市场对一种劳动力的需求增加或减少了，这种劳动力的供给没有及时做出调整，就会产生结构性失业。如制衣工人过剩而软件人才不足，农民过剩而国际营销人才不足等。

由工资刚性所导致的失业也属于结构性失业。工资刚性，指的是雇员的工资等级一经确定就相对稳定，具有一种（向下的）刚性或黏性，很难随劳动力需求的减少而降低。雇佣合同、最低工资制度、工会的力量，以及降低名义工资对雇员工作效率所产生的不利影响，均是工资刚性形成的主要原因。

如果一个失业者经历的是结构性失业，就意味着他所面临的失业将会持续一段较长的时间。

4. 周期性失业

周期性失业，指的是因社会总需求不足所造成的一种短期失业。

周期性失业主要发生在经济衰退期间，这时整个劳动力市场的供给和需求处于失衡状态。而结构性失业在劳动力市场的供给和需求处于均衡状态时也会发生。

在经济衰退期间，由于劳动力市场对劳动力的整体需求下降，不同行业失业率的上升具有明显的同步性。这种因宏观经济形势恶化所造成的失业就被称为周期性失业。西方主要工业国家在 20 世纪 30 年代经济大萧条期间所经历的失业就是典型的周期性失业。

由于自然失业由摩擦性失业、结构性失业以及季节性失业组成，因此，周期性失业率也可以理解为高于自然失业率的失业率。

三、菲利普斯曲线

（一）痛苦指数

美国经济学家阿瑟·奥肯在 1960 年提出痛苦指数这一指标，用以反映一个经济体居民因失业和通货膨胀而遭受的精神痛苦的严重程度。

痛苦指数=失业率+通货膨胀率

居民痛苦指数的计算方法几经修订，目前采用比较多的计算方法是：

痛苦指数=失业率+通货膨胀率+贷款利率−实际人均 GDP 的年增长率

根据美国约翰霍普金斯大学经济学教授汉克编写的《2018 年国家痛苦指数报告》，委内瑞拉、阿根廷、巴西是该年度世界上最痛苦的国家，最不痛苦的国家为泰国、匈牙利、日本、奥地利、中国和瑞士。

(二) 短期菲利普斯曲线

菲利普斯曲线，是用来描述失业率与通货膨胀率之间关系的曲线。

菲利普斯曲线由新西兰经济学家威廉·菲利普斯于1958年在《1861—1957年英国失业率和货币工资变动率之间的关系》一文中最先提出。

美国经济学家萨缪尔森和索洛1960年在《美国经济评论》上发表了《关于反通货膨胀政策的分析》的研究成果。在这篇论文中，萨缪尔森和索洛不仅将菲利普斯提出的这种关系命名为菲利普斯曲线，而且将原来描述失业率与货币工资变动率之间交替关系的菲利普斯曲线，发展成为描述失业率与通货膨胀率之间关系的菲利普斯曲线。

在短期，失业率与通货膨胀率之间在某些情况下存在一种此消彼长的相互交替关系。当失业率上升时，通货膨胀率常常会下降。当失业率下降时，通货膨胀率常常会上升。

短期菲利普斯曲线的政策含义是，在短期，宏观经济管理部门可以运用扩张性的宏观经济政策，以更高的通货膨胀率为代价降低失业率；或通过实施紧缩性的宏观经济政策，以更高的失业率为代价降低通货膨胀率（见图5-1）。

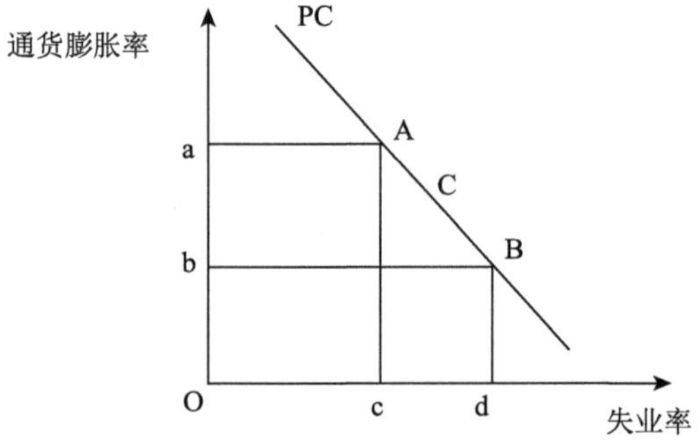

图5-1 短期菲利普斯曲线

在短期，通货膨胀率和失业率之间之所以存在相互交替的关系，是总需求曲线沿总供给曲线移动的结果（见图5-2）。

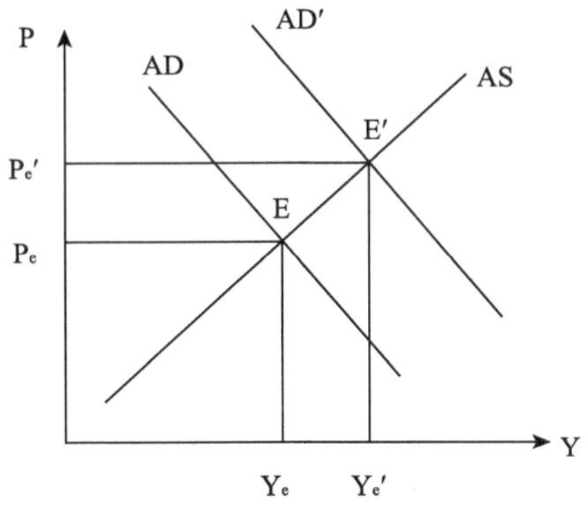

图 5-2　短期总供给曲线和短期总需求曲线

在短期，宏观经济管理部门运用扩张性的宏观经济政策扩大总需求，总供给量随之增加。由于总供给能力在短期并没有发生变化，失业率会下降。同时，由于货币供给量增加，通货膨胀率会上升。所以，在短期，宏观经济管理部门可以通过牺牲通货膨胀率来降低失业率。

反之，运用紧缩性的宏观经济政策，在短期可以通过牺牲失业率来降低通货膨胀率。

（三）长期菲利普斯曲线

在长期，菲利普斯曲线是一条垂直于自然失业率的直线，失业率与通货膨胀率之间并不存在此消彼长的相互交替关系。

长期菲利普斯曲线的政策含义是，在长期，扩张性宏观经济政策不仅不会对失业率产生影响，还会使通货膨胀率不断上升。在长期，一个经济体的失业率趋向于其自然水平——自然失业率，即一个经济体在长期可持续的失业率（见图 5-3），这就是弗里德曼的自然率假说。

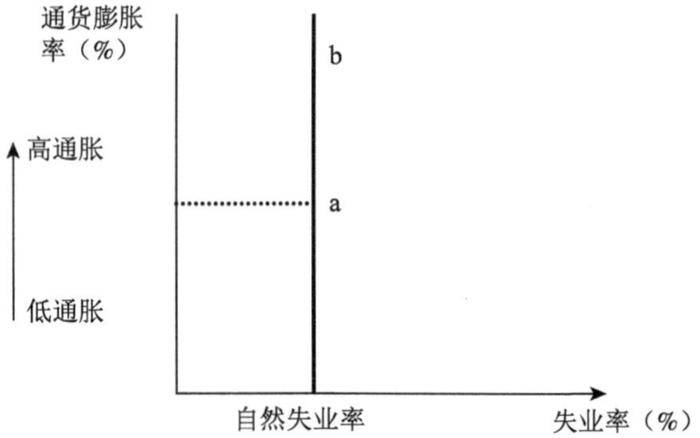

图 5-3　长期菲利普斯曲线

任何一个经济体在任何情况下都会存在某种程度的失业。一个经济体在不同时点上的失业率是不一样的，但在一个较长的时期，不同时点上的失业率会围绕某个失业率上下波动。这个无法完全消除的、在无加速通货膨胀情况下也会长期存在的失业率就被称为自然失业率。自然失业率有时也用长期平均失业率来表示。

如果一个经济体的失业率处于自然失业率水平，我们就说这个经济体实现了充分就业。从这个角度理解，我们也可以将自然失业率看作是一个经济体处于其生产可能性边界曲线之上时的失业率。

自然，并不代表这个失业率对于这个经济体来说是最佳的或合意的，也不代表这个失业率是一个不受制度或政策影响的常数。自然失业由摩擦性失业、结构性失业和季节性失业组成，所以，任何能够影响摩擦性失业、季节性失业和结构性失业的因素都会影响到该经济体的自然失业率。

完善劳动力市场、更好地保护私有产权、减少政府不合理的经济管制、对国有企业进行民营化改革、减税、实施更加严格的反垄断法和反不正当竞争法、改革户籍制度、完善职业教育和培训体系、消除就业（地域、性别、学历）歧视等措施都有助于降低一个经济体的自然失业率。

（四）附加预期的菲利普斯曲线

为了更好地解释通货膨胀率和失业率之间的关系，弗里德曼将一个新的变量——预期的通货膨胀率引入他的分析当中。

人们在对他们所关心的相关经济变量进行预期时，会尽可能充分地运用他们所掌握的全部信息，做出尽可能准确的预期，这种预期被称为理性预期。理性预期并不一定是正确的预期，理性预期的结果常常是错误的。理性预期仅仅意味着理性经济人会努力利用他们所拥有的全部信息做出尽可能正确的预期。

如果市场参与者在进行各种决策时较为准确地预期到经济政策，如货币政策的实际后果，提前采取了预防性措施，经济政策对实际经济活动的影响将会大大减弱，甚至消失。

因此，在短期，只有出乎意料的扩张性经济政策才能带来未预期到的通货膨胀，只有未预期到的通货膨胀才能对失业率产生影响。这是因为未预期到的通货膨胀率会使生产者对他所面临的市场供求关系产生一种供不应求的错觉，误导其做出提高产出规模的生产决策。预期的通货膨胀率与实际发生的通货膨胀率之间的差距越大，扩张性经济政策对失业率的影响就越大。但出乎意料的扩张性经济政策会加剧经济的波动。

在长期，由于人们能够预期到扩张性经济政策产生的全部后果，预期的通货膨胀率等于实际发生的通货膨胀率，所以，通货膨胀率和失业率之间的交替关系消失，扩张性经济政策只能带来通货膨胀率的上升，而无法影响失业率。在长期，失业率会回到自然失业率水平。

结论就是，运用扩张性经济政策通过牺牲通货膨胀率降低失业率，代价很大，效果微弱。

同样，当中央银行为了降低通货膨胀率而实行紧缩性货币政策时，只要中央银行表现出可信的治理通货膨胀的决心，即市场参与者相信中央银行会信守承诺减少货币供给量，市场参与者就会迅速调整他们对未来通货膨胀率的预期。因此，由于理性预期的存在，中央银行为降低通货膨胀率而需牺牲的失业率，要比没有考虑到市场参与者会做出理性预期时小得多，经历的时间也会短得多。

经济学家用牺牲率来描述为降低通货膨胀率，一个经济体需要在产出方面承担的代价。牺牲率等于 GDP 下降的百分比除以通货膨胀率下降的幅度，即两个百分比之比。

结论：实际的短期菲利普斯曲线，比没有考虑理性预期因素的短期菲利普斯曲线陡峭得多（见图 5-4）。

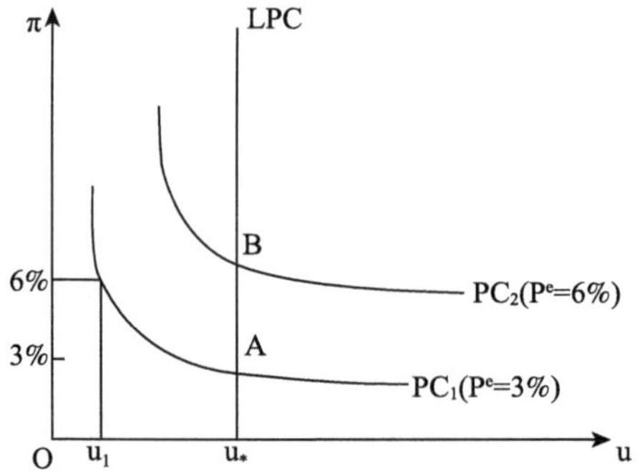

图 5-4　附加预期的菲利普斯曲线

如果实际的通货膨胀率为 6%（或 3%），预期的通货膨胀率也为 6%（或 3%），扩张性经济政策对失业率不会产生影响，失业率位于自然失业率水平。

如果实际的通货膨胀率为 6%，预期的通货膨胀率为 3%，由于存在未预期到的通货膨胀，扩张性经济政策能够降低失业率，失业率由 u_* 向左移动到 u_1。

参考文献

[1] 阿瑟·塞西尔·庇古. 论失业问题［M］. 北京：商务印书馆，2014.

[2] 罗伯特·巴罗. 货币、就业和通货膨胀［M］. 北京：商务印书馆，2015.

[3] 布莱恩·斯诺登，霍华德·R. 文. 现代宏观经济学［M］. 江苏：江苏人民出版社，2009.

[4] 乔治·J. 鲍哈斯. 劳动经济学［M］. 北京：中国人民大学出版社，2017.

[5] 保罗·萨缪尔森，威廉·诺德豪斯. 萨缪尔森谈失业与通货膨胀［M］. 北京：商务印书馆，2012.

[6] 国家统计局. 2011 国民经济行业分类注释［M］. 北京：中国统计出版社，2011.

[7] 国际劳工组织. 消费者价格指数手册［M］. 北京：中国财政经济出版社，2008.

[8] 阿瑟·刘易斯. 经济增长理论［M］. 北京：商务印书馆，1999.

[9] 阿瑟·奥肯. 平等与效率［M］. 北京：华夏出版社，2010.

第六章　限制性国际贸易政策分析

一、自由贸易与贸易限制

（一）绝对优势与比较优势

我们每个人都不是只能生产某种特定的物品或提供某种特定的服务。我们不是扳手，只能拧螺丝。我们能做许多事情，但我们只做很少的事情，并在此基础上与他人展开分工与交换。人们之所以选择相互依存，展开分工与交换，而不是自给自足，是因为分工产生效率。

在现代社会，我们每个人都离不开其他人生产的物品和所提供的服务。不同的企业和国家之间也是如此。即使世界上最有竞争力的公司也不会涉足它有能力击败竞争对手的所有领域，如丰田公司不会同时生产家用轿车、重型卡车、摩托车、自行车。即使最先进的经济体，如美国，也和许多落后的经济体展开大量的国际贸易。当分工与交换在不同国家（经济体）之间展开时，就出现了国际贸易。经济学家用绝对优势原理和比较优势原理来解释国际贸易为什么会发生。

如果一个企业（或一个经济体）在生产某种物品或提供某种服务上具有最高的生产效率（或最低的成本），我们就说这个企业或这个经济体在生产这种物品或提供这种服务方面具有绝对优势。如果某个企业（或某个经济体）在它能够生产的所有物品中，在某种物品或服务上具有绝对优势，它放弃生产其他物品或服务而专注于生产自己具有绝对优势的物品或服务，就能实现利润的最大化（经济利益的最大化）。因为这意味着它将其拥有的生产要素配置在了能最有效率地利用它们的领域。

但是，在自由竞争的环境中，一个人只能从事自己具有绝对优势的工作吗？

一个企业只能生产自己具有绝对优势的产品吗？如果一个人或一个企业在所有的方面都不具备绝对优势，他或它就无法与其他人或其他企业展开分工与交换吗？显然不是。

尽管教授刷试管的速度可能比一个刚毕业的大学生还要更快一些，但教授还是会雇佣一个刚毕业的大学生做他的助手，以便他能够集中精力做更重要的事情。同样，尽管美国在很多领域都具有绝对优势，但在市场力量的推动下，美国的经济活动主要集中于芯片、软件、制药、医疗、飞机制造、金融服务、影视产品、农产品等有限的领域。经济学家用比较优势原理来解释这种现象。每个经济体都能生产许多种产品，如果某个经济体的生产者能以低于其他经济体的机会成本生产同一种产品时，我们就说这个经济体在该商品的生产上具有比较优势。一个经济体如果把生产要素配置在自己具有比较优势的领域，去生产那些机会成本比较低的物品，就能够获得更大的产出。

比较优势原理既适用于解释不同个人、企业之间的分工与交换，也适用于解释不同经济体之间的贸易活动。在自由竞争环境下，依靠市场机制就能把一个经济体的生产要素配置在它具有比较竞争优势的领域，自然形成基于比较优势的产业结构，在国际分工体系中找到自己的位置。一个经济体具有比较优势的产业只有通过自由竞争才能发现与确定。

比较优势原理只是解释了国际间的贸易活动为什么会发生。一个经济体具有比较优势的产业无须通过也无法通过经济学家的研究去事先确定。鸟没有学过空气动力学，但并不妨碍它飞翔。但空气动力学解释了鸟的体型为什么非常适合飞翔，并在制造人造航空器的过程中得到许多启示。

绝对优势原理和比较优势原理是斯密和李嘉图留给我们的理论遗产。比较优势理论被称为经济学理论发展史上最伟大的发现之一。

（二）自由贸易

国际贸易不是一个“零和游戏”。基于自由竞争形成的分工与交换，能够让每个经济体的资源配置都更有效率。技术进步使市场的参与者能够在世界范围内展开分工、协作与交易，使资源配置的效率进一步提高。经济学理论和国际贸易的实践都告诉我们，基于自由竞争的国际贸易不是一个由胜利者和失败者参与的、分享既定财富的“零和游戏”，而是一个创造与分享价值的“正数和游戏”，参与其中的每一个经济体都能够从中获益。

比起经济大国，小型经济体能够从自由贸易中获得更大的利益。因为小型经济体的出口对世界市场价格水平的影响一般较小，它更多是作为价格的接受者出现在国际市场中的。如果在市场开放前其国内市场价格低于国际市场价格，小型经济体的出口企业就能按照一个较高的国际市场价格卖出自己生产的具有比较竞争优势的产品。另外，比起发达经济体，后发展经济体能够从国际贸易中获得更大的利益。后发展经济体通过参与国际分工，发挥出自己的后发优势，获得较快的经济增长，缩小与发达经济体的差距。

我们可以从不同方面去理解一个经济体进行自由贸易的好处。

（1）自由贸易扩大了消费者的选择范围。不同经济体生产的类似产品往往并不完全一样，自由贸易能够增加彼此市场中消费品的多样性，扩大消费者的选择范围。

（2）自由贸易有利于实现规模经济效应带来的低成本。基于所使用生产技术的特点，有些物品的生产只有在达到一定的最低生产规模时才能实现它的最低生产成本，这就是所谓的规模经济效应。如果一个企业只能在国内市场中销售其产品，它就有可能因达不到最低经济规模而无法充分利用该产业所具有的规模经济效应。在自由贸易的条件下，建立在比较竞争优势之上的国际分工，使具有国际比较竞争优势的企业能够进入到更大的世界市场中，从而有机会达到最低经济规模，充分利用规模经济效应。

（3）有利于促进市场竞争。自由贸易使每个企业都会面临更多的竞争者、更大竞争压力和潜在竞争压力，这大大削弱了大型企业，特别是寡头企业的市场力量，使市场的资源配置效率更高。

（4）自由贸易有利于促进新思想、新技术的传播。从古代的“丝绸之路”到经济全球化时代繁忙的国际航线，国际间的贸易活动以及伴随它而发生的人员流动、技术流动、资本流动是人类新思想、新技术传播的重要渠道和载体，这些新思想、新技术的传播对于落后经济体的意义尤其重大，是他们发挥后发优势的重要基础。不同的思想在更大范围内的交流与碰撞，也是新思想产生的重要基础。新技术在更大范围内的传播和运用，也是技术不断创新的重要动力。

（三）为什么会有人反对自由贸易

经济学家们虽然在经济政策方面经常存在分歧，但在支持自由贸易方面却非常一致。是否支持自由贸易成为检验一个经济学家专业性的试金石。但在现实世界中，几乎所有的国家都不同程度地采取了许多贸易限制措施。既然自由贸易对所有的贸易参与者都有利，为什么还会有人反对自由贸易呢？

这是因为当我们把一个经济体作为整体来看时，参与交易的各方都能从中获益，自由贸易能够改善作为一个整体的经济体的总体福利水平。但参与国际贸易的某些个体、公司、行业或利益集团却会因竞争失败而蒙受损失。

例如，美国进口中国生产的物美价廉的衬衣对美国的消费者是有利的，美国的消费者可将在服装方面节省下来的钱去扩大其他方面的消费。但对中国衬衣的进口却会使美国的衬衣制造企业倒闭，生产工人失业。这些国际竞争的失败者常常就会成为自由贸易的反对者，并尝试寻求来自政府的贸易保护。

那些已经存在的形形色色的贸易限制措施，虽然不利于作为整体的经济体，但却有利于被保护者。他们在这种情况下会形成一个特殊利益集团，反对解除已有的贸易保护措施。

当一个经济体由封闭状态转为开放状态时，如果这个经济体的某个产业具有国际比较竞争优势，该产业的生产者就会因此而受益，但该产业所生产产品的国内消费者却会因此而受损。因为该产业的生产者在这种情况下能够以一个较高的国际市场均衡价格同时在国内和国际市场上出售自己生产的产品，而国内的消费者就必须以一个较高的国际市场价格来购买这种物品。但国内消费者因此而蒙受的损失要小于生产者因此而获得的利益，这个经济体的总剩余（即消费者剩余和生产者剩余的总和）会因国际贸易的开展而增加。

同样，在一个经济体由封闭转为开放的过程中，如果某个产业缺乏比较竞争优势，该经济体的国内消费者会因此而受益，但该产业的生产者则会因此而受损。因为在开放经济条件下，国内的消费者能够以一个较低的价格购买到该商品（否则，该国就不会成为进口国），国内的生产者则必须以一个较低的价格出售该商品，或者不得不减少甚至停止生产该商品。在这种情况下，消费者剩余的增加量大于生产者剩余的减少量，这个经济体的总剩余会因国际贸易的开展而增加。

所以，对于一个封闭的经济体，在开放以后有的产业会因具有国际比较竞争优势而获得快速发展，有的产业会因缺乏国际比较竞争优势而失去国内市场，但作为一个整体的经济体会因参与国际分工体系而受益。

二、国际贸易限制措施

贸易政策，是指一国政府所制定的直接影响该国进出口规模或结构的政策。贸易政策分为贸易自由化政策和贸易限制政策（或贸易保护政策）两种。关税、补贴、配额、自愿出口限制是最经常使用的几种国际贸易限制措施。此外，国有化程度要求、出口信贷支持、政府采购、烦琐的手续、苛刻的安全标准也都在不同时期扮演过国际贸易限制措施的角色。这些国际贸易限制措施的实施会对一国的生产者、消费者、政府部门产生不同的影响。

（一）关税

关税（Customs Duties，Tariff），是指进出口货物经过一国关境时，由海关向进出口商征收的一种税。根据征税对象，关税可分为进口关税和出口关税。根据计价方式，关税可分为从价关税、从量关税、混合关税和选择关税（允许在从价关税和从量关税中选择其一）。

关税是一种历史悠久的政府筹集收入的方式。在过去很长的时间里，关税在欧洲各国的政府财政收入中扮演着主要角色。关税也是一种古老的贸易限制措施。因此，关税也可被分为收入关税和保护性关税。

在零关税情况下，假设运费忽略不计，某种货物在一国境内的市场价格与其国际市场价格是一致的。在征收进口关税的情况下，进口货物在该国国内市场的价格就会高于其国际市场价格。在这种情况下，对该种货物的国内需求量就会减少，国内市场的竞争性也会降低，国内生产者就能以较高的价格在国内市场出售他们生产的货物。

对于大多数货物而言，其需求价格弹性都小于1，因此，国内市场价格的上升增加了生产者剩余，有利于国内生产者；减少了消费者剩余，不利于消费者。同时，政府的财政收入因进口关税的征收而增加了。但这个经济体的社会总剩余（即消费者剩余、生产者剩余、政府收入三者之和）会因进口关税的征收发生什么样的变化呢？在征收进口关税以后，一个经济体的总剩余会减少。经济学家将减少的总剩余称为因关税引起的“无谓损失”。经济学家的研究表明，美国政府在 1977 年运用关税和配额等贸易限制措施保护了国内 21000 个制袜工人的工作岗位，这些工人的平均工资为 8340 美元，而美国消费者为每个工作岗位付出的代价却高达 77714 美元。

中国市场的进口汽车为什么那么贵？一部进口乘用车，出厂价加上运费、保险费和手续费构成到岸价。进口乘用车缴纳 15%的关税后，进入流通渠道。在销售过程中，根据汽车排量的不同，进口乘用车需缴纳 1%~40%的消费税。排量为 3.0L 以上至 4.0L（含）的乘用车，需缴纳 25%的消费税。在此基础上，再缴纳 16%的增值税。汽车销售公司也需缴纳 16%的增值税。进口乘用车的市场售价中还要包含汽车销售公司的运营成本和经营利润。汽车销售公司的正常利润水平在 10%~15%。消费者还需根据购车发票金额缴纳 10%的购置税。此外，进口乘用车的市场售价中还包括通关费、商检费、运输费、车船税等小额费用。最终，进口乘用车在中国市场的售价要比原产地的市场售价高 1 倍以上。

（二）进出口配额

进出口货物配额管理制度，是国家在一定时期内对某些限制进出口货物采取直接数量控制的一种国际贸易限制措施，即对某些货物规定具体的进口或出口数量，超过规定数量则不允许进口或出口。

进出口货物配额管理制度通常与进出口许可证制度合并采用，取得进出口配额的进出口商还需申领进出口许可证，以强化国际贸易限制效果。进出口配额可通过申请（审批分配）的方式取得，也可通过投标等方式取得。

进出口货物配额分进口配额和出口配额。

（1）进口配额分为绝对配额和关税配额。绝对配额，是指在一定时期内，对某些货物的进品数量或金额规定一个最高的数额，达到这个数额后，就不准继续进口了。

绝对配额有两种形式：全球配额和国别配额。全球配额，适用于来自任何经济体的货物。国别配额，仅适用于来自指定经济体的货物。为了区分来自不同经济体的货物，使用国别配额的进口商必须提交进口货物的原产地证明书。

关税配额，是将关税与配额结合起来进行进口限制的一种国际贸易限制措施。对在配额内进口的货物按较低税率征收关税，对配额外进口的货物按较高税率征收关税。关税配额按货物的进口来源，分为全球性关税配额和国别关税配额。

对配额内货物所征关税的税率分为优惠性关税配额和非优惠性关税配额。对优惠性关税配额内进口的货物给予关税减免待遇，超过配额的货物按正常的关税税率征收关税。对非优惠性关税配额内进口的货物按照正常的关税税率征收关税，超过配额的货物征收较高的附加税或罚款。

（2）出口配额管理，是指一国政府在一定时期内对某些出口商品的出口数量或金额规定一个最高限额的制度。限额内货物可以出口，限额外货物不准出口或者予以相应的处罚。

出口配额分为主动配额和被动配额。主动配额，是指出口国家或地区根据国内市场容量和其他因素主动对本国某些货物的出口设置的限额。被动配额，是指一国因其他国家或地区的要求或压力，被迫设置的在一定时期内本国某些货物对该进口国的出口限额，被动配额也被称为自愿出口配额。自愿出口限制分为：单方面无协定的自愿出口限制和有协定的自愿出口限制。

目前，中国属于出口配额管理的货物有 18 种，详见商务部、海关总署公布的出口许可证管理货物目录。其中，由发展改革委负责分配的出口配额货物包括小麦、玉米、大米、煤炭、原油、成品油（不含润滑油、润滑脂、润滑油基础油）、棉花等 7 种；由商务部负责分配的出口配额货物包括活牛（输往港澳）、活猪（输往港澳）、活鸡（输往香港）、小麦粉、玉米粉、大米粉、甘草及甘草制品、蔺草及蔺草制品、磷矿石、锯材、白银等 11 种。出口上述货物，需先向发展改革委或商务部申请出口配额，获得配额后，再申领《中华人民共和国出口许可证》，持出口许可证按海关相关规定办理通关手续。

国内生产者较之进口关税更偏爱进口配额，因为进口配额能精确地限制进口货物的数量，对国内生产者的保护效果比关税手段更确定。即使汇率或生产效率发生了对国外竞争对手有利的变化，他们也不能在该国市场卖得更多。

进口配额和关税一样，减少了进口的数量，并使该货物在国内市场的价格上升。这有利于国内生产者，增加了生产者剩余；有损于国内消费者，减少了消费者剩余；有利于进口配额持有者，他们能轻松获得国内外市场价格之差所带来的超额利润。和关税对一国社会总剩余的影响一样，进口配额引起的消费者剩余的减少量大于生产者剩余、配额持有者剩余、政府收入的增加量，造成社会总剩余减少，产生了无谓损失。

既然国际贸易配额会带来无谓损失，为什么一些国家的政府还要出于经济目的实施这样的贸易管制呢？这是因为生产者比消费者更具政治上的影响力。配额管理所带来的利益集中在少数生产者身上，带来的损失却分散于数量庞大的消费者身上，这些受害者甚至意识不到这些损失的存在。即使消费者被告知他们因配额管理所蒙受的损失，这些被高度分散的损失在数量上通常也是微小的，不足以激励他们联合起来采取推动取消贸易限制措施的政治行动。政治家们通常只会对说出来的利益诉求做出回应，而不会去主动维护“沉默的受害者”的利益。研究表明，1981 年，美国通过迫使日本“自愿”限制对美国的轿车出口，保护了美国 44000 个工作岗位，但美国的消费者为每个工作岗位付出的代价却高达 19.3 万美元。

如果政府采取拍卖进出口配额的方式，而不是分配的方式，政府就能占有原本由进出口配额持有者占有的大部分经济剩余。但实施进出口配额管理的国家很少愿意公开拍卖这些配额，因为这样做缺乏道义上的合法性，好像政府在剥削本国的进出口商和消费者。

准备对进出口货物的数量进行限制的国家，更愿意采取进出口配额审批或自愿出口限制的方式。在实行进出口配额审批制的情况下，进出口配额很容易（甚至是必然）成为配额管理部门寻租的工具。而且，配额分配带来的寻租活动所产生的消极影响，不会局限于配额的分配过程中。

自愿出口限制，是指通过施加政治压力迫使贸易伙伴“自愿”将其对本国某货物的出口数量限制在一个合意水平上的贸易限制措施。这种国际贸易限制措施在政治上非常具有吸引力，似乎本国政府通过这种方式强有力地维护了本国的经济利益和工作岗位，容易赢得本国选民的赞许。美国就曾要求日本政府“自愿限制”对美国的轿车出口数量。这种要求非常类似于强迫日本的汽车生产商联合起来，通过削减产量的手段操纵美国汽车市场上日本进口汽车的市场价格。如果美国的汽车生产商敢采取这种价格操纵的不正当竞争行为的话，一定会因为违反《反托拉斯法》而被投入监狱。

一国政府要求其贸易伙伴“自愿”限制出口数量的做法，在经济上不如对进口货物征收限制性关税或进行进口配额管理。出口国的自愿限制，意味着出口国政府必然需要通过某种机制向本国的出口商分配出口配额，这样，配额持有者的经济剩余就被出口国的企业或政府占有了。如果进口国采取征收关税或拍卖进口配额的方式来限制进口，至少可以增加进口国政府的财政收入，减小该国消费者其他方面的税负，从而使该国的消费者得到一定程度的补偿。

（三）出口补贴

出口补贴，是指一国政府为降低本国出口货物的价格，增强其在国际市场中的竞争力，给予出口厂商的现金补贴或财政上的优惠待遇。

出口补贴包括直接补贴和间接补贴两种方式。

1. 直接补贴

直接补贴，是指出口国政府直接对本国的出口货物给予现金补贴。世界贸易组织禁止成员国对工业品出口进行直接补贴，因此，这种形式的补贴主要存在于农业领域，如对农产品出口进行直接补贴。

在现实世界中，欧盟的农业保护政策已逐渐发展成为一个巨大的出口补贴项目了。欧盟的“共同农业政策”最初并不包含农产品出口补贴的内容，只包括确定欧盟农产品保护价格和为防止由于农产品国际市场价格和欧盟农产品保护价格之间的差额所可能引起的大规模农产品进口而实行的农产品关税保护制度。但由于欧盟内部农业集团的政治压力，欧盟的农产品保护价格多年来一直未能随国际农产品价格的下降而同步下调。导致欧盟的农产品保护价格不仅高于自由贸易条件下的国际市场价格，而且高于没有进口时的区域内市场均衡价格。

从20世纪70年代开始，欧盟的农产品保护价格已经高到使欧洲这个在自由贸易条件下原本需要进口大部分农产品的地方，出现严重的农产品过剩问题，欧盟各成员国政府为此不得不购买和贮藏大量的农产品，特别是小麦、牛肉和黄油。

为避免农产品储备无限制地增长，欧盟不得不采取出口补贴政策来解决农产品生产过剩的问题。但出口补贴又进一步压低了国际市场的农产品价格水平，从而进一步增加了促进出口所需的补贴数额。欧盟的消费者因农产品出口补贴政策而遭受的损失，大大超过了农产品生产者剩余的增加。

但欧盟的农产品出口补贴政策受到的政治压力并不是来自欧盟内部的消费者和纳税人，而是来自美国等农产品出口大国，欧盟的农产品出口补贴政策使这些国家的农民因农产品国际市场价格下降和市场份额减少蒙受了巨大损失。

2. 间接补贴

间接补贴，是指政府对某些出口货物给予某种财政上的优惠。间接补贴主要包括以下几种形式。

（1）出口退税

出口退税，是指对出口货物已征收的国内税部分或全部退还给出口商的一种出口鼓励措施。出口退税具体包含两方面的内容：一是退还出口货物所用原材料或半制成品的进口税；二是退还出口商品在国内生产和流转过程中已缴的各种国内税，如增值税、消费税等。

消费税，是在对货物普遍征收增值税的基础上，选择少数消费品再征收的一个税种。消费税在本质上属于一种特种商品税，而不是特指在零售（消费）环节征收的税。消费税以特定消费品的流转额为计税依据。征收消费税的主要目的是调节商品结构，引导消费方向，保证国家财政收入。现行消费税的征收范围主要包括：烟、酒、鞭炮、焰火、化妆品、成品油、贵重首饰及珠宝玉石、高尔夫球及球具、高档手表、游艇、木制一次性筷子、实木地板、摩托车、小汽车、电池、涂料等税目。

（2）出口减税

出口减税，是指政府对出口货物的生产和经营活动减免各种国内税和出口税。主要包括：减免各种国内直接税和间接税；减免出口税；对出口收入给予减税。

出口减税和出口退税不同，前者发生在出口货物的生产经营过程中，后者发生在出口过程中或出口后的一段时期内。

（3）出口奖励

出口奖励，是指政府对出口商按其出口业绩给予各种形式的奖励，以鼓励出口。出口奖励一般采取现金奖励的形式。

（4）间接的出口补贴

间接的出口补贴，是一种更为隐蔽和形式更为多样化的补贴形式。如政府对出口商品的国内运输减免收费或提供低价运输工具；通过允许加速折旧的措施来达到出口补贴的目的，如马来西亚就对出口值占其总产值 20%以上的企业实行加速折旧制度，以促进其扩大投资，实现设备和技术的现代化；对出口产品的研发活动给予援助；对种子、肥料、农业机械、灌溉等农业投入品进行补贴，但不包括针对限产计划，如退耕还林计划、休耕计划所进行的补贴。

（四）政府采购

政府采购，是指各级国家机关、事业单位和团体组织，为了开展日常工作或为公众提供服务，使用财政性资金采购依法制定的集中采购目录以内的，或采购限额标准以上的货物、工程和服务的行为。财政性资金，是指纳入预算管理的资金或以财政性资金作为还款来源的借贷资金。政府采购是一种相对于个人采购、家庭采购、企业采购或团体采购的采购行为。

政府采购，分集中采购和分散采购两种模式。集中采购，是指采购人将列入集中采购目录的项目委托集中采购机构代理采购或者进行部门集中采购的行为。分散采购，是指采购人将采购限额标准以上的未列入集中采购目录的项目自行采购，或者委托采购代理机构代理采购的行为。

政府采购在一些情况下也能扮演非关税贸易壁垒的角色。一些国家采取了针对外国货物、工程和服务的歧视性政府采购政策［又称为“购买国货政策”（buy-national policies）］，在政府采购中实施国内优先原则；或制定复杂的政府采购程序，使外国供应商难以公平地参与政府采购竞标；或以国家安全为由武断地剥夺外国货物和工程与服务供应商参与政府采购的机会；或要求外国货物、工程和服务的报价必须低于本国货物、工程和服务报价的一定比例。

《中华人民共和国政府采购法》（2014 年 8 月 31 日修订）第十条规定，政府采购应当采购本国货物、工程和服务。但有下列情形之一的除外：

（1）需要采购的货物、工程或者服务在中国境内无法获取或者无法以合理的商业条件获取的；

（2）为在中国境外使用而进行采购的；

（3）其他法律、行政法规另有规定的。

（五）不合理地使用贸易救济措施

贸易救济措施主要包括对进口产品实施的反倾销、反补贴措施。不合理地使用或滥用贸易救济措施，会对进口产品形成贸易壁垒。

倾销，指在国外市场以低于国内市场正常价格的价格出售产品，并对该国同类产业产生了实质性损害、实质性威胁或实质性阻碍的行为。实质性损害，是指被提起反倾销调查的产品的进口量较以前有大量增加、市场占有率明显上升、进口国国内相似产品的市场价格大幅度下降，或在需求大量增长的情况下严重抑制了市场价格的上涨等。实质性损害威胁，是指进口国的同类产业虽未受到实质性损害，但倾销的事实将会导致这种损害发生，并且这个事实是迫近的、可预见的，而不是遥远的、假设的。实质性阻碍，是指被提起反倾销调查的产品虽未对进口国的同类产业造成实质性损害或构成实质性损害威胁，但严重损害了进口国正在建设的同类产业的商业前景。

反倾销，是指进口国针对他国的倾销行为所采取的对抗措施。出口价格低于正常价格的差额被称为倾销幅度。某产品的正常价格，是指在一般贸易条件下该产品的国内价格。

反倾销调查发起国如果认定被调查产品的生产国为市场经济国家，就必须根据该产品在生产国的销售价格来确定其正常价格。如果认定被调查产品的生产国为非市场经济国家，就选择某市场经济国家为其替代国，使用其同类产品的国内销售价格或出口价格来确定其正常价格，或利用替代国的成本数据（生产成本、销售费用、正常利润）来计算其正常价值。

如果某产品的出口国被进口国反倾销机构确定为实施了倾销，就会对从该国进口的此类产品在正常关税外再征收一种附加关税。这种附加关税通常被称为反倾销税，反倾销税的税率不应超过倾销幅度。

市场经济地位（Market Economy Status，MES），是进行反倾销调查确定倾销幅度时使用的一个重要概念。中国政府一直在努力争取贸易伙伴能够给予中国完全市场经济地位。

美国《1930 年关税法》第 771 节（18）（B）规定了判断一个国家是否属于市场经济国家的六条标准：

（1）该国货币与其他国家货币的可兑换程度。

（2）该国雇员与管理层之间进行工资谈判的自由协商程度。

（3）该国对外国投资或对外合资的许可程度。

（4）该国政府对生产资料所有或控制的程度。

（5）该国政府对资源调配和企业产品定价权和产量决定权的控制程度。

欧洲议会2015年12月发布的《关于给予中国市场经济地位：WTO法律及WTO相关成员国政策的分析报告》阐述了欧盟对是否给予一个WTO成员国市场经济地位的五大评判标准：

（1）政府在资源配置及企业决策中的影响力较低。

（2）私有部门的运营不存在任何扭曲市场的行为。

（3）可有效地执行公司法及公司治理原则。

（4）可在有效的法律框架下正常开展商业活动，确保自由市场经济的正常运行。

（5）已建立真正意义上的金融部门。

1994年美国修改了《1930年关税法》，修改之后的《关税法》规定，在特定情况下可以采用市场经济的方法确定产自非市场经济国家市场导向型产业进口产品的正常价值。

美国商务部评判某个非市场经济国家的产业是否属于市场导向型产业的标准有3个：

（1）涉案产品的定价或产量不存在实际上的政府干预或介入。

（2）生产涉案产品的企业应当以私营企业或集体所有制企业为主，可以包括国有企业。但国有企业比重较大将不利于做出构成“市场导向型产业”的裁决。

（3）所有重要的投入，无论物质的还是非物质的，都必须以市场决定的价格售购。

1998年4月30日，欧盟通过了一项《反倾销法》的重要修正案，规定反倾销应诉企业需满足五项标准才能获得市场经济地位。该五项标准为：

（1）企业按照市场供求关系决定价格、成本和投入（包括原料、技术与劳动成本），其决策没有明显受到政府的干预，主要生产要素的成本基本反映其市场价值。

（2）企业有一套明晰的基础会计账簿，该账簿需按国际通用会计准则进行过独立审计并有通用性。

（3）企业的生产成本和财务状况在过去的非市场经济体系转制过程中没有受到重大扭曲，特别是在资产折旧、购销账目、易货贸易、偿债冲抵付款等方面。

（4）企业应受到破产法和财产权法的约束和保护，以确保其在经营中法律资格的确定性和稳定性。

（5）货币兑换汇率的变化由市场决定。

2018 年 5 月 31 日，美国、欧盟和日本三国召开贸易部长会议并发表了关于企业符合市场导向条件的联合声明。

（1）企业根据市场信号，自由决定价格、成本、投入、采购和销售。

（2）企业根据市场信号自由做出投资决定。

（3）资本、劳动、技术及其他生产要素的价格由市场决定。

（4）根据市场信号自由做出企业的资本分配或影响资本分配的决策。

（5）企业遵守国际认可的会计标准，包括独立核算。

（6）企业遵守公司法、破产法和私有财产法。

（7）企业做出上述决策时不受政府显著干预。

（六）通关限制

通关限制，是一种缺乏规则依据的非关税贸易壁垒。

通关限制通常表现为：进口国相关部门在进口商办理通关手续时，要求其提供非常复杂或难以获得的资料，甚至属于商业秘密的资料，以阻止其顺利进入进口国国内市场；通关程序复杂，或刻意降低通关效率，使进口产品，特别是应季的进口产品（如应季服装、应季水果等）失去一部分贸易机会。

法国在 1982 年曾规定，所有出口到法国的录像机只能经过鲍埃梯尔斯海关，该海关只有一间很小的屋子，只有一名海关工作人员办理相关业务，由此而产生的低效率成功地使从日本进口的录像机数量在短期内就下降了 90%。

（七）技术性贸易壁垒

根据 WTO《技术性贸易壁垒协议》（Agreementon Technical Barriers to Trade，简称《TBT 协议》）的有关规定，WTO 成员有权制定和实施旨在保护国家或地区安全利益，保障人类、动物或植物的生命或健康，保护环境，防止欺诈行为，保证出口产品质量等的技术法规、标准以及确定产品是否符合这些技术法规和标准的合格评定程序。

技术法规，是指规定强制执行的产品特性或其相关工艺和生产方法（包括适用的管理规定）的文件，以及规定适用于产品、工艺或生产方法的专门术语、符号、包装、标志或标签要求的文件。这些文件可以是国家法律、法规、规章，也可以是其他的规范性文件，以及经政府授权由非政府组织制定的技术规范、指南、准则等。技术法规具有强制性特征，即只有满足技术法规要求的产品方能销售或进出口。

标准，是指经公认机构批准的、非强制执行的、供通用或重复使用的产品或相关工艺和生产方法的规则、指南或特性文件。该文件还可包括专门适用于产品、工艺或生产方法的专门术语、符号、包装、标志或标签要求。实践中，有些国家将标准分为强制标准和推荐标准两种，强制标准具有技术法规的性质。

合格评定程序，是指任何直接或间接用以确定是否满足技术法规或标准中相关要求的程序。合格评定程序包括：抽样、检测和检验程序；符合性评估、验证和合格保证程序；注册、认可和批准程序以及它们的组合。

《TBT 协议》要求 WTO 各成员在制定和实施技术法规、标准和合格评定程序时，必须遵循以下原则：避免对贸易造成不必要障碍的原则（对贸易影响最小原则）、非歧视性原则（最惠国待遇原则和国民待遇原则）、与国际标准协调一致原则、技术法规等效性原则、合格评定程序的相互认可原则和透明度原则等。

如果一国对进口产品的技术要求高于该国产品，或对从特定国家进口的产品的技术要求高于从其他国家进口的同类产品，就违反了非歧视性原则。

在未征求 WTO 其他成员意见的情况下即发布和实施有关技术法规、标准或合格评定程序，从而导致其他成员在不知情的情况下，因其出口产品不符合进口国相关规定而被退回、扣留、降价处理或销毁，这种做法就违反了透明度原则。

最惠国待遇原则，是指缔约一方现在和将来给予任何第三方的一切利益、优惠、特权和豁免，将立即、无条件地自动给予缔约对方。

国民待遇原则，是指在民事权利方面一个国家给予在其境内的外国公民和企业与其本国公民、企业同等待遇的原则。国民待遇原则是最惠国待遇原则的重要补充。

国民待遇，可进一步分为准入前（pre-establishment）国民待遇和准入后（post-establishment）国民待遇。准入前国民待遇，是指在企业设立、取得、扩大等阶段，在未列入《外商投资准入特别管理措施（负面清单）（2018年版）》的行业和领域，给予外国投资者及其投资不低于本国投资者及其投资的待遇。准入前国民待遇将国民待遇延伸至投资发生前的阶段。

2018年6月，国家发展改革委、商务部发布了《外商投资准入特别管理措施（负面清单）（2018年版）》（以下简称《外商投资准入负面清单》）。《外商投资准入负面清单》统一列出股权要求、高管要求等外商投资准入方面的特别管理措施。境外投资者不得投资《外商投资准入负面清单》中禁止外商投资的领域；投资《外商投资准入负面清单》中的非禁止投资领域，须进行外资准入许可；投资有股权要求的领域，不得设立外商投资合伙企业。负面清单之外的领域，按照内外资一致原则实施管理，各地区、各部门不得专门针对外商投资准入进行限制。

市场准入负面清单制度，是指国务院以清单方式明确列出在中华人民共和国境内禁止和限制投资经营的行业、领域、业务等，各级政府依法采取相应管理措施的一系列制度安排。《市场准入负面清单》以外的行业、领域、业务等，各类市场主体皆可依法平等进入。清单主体包括禁止准入类和许可准入类两大类。

《外商投资准入负面清单》和《市场准入负面清单》两个清单各有定位，功能不同。《外商投资准入负面清单》仅针对境外投资者，属于外商投资管理范畴；《市场准入负面清单》是适用于境内外投资者的一致性管理措施，是对各类市场主体市场准入管理的统一要求，属于国民待遇的一部分。《外商投资准入负面清单》之外的领域，按照内外资一致原则实施管理。

《实施卫生与植物卫生措施协议》（Agreement on the Application of Sanitary and Phytosanitary Measures，简称《SPS协议》），是世界贸易组织管辖的一项多边贸易协议。协议适用范围包括食品安全、动物卫生和植物卫生三个领域。

世界贸易组织成员制定和实施卫生与植物卫生措施（简称“SPS措施”）是为了下列目的：

（1）保护成员领土内的动物或植物的生命或健康免受虫害、病害、带病有机体或致病有机体的传入、定居或传播所产生的风险。

（2）保护成员领土内的人类或动物的生命或健康免受食品、饮料或饲料中的添加剂、污染物、毒素或致病有机体所产生的风险。

（3）保护成员领土内的人类的生命或健康免受动物、植物或动植物产品携带的病害或虫害的传入、定居或传播所产生的风险。

（4）防止或控制成员领土内因虫害的传入、定居或传播所产生的其他损害。

SPS 措施包括：

（1）所有相关的法律、法令、法规、要求和程序，特别是最终产品标准。

（2）工序和生产方法。

（3）检验、检疫、检查、出证和批准程序。

（4）各种检疫处理，包括与动物或植物运输有关的或与在运输过程中为维持动植物生存所需物质有关的要求。

（5）有关统计方法、抽样程序和风险评估方法的规定。

（6）与食品安全直接有关的包装和标签要求等。

WTO 成员制定和实施 SPS 措施必须遵循科学性原则、等效性原则、与国际标准协调一致原则、透明度原则、SPS 措施的一致性原则、对贸易影响最小原则、动植物疫情区域化原则等。不符合上述原则的 SPS 措施均构成贸易壁垒。

例如，如果一国仅以个别批次产品中检测出不符合《SPS 协议》的污染物为由，全面禁止从该国进口该类产品，就违反了《SPS 协议》关于 SPS 措施的实施要基于必要且对贸易影响最小的原则，构成贸易壁垒。

如果某国以另一国的个别农场或地区发生动植物疫情为由，全面禁止从该国进口所有的动植物及其产品，就违反了《SPS 协议》的动植物疫情区域化原则，构成了对贸易的变相限制。

如果某国对进口三文鱼的检疫要求高于对其本国产品的检疫要求，或高于进口的可能感染了与三文鱼相同疾病的其他鱼类的检疫要求，从而限制或禁止了三文鱼的进口，就违反了《SPS 协议》的一致性原则，构成贸易壁垒。

（八）贸易禁令

贸易禁令是对国际贸易活动最强的限制。贸易禁令通常是由战争、国际恐怖主义、人道主义危机、政治等原因导致的。1940 年，美国宣布对日本实行贸易禁运，禁止向日本出口石油、钢铁等战略物资。1962 年，美国对古巴开始实施经济、商业和金融的全面封锁，一直持续至今。1979 年，由于伊朗政府拒绝释放美国大使馆的外交官，美国宣布与伊朗进行贸易为非法。1980 年，苏联入侵阿富汗，美国宣布向苏联出口小麦为非法。20 世纪中期，由于利比亚政府参与了一系列恐怖事件，美国宣布购买利比亚生产的石油为非法。20 世纪 90 年代初期，伊拉克入侵科威特，国际社会对伊拉克实施了贸易制裁。2009 年，朝鲜进行核试验，国际社会同样对其进行了贸易制裁。

还有一些贸易禁令是基于国家安全、环境保护、动物保护和知识产权保护做出的。如一国以某国的捕虾拖网渔船没有安装海龟逃生装置为由，禁止进口来自该国的虾类产品；以国家安全为由禁止本国企业出口稀土；以外国某公司违反了本国的出口管制条例为由，禁止本国公司向该公司出口关键零部件；以保护环境为由，禁止进口来自某国的废旧物资；为保护野生动物、濒危动物，禁止象牙、犀牛角、虎骨的交易。

三、采取国际贸易限制措施的理由

（一）扩大贸易顺差

一个国家参与国际分工的目的在于发挥自己比较优势，提高自己的劳动生产效率和生活水平，而不是多赚钱。

国际贸易的本质是交换。账户中的外汇或金库中的贵金属本身并不能提高一个国家国民的劳动生产效率和生活水平（否则，一个国家岂不是依靠发行货币就能轻易成为生活水平最高的国家）。出口的目的是用所获得的外汇进口外国生产的消费品、资本品或所提供的服务，以提高本国国民的生活水平和劳动生产效率。

如果一个国家积攒了过多的贵金属和外汇储备，那些多余的贵金属就和躺在矿山里没有什么两样，那些过多的外汇储备由于其低收益，实际上成为一种巨大的浪费。

想想在那些缺乏保障和安全感的国家中，有多少人放弃休息、娱乐和消费，把自己变成会呼吸的“工作机器”，把自己的消费水平毕生维持在生存水平上，任由自己积累的财富在通货膨胀（负利率）的烈日下挥发殆尽。他们的选择与一个经济体过度追求国际贸易顺差和外汇储备有异曲同工之妙。

（二）保护国内的工作岗位

赞成实行贸易保护主义政策的人经常会说，通过国际贸易限制措施对本国失去比较竞争优势的产业进行保护，能够减少就业岗位的流失。通过实施国际贸易限制措施增加就业的做法，既损害了自由贸易、自由竞争原则，降低了国内市场的竞争性，还会引起不同国家之间竞相修建国际贸易壁垒的恶性竞争。

1930 年，美国国会在几乎所有经济学家的反对声中通过了《斯穆特—霍利关税法案》。这个法案在主要工业国中引起了提高关税的连锁反应。关税提高与减少预算规模、提高利率、减少货币供给量这些错误政策一起，将一场局部的经济衰退推向了波及世界主要工业国家的经济大萧条。

一个国家的产业结构在市场力量的推动下，总是处于一种动态调整的过程中。一个国家失去比较竞争优势的产业会逐渐衰落，与此同时具有比较竞争优势的产业将逐渐成长壮大。产业结构的调整，同时意味着就业结构的转变。一个经济体的开放与竞争，总体上带来的是经济增长与就业增加，衰退产业就业岗位的减少只是事实的一部分。

正如比较竞争优势原理告诉我们的，即使生产力水平最落后的国家，也不会在自由贸易的情况下陷入经济的全面崩溃，也能根据自己的比较优势在国际分工体系中找到自己的位置，并通过发挥自己的后发优势，取得更快的经济增长与发展。中国在实行改革开放政策以来所取得的经济快速增长就是一个典型的例子。

通过国际贸易限制措施阻止本国失去比较竞争优势产业的工作岗位向其他国家转移，其实是在人为阻止生产要素向本国具有比较竞争优势的产业流动，是在人为降低技术进步和劳动生产率提高的步伐。这类措施如果是一种暂时性的权宜之计尚可理解，但若作为一种主动的选择就非常错误了。

20 世纪 90 年代，美国政府为保护国内的制糖业，对食糖进口实行配额管制，将美国的食糖进口量维持在自由贸易条件下的一半左右。美国政府将食糖的进口配额分配给食糖出口国。食糖进口配额管制造成的国内食糖价格上升给国内消费者带来巨额损失。美国制糖业每个就业岗位从因进口配额而提高的国内市场价格中所得到的隐性生产补贴高达 9 万美元。美国制糖业总共只雇用了 1.2 万人，即使实行自由贸易，也不会使美国的制糖业全军覆灭，而仅仅会使 0.2 万~0.3 万人失业。从这一角度看，为保留一个制糖业的蓝领工作岗位，美国消费者每年要付出超过 40 万美元的代价。但由于美国的食糖消费者数量庞大，每个食糖消费者每年承受的损失只有 6 美元，几乎不被消费者察觉，更谈不上反对了。食糖消费者不仅人数众多，还经常被（对失业者的）同情心和爱国主义情感所支配。食糖生产者虽然人数少（易于组织协调），但实力强，能够展开强有力的宣传、游说活动，甚至能够通过政治捐献和提供租金的方式“定制”国际贸易限制政策。因此，生产者总是比消费者更具政治上的影响力。

（三）保卫国家安全

维护一个国家的安全无疑是非常重要的，一些行业对于保障一国的安全确实具有特别的意义，现在的问题是维护国家安全的理由经常被某些追求自身商业利益的国内生产者滥用。一些行业的生产者通过夸大本行业对国家安全的重要性来寻求政府的保护，要求政府采取国际贸易限制措施，以损害消费者利益为代价来谋求自身的商业利益。

在国际贸易领域，钢铁、钢笔、造纸、蜡烛、铅笔、金枪鱼捕捞等行业都曾以该行业对国家安全具有特别的重要性来要求本国政府给予特别的贸易保护。钢铁行业说钢铁是生产军事用品的主要原材料，如果本国的钢铁业被外国竞争者打垮，本国的国家安全就会受到致命威胁。当战争爆发时，本国就有可能因对外国进口钢铁的依赖而得不到足够的钢铁来生产保卫自己的武器。

运输部门、电信部门、出版部门、石油部门也会使用类似的理由来阻止本产业的对外开放，甚至对内开放。比较极端的一个例子是，美国剪刀制造业曾经提出的“剪刀安全论”。他们说剪刀是许多行业的基本生产工具，对美国的国防至关重要。如果任由进口剪刀占领美国市场，万一国家处于紧急状态而进口被迫中断时，美国将会失去剪刀的来源。

事实上，即使某种资源或产品对保障一国的国家安全的确至关重要，在和平时期囤积这种资源和产品也比采取保护性的国际贸易限制措施的效果要好得多。现在，几乎所有的国家都建立了完备的战略物资储备制度，涵盖了工业产品、农产品和矿产品，如粮食、能源、矿物资源、军事装备、药品、橡胶等，以保障国计民生和国防安全。

更为重要的一点是，一个强大的经济体本身就是国家安全最重要的保障。在战争期间，没有哪个产业不是为国防服务的。滥用国家安全论所损害的恰恰就是这个国家经济系统整体的生产能力和效率。所以，一国政府应非常谨慎地对待每一项基于国家安全的产业保护请求。

在今天这样一个经济全球化和世界经济一体化的时代，几乎所有的国家都加入到世界经济分工体系之中。每个国家的产业结构都是不完整的，每个国家都对其他国家存在不同程度的依赖性，即使世界上最强大的国家也不例外。全球化时代不同国家之间相互依赖的特点要求我们重新审视不同产业部门对于国家安全的真实意义。

绝大多数产业领域都不属于完全垄断市场或寡头垄断市场，进口国很难形成对特定国家的进口依赖。即使芯片设计和芯片制造这样目前属于寡头垄断市场的行业，与其说是某些国家处于垄断地位，不如说是少数跨国公司处于垄断地位。目前，处于垄断地位的跨国公司是依靠市场竞争、技术创新获得市场垄断地位的，而不是依靠政府的保护。这些行业是开放的，市场的垄断地位是建立在创新与效率基础上的，不是永恒的。其他国家的企业若想在这些领域成为竞争的优胜者，只能依靠积极参与国际竞争，而不是通过寻求本国政府的扶持与保护来达到这一目标。

（四）保护我们的价值观、文化传统和自然环境

经济利益不是我们追求的唯一目标，我们不应该为了经济利益而牺牲自己的价值观和历史文化传统。

出于保护自己的价值观和历史文化传统的需要，有些国家会对本国的文化传媒产业和娱乐产业进行一定程度的保护，如中国就对文化产品的进口和境外文化传媒与娱乐行业在中国开展业务进行严格的限制。在保护自然环境方面，许多国家的民间团体一直呼吁发达国家采取一定的贸易限制措施，以减少进口来自低环保标准国家的产品。

经济学家们有时反对出于这类目的的国际贸易限制措施，不是因为自由、民主、平等、公平、正义、人权、法制这些超越民族、种族、国界、宗教信仰的人类普世价值观不值得我们通过牺牲一定的经济利益去捍卫，而是因为实施

这些国际贸易限制措施的真实目的与倡导者所宣称的目的有时是不一致的。另外，不同民族的文化走向融合也是人类社会发展的必然。

此外，如果发达国家因为环保标准问题减少与某些发展中国家的贸易，有可能使这些国家的环境问题更加恶化，因为一个贫穷的国家更加承担不起治理环境的费用。同样，如果发达国家因为劳工问题、童工问题减少与某些贫穷的发展中国家进行贸易，也有可能使这些问题更加恶化。因为就业机会的减少会使这些国家的非熟练工人在劳动力市场中处于更加不利的境地，贫困家庭的增加也会使这个国家的童工问题更加恶化。

（五）保护本国的幼稚产业

1791 年，美国的开国元勋亚历山大·汉密尔顿在其名著《关于制造业的报告》中提出，经济落后的国家应该对本国的某些幼稚产业进行一定时期的保护，以培养这些产业的国际竞争力。幼稚产业保护论者认为，对于本国某些缺乏国际竞争力的新兴产业，特别是存在规模经济效应和学习曲线效应的新兴产业，政府应该予以特别的贸易保护，以使这些产业有机会在外国竞争者的压力下成长起来。等这些产业有能力与外国企业展开竞争时，就可以为它们举行成人仪式，让它们走出贸易保护主义的政策温室了。

幼稚产业保护理论和政策对广大后发展国家产生了巨大的吸引力。但错误的经济政策不会因为曾经产生过巨大的影响就变成一个正确的政策，产生了重大影响和产生了积极的后果具有完全不同的含义。经济学家通常都不会支持幼稚产业保护政策。

企业的竞争力很难离开市场竞争在政策温室中培养出来。贸易保护也不是一个国家新兴产业成长起来的必要条件，几乎所有有国际竞争力的企业都是在没有政府特别保护的情况下发展起来的。对于少数经历过政府特别保护的产业，经济学家也难以在这种保护和它们后来获得的商业成功之间建立起因果关系。况且，一个产业的幼稚与成熟是一个相对的概念，我们无法清晰界定它们之间的界线，无法确定这个保护期应该多长。任何行业一旦获得政府的保护，就会对这种保护产生强烈的依赖，成为一个既得利益者，成为一个“长不大的婴儿”。这时，政府要想取消这种保护就不那么容易了。

任何一个国家的产业结构，作为经济发展的结果，是动态变化的，也是难以提前预知的。因此，政府也不可能知道本国的哪些产业在未来具有比较竞争优势，从而现在应该开始对其进行政策保护。具有比较竞争优势的产业只能通过市场竞争来发现。

许多发展中国家为了缩短赶超经济发达国家的时间，采取了低消费、高积累、优先发展重工业的工业化道路，在资本非常稀缺的情况下大力发展资本密集型产业，结果是不仅恶化了就业问题，还因降低了资本积累速度而降低了经济的增长速度，延缓了国民生活水平的提高，最终还得通过大力发展劳动密集型产业获得经济的高速增长。在市场力量的推动下，经过劳动密集型产业快速发展的阶段，伴随着资本的不断积累，这个国家的资本密集型产业就会自然而然地逐渐发展起来。

1984 年，巴西政府通过一项法令，禁止了绝大部分外国计算机的进口，以保护本国新兴的计算机产业。这个贸易保护政策得到了严格的执行，但结果正如经济学家所预料的，和其他类似政策所造成的后果一样，巴西在计算机领域与美国的差距越来越大，根本无法实现“在政府保护下走向世界市场，赢得竞争优势”的目标，价格却是国际市场同类产品的 2~3 倍。这不仅使巴西的消费者每年要额外付出 9 亿美元的代价，也极大地伤害了巴西其他几乎所有经济部门的效率和国际竞争力。来自消费者、企业界和外国政府的压力最终迫使巴西政府于 1992 年正式放弃了计算机进口禁令。

（六）增强本国经济的稳定性

一些发展中国家的政府认为，参与国际分工体系虽然有利于本国具有比较竞争优势产业的发展，实现国际分工协作带来的高效率和低成本，但也使本国经济容易受到世界经济波动的影响。如果通过贸易保护维持一个更加多样化的产业结构，就能避免仅仅依赖少数具有比较竞争优势的产业，从而使本国经济获得更好的稳定性。

事实上，一个经济体如果通过贸易保护的手段，人为地维持一个比自由竞争决定的产业结构更加完整的产业结构，既抑制了具有比较竞争优势产业的发展，损害了这个经济体的资源配置效率，也不可能带来所谓的经济稳定性。一个更加封闭、更缺乏竞争性、经济发展水平更落后的经济体总是趋于不稳定和不安全的。在现实世界中，“二战”以后的大规模饥荒没有一起发生在那些奉行自由贸易和自由竞争原则的开放经济体中。

经济开放与自由竞争（当然还包括民主与法制等其他方面）是一个经济体走向繁荣与富强的重要前提和必由之路，而只有繁荣与富强的国家才是真正安全和稳定的。正如一滴水只有融入大海才不会消失一样，一个经济体只有与世界经济体系融为一体，才能真正获得安全与稳定。

按照发展现代市场经济的要求，合理划分政府与市场的边界，消除限制性的政府管制，开放国内市场，参与国际分工，在市场力量的推动下充分发挥自己的比较竞争优势，与外部世界融为一体，不断走向经济繁荣，才是一个经济体获得安全与稳定的唯一途径。

四、美国的 301 条款

美国 301 条款，形成于美国《1974 年贸易法》的第 3 编第 1 章“外国的进口限制和出口补贴”。该章共两条，即 301 条和 302 条。301 条要求美国总统对那些“实施不公正、不合理的关税或其他进口限制，执行不公正、不合理、歧视性的规定、政策或做法”“加重美国商业负担或限制美国商业”的国家，采取“所有适当并且可行的行动”，消除这些对美国经济贸易不利的因素，以实现美国的利益。此后，301 条款又进行过三次修改。

第一次修改发生在 1979 年。美国的《1979 年贸易协定法》对《1974 年贸易法》的第 301 条、302 条做了较大修改。删除了原来的 302 条，新增写了 302 条至 306 条。在 1974 年 301 条款的基础上，新增写的修正案分别对总统、贸易代表和投诉人的权力和要求，301 条款实施的提起和程序做出了明确规定，形成了现在 301 条款的雏形。

第二次修改在 1984 年。1984 年美国的《贸易与关税法》对 301 条款的修改扩大了其适用范围，增加了针对服务贸易、对外直接投资和高技术贸易等方面的市场壁垒采取行动的规定，第一次将知识产权纳入 301 条款的保护范围。

第三次修改在 1988 年。1988 年美国的《综合贸易与竞争法》对 301 条款做了重大修改。这次修改把总统采取行动的权力转给了贸易代表，并将 301 条款分成了“普通 301 条款”（General301）、“超级 301 条款”（Super301）和“特别 301 条款”（Special301），从而形成了全面、具体、系统的“301 条款”。

（一）普通301条款

普通301条款共有9条，是301条款体系中最基本、最重要的条款。它的中心内容是：如果美国贸易代表判定，外国的法律、政策或做法是“不公正、不合理、歧视性的”，造成了美国的权利或利益被否定或限制，或加重了美国的经济负担，那么，贸易代表就可以裁定，或按总统的指示采取切实可行的行动，以便消除“不公正、不合理、歧视性的法律、政策或做法”。

可以采取的行动：①中止贸易协定项下的减让；②采取关税或其他进口限制措施；③对服务征收费用或限制服务领域的授权；④与被调查国达成协议，以消除其违反行为或向美国提供补偿。在这些行动中，优先考虑的是“加征关税”。

实施301条款的主要责任在美国贸易代表办公室（USTR），负责人为美国贸易代表。美国贸易代表办公室下设301委员会，它是一个跨机构组织，由国务院及相关的部、室、委共同组成。301委员会主席由美国贸易代表担任，主席对301案的投诉、调查和报复行动均起决定性作用。

301委员会收到投诉书后，应于45天内做出是否需要进行调查的决定。调查和磋商均由贸易代表在办公室进行。调查既可以由有关人士的投诉提起，也可以由贸易代表的决定提起。磋商自调查开始之日，即可要求有关国家进行磋商。根据调查和磋商的结果做出是否采取行动、采取什么行动的决定。

行动分为中止调查和报复两种。美国和对方达成协议即可中止调查。但中止不是取消或结束调查，如协议执行不力，随时可以恢复调查。报复则是301条款的具体实施，是达不成协议或美国认为对方无诚意时依照301条款所进行的惩罚。

（二）超级301条款

超级301条款，是指1974年301条款修正案的第310条。该条款又叫“确定进行贸易自由化工作的重点国家”条款。

超级301条款的主要作用是使普通301条款在保护美国国内工业、开辟国际市场方面能更充分地发挥作用，在对外国的调查上获得更高的效率。因为根据普通301条款的规定，美国每次只能针对“外国的某项法律、政策或做法”

进行调查，这就大大影响了普通 301 条款的效率。

据此制定的超级 301 条款，要求美国贸易代表根据贸易壁垒和造成贸易扭曲的法律、政策或做法的数量和实施广度，确定进行贸易自由化工作的重点国家。通过贸易代表和重点国家磋商，要求重点国家在三年内消除其重点做法，并使美国向该国的出口逐年增加。

超级 301 条款改变了普通 301 条款每次只能针对外国一项“法律、政策或做法”进行调查的规定，允许同时展开多项调查。

（三）特别 301 条款

特别 301 条款，是 1974 年 301 条款修正案的第 1303 条至第 1307 条，是专门针对保护美国的知识产权而增写的。美国贸易代表办公室每年发布《特别 301 评估报告》，全面评价与美国有贸易关系国家的知识产权保护情况，并视其存在问题的严重程度，将其分别列入一般观察国家、重点观察国家、重点国家以及 301 条款监督国家。

美国在动用特别 301 条款时，往往采取以下三个步骤：

（1）把与之有一般知识产权纠纷的贸易伙伴列入一般观察国家名单。这时，被观察国家应尽快改善其对知识产权的保护水平，否则将被作为有重大纠纷的贸易伙伴而列入重点观察国家名单。

（2）被列入重点观察国家名单的国家，应在一年内对其知识产权保护情况采取重大措施，否则将被升至重点国家。

（3）一旦被列入重点国家名单，该国应当在宣布之日起的半年内，在被指控的知识产权保护领域取得明显改善。否则，美国将按程序启动报复措施。

特别 301 条款确定重点国家的标准如下：

（1）外国的法律、政策或做法极端恶劣，拒绝充分有效的知识产权保护，或者对依赖知识产权保护的美国公民或法人不提供公平的进入市场的机会。

（2）对美国有关产品存在极其不利的现实或潜在影响。

（3）在双边或多边谈判中，无法进行诚实可信的谈判，或在谈判中不求重大进展。

具备这些标准之一，同时贸易代表又能证实这是违反国际法或国际协定的，就可将其确定为重点国家。

参考文献

[1] 亚当·斯密. 国富论 [M]. 北京: 华夏出版社, 2005.
[2] 大卫·李嘉图. 政治经济学及赋税原理 [M]. 北京: 华夏出版社, 2005.
[3] 保罗·克鲁格曼. 国际经济学 [M]. 北京: 中国人民大学出版社, 2006.
[4] 道格拉斯·欧文. 贸易的冲突 [M]. 北京: 中信出版社, 2019.
[5] 伯特尔·俄林. 区际贸易与国际贸易 [M]. 北京: 华夏出版社, 2008.
[6] 保罗·克鲁格曼. 战略性贸易政策与新国际经济学 [M]. 北京: 中国人民大学出版社, 2000.
[7] G. M. 格罗斯曼. 利益集团与贸易政策 [M]. 北京: 中国人民大学出版社, 2005.
[8] 埃尔赫南·赫尔普曼, 保罗·R. 克鲁格曼. 贸易政策和市场结构 [M]. 上海: 上海人民出版社, 2009.
[9] 杰弗里·萨克斯, 费利普·拉雷恩. 全球视角的宏观经济学 [M]. 上海: 上海人民出版社, 2004.
[10] 贾格迪什·巴格沃蒂. 今日自由贸易 [M]. 北京: 中国人民大学出版社, 2004.

第七章　金融市场

金融市场，可以理解为交易金融资产的场所，也可以理解为交易金融资产并确定金融资产价格的一种机制。

在金融市场中交易的某些金融资产也被称为金融工具。这是因为不同的金融资产具有不同的功能，可以充当实现某种目标的工具。如企业可以通过发行股票、债券达到融资的目的，股票、债券就是企业融资的工具。企业还可以通过购买期货合约实现规避价格风险的目的，期货合约在这种情况下就充当了企业避险的工具。常见的金融工具有：商业票据、存款凭证、股票、债券、期货合约、期权合约等。

金融市场是由许多不同的市场组成的一个市场体系，主要包括货币市场、债券市场、股票市场、外汇市场、黄金市场、期货市场、期权市场、其他衍生性金融工具市场、基金市场、理财产品市场等。

根据金融市场中交易的金融工具的期限，可以把金融市场分为货币市场和资本市场。货币市场是融通短期资金（一年以内）的市场，资本市场是融通中长期资金（一年以上）的市场。货币市场包括银行间同业拆借市场、回购协议市场、票据市场、银行承兑汇票市场、短期政府债券市场、短期信贷市场、大额可转让存单市场等。资本市场包括中长期信贷市场和证券市场。中长期信贷市场是金融机构与工商企业之间的贷款市场；证券市场是通过证券的发行与交易进行融资的市场，主要包括债券市场、股票市场、基金市场等。

一、货币市场

货币市场是融通短期资金的市场。货币市场由同业拆借市场、票据市场、短期证券市场、大额可转让定期存单市场、短期信贷市场和回购协议市场等市场构成。

货币市场中交易的金融工具，主要是政府、银行及工商企业发行的短期债券，具有期限短、低风险、低收益、交易量大、流动性高的特点。由于这些短期债券的流动性很高，仅次于现金和存款，被称为准货币，所以该市场被称为货币市场。

货币市场的参与者主要包括：短期资金供给者、短期资金需求者、金融中介、中央银行和金融监管机构。

短期资金供给者主要包括：企业、商业银行、非银行金融机构和个人。短期资金需求者主要包括：政府和政府机构、企业、商业银行、非银行金融机构等。由于货币市场单笔交易数额较大以及金融监管的需要，个人通常不能直接参与货币市场的交易，而是通过购买货币市场基金份额的方式间接参与货币市场的交易。

中央银行参与货币市场交易、进行公开市场操作的目的是实施货币政策，实现宏观经济管理目标。中央银行和中国证券监督管理委员会是货币市场的监管者。

（一）同业拆借市场

同业拆借市场是商业银行同业间的短期信贷市场，其功能在于解决商业银行临时性的存款准备金不足的问题。

在任何时候都有商业银行拥有超额存款准备金，这样，存款准备金短缺的商业银行就可以向那些拥有超额准备金的商业银行借款。这种借款通常是隔夜交易，出借超额存款准备金所收取的年化利率就是通常所说的同业拆放利率。在美国的货币市场，这个利率被称为联邦基金利率。同业拆放利率走高，就说明商业银行面临的信贷需求非常旺盛。

商业银行在绝大部分情况下是通过同业拆借市场而不是中央银行的贴现窗口来满足他们对存款准备金的需求的。中国的同业拆借市场集中在上海的全国银行间同业拆借中心，其利率被称为上海银行间同业拆放利率。该市场发行隔夜、一周、两周、一月、两月、六个月、九个月、一年八个品种。

（二）票据市场

票据市场按票据的发行主体划分，可分为中央银行票据市场、银行票据市场和商业票据市场；按票据的交易方式划分，可分为票据发行市场、票据承兑市场和票据贴现市场；按票据的种类划分，可分为中央银行票据市场、银行承兑汇票市场、商业承兑汇票市场、大额可转让定期存单市场等。

中央银行票据，是中央银行为调节商业银行超额准备金规模而向商业银行发行的短期债务凭证，其实质是中央银行债券。之所以叫中央银行票据，是为了突出其短期性的特点。目前央行票据已突破短期债券的局限，从已发行的央行票据来看，期限最短的为 3 个月，最长的有 3 年。

央行票据与金融市场其他发债主体发行的债券相比具有本质区别。其他发债主体发行的债券是一种筹集资金的工具，其目的是增加可用资金，而中央银行发行央行票据的目的是调节货币供给量和商业银行的信贷规模。

政府债券、央行票据和金融债共同构成中央银行进行公开市场操作的主要金融工具。

汇票，是出票人签发的，委托付款人（承兑人）在见票时，或者在指定日期无条件支付确定的金额给持票人的票据。汇票可以理解为一份付款命令。

按付款人的不同，汇票可分为银行汇票和商业汇票。银行汇票是出票人为银行，付款人为其他银行的汇票。商业汇票是签发人为公司或个人，付款人为其他公司、个人或银行的汇票。

按付款时间，汇票可分为即期汇票和远期汇票。即期汇票，指出票人向付款人提示后对方立即付款的汇票，又称见票即付汇票。远期汇票，是在出票一定期限后或特定日期（到期日）后付款的汇票。

远期汇票按承兑人可分为银行承兑汇票和商业承兑汇票。银行承兑汇票，是承兑人为银行的远期汇票。商业承兑汇票，是以银行以外的公司或个人为承兑人的远期汇票。

我国的银行承兑汇票每张票面金额最高为 1000 万元（含）。银行承兑汇票按票面金额向出票人收取万分之五的手续费。承兑期限最长不超过 6 个月。

大额可转让定期存单（NCDS），是商业银行为了吸收资金而开出的可在货币市场转让流通的一种定期存款凭证。存单上印有票面金额、到期日以及利率，到期后可按票面金额和约定利率提取全部本息，逾期不计息。

大额可转让定期存单的面额有 100 元、500 元、1000 元、5000 元、10000 元、50000 元、100000 元、500000 元八种版面，购买此项存单的起点个人是

500 元，单位是 50000 元。存单期限共分为 3 个月、6 个月、9 个月、12 个月四种。

大额可转让定期存单与普通定期存款不同：第一，它是不记名的，而普通定期存款是记名的。第二，它有固定的面额，且面额较大，而普通定期存款的数额由存款人决定。第三，它不能提前支取，但可在二级市场上转让流通，具有高度的流动性。而普通定期存款可以提前支取，但不能转让。第四，大额可转让定期存单的利率高于同期限的普通定期存款的利率。

票据贴现市场，是为客户提供短期资金融通，对未到期票据进行贴现的市场。票据贴现，是一种出售或购买未到期票据的行为。可贴现的票据主要有：商业承兑汇票、银行承兑汇票、政府债券和金融债券等。

票据贴现可分为三种：贴现、转贴现和再贴现。贴现，指的是持票人在票据到期日前，贴付一定利息将票据权利转让给商业银行、中央银行或专门从事贴现业务的贴现公司的行为，是持票人融通资金的一种方式。转贴现，指的是商业银行或贴现公司在资金临时不足时，将已贴现但仍未到期的票据，通过贴付一定利息再次将票据权利转让给其他商业银行或贴现公司以获取资金的行为。再贴现，指的是商业银行将自己持有的已贴现但尚未到期的票据再次贴现给中央银行的行为。

二、债券市场

（一）债券市场的构成

债券市场是发行和买卖债券的场所。债券市场是金融市场的重要组成部分。

根据债券市场的基本功能，可将其分为发行市场和流通市场。债券发行市场，又称一级市场，是发行单位出售新债券的市场。债券流通市场，又称二级市场，指已发行债券买卖转让的市场。通过债券流通市场，投资者可以转让债权，将债券变现。

根据债券市场的组织形式，债券流通市场又可进一步分为场内交易市场和场外交易市场。在证券交易所内买卖债券所形成的市场，就是场内交易市场或交易所市场。在证券交易所外买卖债券所形成的市场，就是场外交易市场。全国银行间证券交易市场和柜台债券交易市场就属于债券市场中的场外交易市场。

全国银行间债券市场，是依托中国外汇交易中心暨全国银行间同业拆借中心（简称同业中心）和中央国债登记结算有限公司（简称中央结算公司），面向商业银行、保险公司、证券公司、基金管理公司、外资金融机构等金融机构的机构投资者之间进行债券买卖与回购交易的市场。同业中心为参与者的报价、交易提供中介及信息服务，中央结算公司为参与者提供债券托管、结算和信息服务。全国银行间债券市场的主要交易品种是记账式国债、政策性金融债券、国家开发银行债券、地方政府债券。全国银行间债券市场成立于 1997 年 6 月 6 日，目前在中国债券市场中发挥着主板作用。

债券柜台交易市场，是指商业银行通过营业网点柜台（含电子银行系统）与个人和机构投资者进行债券买卖并办理托管与结算等相关业务所形成的市场。商业银行根据全国银行间债券市场的行情，在营业网点柜台挂出国债买入和卖出价格，以保证个人和机构投资者能够及时买入和卖出国债。商业银行的资金和债券余缺则通过其在银行间债券市场的交易加以平衡。

（二）债券的分类

债券是政府、金融机构、工商企业等机构直接向社会借债筹借资金时，按法定程序发行，同时承诺按约定条件向债权人支付利息并偿还本金的债权债务凭证。债券的本质是债务人和债权人之间达成的一种金融契约，或一种具有法律效力的借据（IOU）。

息票是指附印于长期债券上的利息票券，债券持有人按期（一般为一年）持债券到付息处剪下息票兑取利息，这种支付利息的方式被称作息票支付，或剪息票。

按发行主体，债券可分为政府债券、金融债券、企业债券（公司债券）。

政府债券，包括中央政府债券和地方政府债券。中央政府发行的国债因为信用等级高、发行量大、流动性强，许多国家还对国债的利息收入实行税收优惠政策，因此被称为金边债券。

企业债券，通常又称公司债券，是企业依照法定程序发行，约定在一定期限内还本付息的有价证券。

金融债券是由银行和非银行金融机构（如保险公司、证券公司）发行的债券。在英、美等国，金融机构发行的债券被归为公司债券。在中国、日本等国，金融机构发行的债券被称为金融债券。吸收存款、向其他机构借款和发行债券是金融机构的主要资金来源。金融债券的安全性低于政府债券，高于企业债券。在中国，金融债券主要由国家开发银行（开发性金融机构）和中国进出口银行、中国农业发展银行发行。

按有无财产担保，债券可分为担保债券和信用债券。担保债券，指的是有物质形态的抵押品做担保的债券。如果抵押品是债券、股票等有价证券，这种债券就被称为抵押信托债券或证券抵押债券。没有任何抵押品支持的债券就是信用债券。政府债券就是一种信用债券。

按券面形态，债券可分为实物债券、凭证式债券和记账式债券三种。实物债券是一种具有标准格式的纸质债券，上面载有债券的面额、利率、债券期限、债券发行人全称等票面要素。实物债券不记名、不挂失，可上市流通。凭证式债券是债权人认购债券的一种收款凭证，票面上不印刷面额，而是根据实际认购数额填写。凭证式债券可记名，可挂失，但无法上市流通。记账式债券是一种以电脑账户记账方式记录的债权。由于记账式国债没有实物形态的票券，所以又被称为无纸化债券。记账式国债通过证券交易所的交易系统发行和交易。记账式国债可随时流通转让，流动性很强。

按付息方式，债券可分为零息债券（贴现债券）、付息债券、固定利率债券、浮动利率债券。零息债券，亦称贴现债券，指在票面上不规定利率，发行时按某一折扣率，以低于票面金额的价格贴现发行，到期时按票面金额支付本息的债券。债券发行价与票面金额之间的差额就相当于预先支付的利息。以贴现方式发行的债券通常是短期债券。固定利率债券，指票面利率在整个偿还期内固定不变的债券。债务人和债权人需要分别承担债券偿还期内市场利率向下波动（通货紧缩）的风险和向上波动（通货膨胀）的风险。浮动利率债券，指票面利率在偿还期内可随市场利率的变动定期调整的债券。指数化债券就是一种浮动利率债券。浮动利率债券能够较好地保护债权人免受通货膨胀带来的风险，属于中长期债券。

按偿还期限，债券可分为长期债券、中期债券和短期债券。长期债券的偿还期限通常在 10 年以上。中期债券的偿还期限在 1 年以上、10 年（含）以下。短期债券的偿还期限在 1 年（含）以下。

按募集方式，债券可分为公募债券和私募债券。公募债券，指按法定手续向社会公开发行的债券，发行者需要有较高的市场信誉。私募债券，指面向合格投资者（少数特定投资者）以非公开方式发行的债券。私募债券的发行手续简单，但不能在证券交易所上市交易，其发行和转让均具有一定的局限性。

按债券的信用等级，债券可分为投资级债券和投机级债券。信用等级在 Ba 级或 BB 级及以下的债券属于投机级债券，也被称为垃圾债券，与投机级债券对应的是投资级债券。

投机级债券的信用风险较高，其票面收益率、当期收益率和到期收益率均高于投资级债券，属于高收益债券。债券的当期收益率和到期收益率不仅包括债券的票面利息收入，还包括债券的资本利得收入。

在过去，几乎所有的投机级债券都是“堕落的天使”，即是由原先的投资级债券在其信用等级降低以后才变成投机级债券的。但在今天的国际债券市场中，许多债券是由信用等级较低的中小企业发行的，这类债券从开始就具有较高的违约风险，被称为原始垃圾债券。

（三）债券的信用评级

总部位于美国纽约曼哈顿的标准普尔公司（Standard & Poor’s）、穆迪投资者服务公司（Moody’s Investors Services）和总部位于英国伦敦和美国纽约的惠誉国际公司（Fitch Ratings）是世界上主要的信用评级机构。

这些信用评级机构对不同国家的主权债务、地方政府债务、金融机构和企业债务的信用状况展开评级，以不同的信用等级来标示这些国家和机构的偿债能力与偿债愿望。

表 7-1 是穆迪投资者服务公司和标准普尔公司的长期债务信用等级划分。

表 7-1　穆迪投资者服务公司和标准普尔公司的长期债务信用等级划分

穆迪		标普		惠誉		含义
投资级						
Aaa	P1	AAA	A1+	AAA	F1+	高信用
Aa1		AA+		AA+		
Aa2		AA		AA		
Aa3		AA-		AA-		
A1		A+	A2	A+	F1	中高信用
A2		A		A		
A3	P2	A-		A-	F2	
Baa1		BBB+		BBB+		中高信用
Baa2	P3	BBB		BBB	F3	
Baa3		BBB-	A3	BBB-		
投机级						
Ba1	NP	BB+	B	BB+	B	投机性评级
Ba2		BB		BB		
Ba3		BB-		BB-		
B1		B+		B+		
B2		B		B		
B3		B-		B-		
Caa1		CCC+	C	CCC+	C	信用状况极低
Caa2		CCC+		CCC		
Caa3		CCC-		CCC-		
Ca		CC		CC		高信用风险
		C		C		通常会发生违约
C		SD	D	RD	D	已经出现违约
—	—	D		D		

对长期债务的信用等级，穆迪设置了 A、B、C 三等，共 21 级。各类别中的数字 1、2、3，表示同类别中信用等级的排序，如 A 等 A 类债务中又分为 A1、A2、A3 三个信用等级。标普和惠誉对长期债务的信用等级，设置了 A、B、C、D 四等，共 23 级。各类别中的“+”和“-”，表示同类别中信用风险的相对强弱。RD，表示债务主体没有能够按期偿还部分债务，但还能够偿还其

他债务。D，表示债务主体的所有债务均出现违约。

对短期债务的信用等级，三大信用评级机构分别设置了四等 4 级、四等 6 级和四等 7 级。

信用评级机构对长期债务给出信用等级的同时，还会对其信用等级的未来变动方向做出评级展望（outlook）。评级展望分为正面、稳定和负面三种。信用评级机构对长期债务的信用等级进行调整之前，评级机构通常会先对其做出相应的评级展望。如在信用等级调升之前，通常先对其信用等级做出正面展望，调降之前先对其信用等级做出负面展望。如果其信用风险没有发生变化，就给出“评级展望为稳定”的结论。评级机构对短期债务（距到期日一年以内）不进行评级展望。

（四）债券收益率

债券的收益率不同于债券的票面利率。债券的票面利率是固定不变的，债券的收益率随债券市场价格的变化而不断变化。

债券的收益率分为当期收益率和到期收益率。当期收益率是债券在某一时点上的收益率。

当期收益率=债券年息收入/债券当前市场价格×100%

债券的到期收益率则需考虑债券持有者在债券持有期间所获得的利息收入和资本损益（即债券面值与债券买入价之间的差额）。

债券的收益率与债券持有者所面临的信用风险、流动性风险、市场基准利率或预期市场基准利率的变动、通货膨胀率或预期通货膨胀率的变动等因素密切相关。

信用风险又称违约风险，是指因债券发行人不能按时支付债券本息而给债权人带来损失的风险。信用评级机构以对债券进行信用等级划分的方法来标示其信用风险级别。一种债券的信用风险级别越高，市场要求的收益率也越高。

债券的流动性风险，指的是债券持有者难以将未到期债券以合理的价格或预期的价格及时变现的风险。当债券持有者面临的流动性风险增大时，债券的收益率就会上升；反之，债券的收益率就会下降。

市场基准利率或预期市场基准利率的变动，会引起债券收益率的变动。当市场基准利率提高时，债券的市场价格就会降低，债券的收益率就会相应提高。

当市场基准利率下降时，债券的市场价格就会上升，债券的收益率就会相应降低。

通货膨胀率或预期通货膨胀率的变动，也会引起债券收益率的变动。当通货膨胀率上升时，债券的市场价格就会下降，债券的收益率就会相应提高。当通货膨胀率下降时，债券的市场价格就会上升，债券的收益率就会相应降低。

投资者持有一定比例的债券，通常是为了保持资产组合的流动性，而不是出于平衡资产组合风险水平与投资回报率的需要。就长期而言，持有债券的回报率过低，仅略高于通货膨胀率。巴菲特说："买了长期债券，就相当于在30年内把自己的钱贱卖了。"长期持有Visa、万事达、苹果、亚马逊、谷歌、穆迪、特斯拉、Uber、吉利刀片这类具有长期投资价值的股票，或反映持续增长经济体经济增长的指数型基金，如标准普尔500ETF基金，能够同时拥有低风险和高回报。特别是标普500ETF基金或Visa、万事达、穆迪、吉列刀片这类具有宽阔护城河和市场垄断地位、受新科技冲击较小、业绩稳定增长、非常成熟的传统行业优秀公司的股票，类似于一种低风险的高息债券。

三、股票市场

（一）股票的分类

股份有限公司（简称"股份公司"）除了可以通过银行贷款、发行债券、股权质押、融资租赁等方式筹集资金以外，还可以通过出售公司股份的方式筹集资金。前几种筹资方式叫债务融资，后一种筹资方式叫股权融资。

股票，是股份公司在筹集资本时向出资人（即股东）发行的一种使用权凭证。这种所有权是一种综合权利，包括公司决策参与权、利润分配权、优先认股权（普通股股东）、剩余资产分配权等一系列权利。

在金融学中，股票（stocks）、股份（shares）和权益（equities）可以被看作同义词。权益也可被理解为剩余资产的所有权，即剩余索取权。当公司破产时，在财产清算过程中，公司股东只有在满足其他所有债权人的要求后才能对公司剩余财产行使索取权。一家破产公司的股东通常得不到任何资产。

根据股票持有人享有的权利和义务，股票可分为普通股和优先股。普通股，是在优先股的要求权得到满足以后才能参与公司利润和剩余资产分配的股票。目前在上海证券交易所和深圳证券交易所上市交易的股票都是普通股。优先股，是在公司利润和剩余资产分配方面优先于普通股的股票。优先股享有固定的股息率。股份公司没有必须定期向优先股的持有人支付股息的契约义务，但对优先股股东的未支付股息必须在对普通股股东支付任何红利之前全部予以支付。优先股股东没有选举权和被选举权，无表决权或仅有有限表决权。

股份公司根据有关法规的规定，可以发行不同种类的普通股。按投资主体的不同，普通股可分为国家股、法人股和个人股。国家股，是有权代表国家投资的部门或机构以国有资产向公司投资而形成的股份。法人股，是企业法人依法以其可支配的财产向公司投资而形成的股份，或具有法人资格的事业单位和社会团体以国家允许用于经营的资产向公司投资而形成的股份。自然人股，是社会个人或公司内部职工以个人合法财产投入公司而形成的股份。

按股票有无记名，可分为记名股和不记名股。公司向发起人、国家授权投资的机构、法人发行的股票，应当为记名股票，并应当记载该发起人、机构或者法人的名称，不得另立户名或者以代表人姓名记名。对社会公众发行的股票，可以为记名股票，也可以为不记名股票。

按发行对象和上市地区的不同，又可将股票分为 A 股、B 股、H 股和 N 股等。A 股是供中国大陆地区个人或法人买卖的，以人民币标明票面金额并以人民币认购和交易的股票。B 股、H 股和 N 股是专供外国和中国港、澳、台地区投资者买卖的，以人民币标明票面金额但以外币认购和交易的股票。其中，B 股在上海、深圳上市；H 股在香港上市；N 股在纽约上市。

按股票持有人对公司经营管理所享有的表决权，可将股票分为普通表决权股股票、多数表决权股股票。普通表决权股股票，每股股票只享有一票表决权。多数表决权股股票，每股股票享有若干表决权的股票。这种股票通常是股份公司向特定的股东，如公司的创始股东发行的，其目的在于保证这些股东能够以较少的股份保持对公司的控制权。谷歌、脸书、京东、阿里巴巴、百度等公司就采用同股不同权的 AB 股结构。多数表决权股股票一经出售，即转为普通表决权股股票。

（二）股票市场的参与者

股票市场的主要参与者为证券市场监管机构、股票发行公司、投资者、证券市场中介机构、自律性组织。

股票市场中的投资者分为个人投资者和机构投资者。个人投资者，是指以自然人身份进行有价证券投资活动的投资者。机构投资者，是指用自有资金或者从分散的公众手中筹集的资金专门进行有价证券投资活动的法人机构。

机构投资者主要包括：各类基金公司、保险公司、（有证券自营业务资格的）证券公司、商业银行、合格境外机构投资者、政府机构（如中央银行、国有资产管理部门）等。作为专业投资者，机构投资者在资金规模、资金来源、投资目标、投资风格、市场研究能力、专业化水平、风险承受能力等方面都与个人投资者存在很大差别。

合格境外机构投资者（QFII），是指经中国证券监督管理委员会批准投资于中国证券市场，并取得国家外汇管理局额度批准的中国境外基金管理机构、保险公司、证券公司以及其他资产管理机构。合格境外机构投资者需委托境内商业银行作为托管人托管资产，委托境内证券公司办理在境内的证券交易活动。在 QFII 制度下，合格的境外机构投资者被允许将一定额度的外汇资金汇入并兑换为人民币，设立 QFII 基金，投资中国的证券市场。QFII 基金的投资范围包括：在证券交易所挂牌交易的 A 股股票、新三板股票、国债、公募基金、私募基金、可转换债券、企业债券、金融期货、商品期货、期权及中国证监会批准的其他金融工具。QFII 制度是在人民币没有实现完全可自由兑换、资本项目尚未开放的情况下，有限度地允许境外投资者投资境内资本市场的一项过渡性制度安排。

合格境内机构投资者（QDII），是指经中国证券监督管理委员会批准在中华人民共和国境内募集资金，运用所募集的部分或者全部资金以资产组合方式进行境外证券投资管理的境内基金管理公司和证券公司等证券经营机构。合格境内机构投资者开展境外证券投资业务，应当由境内商业银行负责资产托管业务，可以委托境外证券服务机构代理买卖证券。在 QDII 制度下，合格境内机构投资者被允许使用一定额度的外汇资金，投资于境外证券市场。QDII 基金的投资范围包括：可转让存单、银行承兑汇票、银行票据、商业票据、回购协议、短期政府债券等货币市场工具；政府债券、公司债券；在证券交易所交易的股票、基金。和 QFII 制度一样，QDII 制度也是在人民币没有实现完全可自由兑换、资本项目尚未开放的情况下，有限度地允许境内投资者投资境外证券市场的一项过渡性制度安排。

证券市场中介机构包括证券公司和证券服务机构。证券公司，又称券商，是专门经营证券业务的有限责任公司或股份有限公司。证券公司经营的证券业务主要包括：证券经纪业务、投资银行业务、证券自营业务、证券资产管理业务、证券投资咨询业务等。证券服务机构主要包括：证券登记结算机构、证券投资咨询机构、财务顾问机构、资信评级机构、资产评估机构、会计师事务所、律师事务所等。

（三）股票发行市场

股票市场是股票发行和交易的场所，包括股票发行市场和股票流通市场两部分。股票发行市场，又称一级市场，是发行公司以筹集资金为目的，按照一定的法律规定和发行程序，向最初购买者出售新发行股票所形成的市场。股票流通市场，又称二级市场，是已发行股票在不同投资者之间买卖流通所形成的市场。二级市场分为场内（交易）市场和场外（交易）市场。一级市场和二级市场互相依存，相互促进。一级市场是二级市场的基础，二级市场又能促进一级市场的发展，为在一级市场发行的股票提供交易和变现的场所。没有二级市场的流动性，股权价值将不能充分实现，市场融资功能将难以发挥。

股票发行方式有私募发行和公募发行两种。私募发行，又称非公开发行或定向发行，是指股票发行公司向特定对象（合格投资者）发售新股票的发行方式。私募发行的对象主要有两类：发行公司的现有股东或员工；投资基金、社会保险基金、保险公司、商业银行等金融机构以及与发行人有密切往来关系的企业等合格机构投资者。

上市公司配股、定向增发采用的就是私募发行方式。配股，是股份公司根据公司发展需要，依照有关法律规定和相应的程序，向公司股东按其持股比例、以低于市价（通常折价 10%～25%）的某一特定价格配售一定数量新发行股票的股权再融资行为。定向增发，是指上市公司向符合条件的少数特定投资者（合格投资者）非公开发行新股票的行为。定向增发的特定对象通常不超过10 名。

公募发行，又称为公开发行，是指股票发行公司向不特定的社会公众投资者发售新股票的发行方式。因为公募发行涉及众多中小投资者的利益，证券市场监管当局对公募资金的使用方向、信息披露内容、风险防范的要求都非常高。因此，公募发行的发行条件比较严格，发行程序比较复杂，发行费用也比较高。

一家股份公司首次向社会公众公开招股被称为首次公开募股（Initial Public Offerings，IPO）。一家股份公司一旦完成 IPO 后，这家公司就可以申请到证券交易所或报价系统挂牌交易。其公开发行的股票在证券交易所或报价系统上市交易（全流通或部分流通）的股份公司，就被称为上市公司。原始股，是指股份公司在上市前发行的股票。

按是否有中介机构（投资银行）协助，股票发行可分为直接发行与间接发行（或委托发行）。公募发行采用间接发行的方式，私募发行大多采用直接发行的方式。

证券承销是投资银行最本源、最基础的业务活动。当拟公开发行股票的发行总市值较大时，股票承销通常由承销团承担。承销团由主承销商、副承销商和若干分销商组成。股票承销机构可根据承销风险的大小，按发行总市值的一定比例收取承销费用。

股票承销主要有代销和包销两种方式。股票代销，是指股票承销商接受发行公司的委托，代理发行公司发行股票的方式。股票的发行风险完全由发行公司承担。股票包销，包括全额承购包销和余额承购包销两种。前者是指股票承销商按约定的价格购买所有拟发行股票，然后再将股票卖给他们的客户的承销方式。后者是指股票承销商有义务在销售期满后按协议价格认购全部未售出股票的承销方式。

股票公开发行制度主要有注册制和核准制两种。在注册制下，证券发行申请人需按法律要求将与证券发行有关的相关信息和资料公开，送交证券监管机构审查。注册文件以招股说明书为核心。证券监管机构只负责审查发行申请人所提供的信息是否履行了信息披露义务，也就是说，在注册制下，证券监管机构只对注册文件进行格式是否规范、内容是否齐全的形式审查，不进行所披露内容是否真实的实质审核和关于投资价值与投资风险的价值判断。证券发行注册生效等待期满后，如果证券监管机构未对注册文件提出异议，证券发行注册生效，发行人即可发行证券。

在证券公开发行核准制下，证券发行申请人不仅要依法公开披露与证券发行有关的信息，而且要符合公司法和证券法所规定的一系列条件，在此基础上还需将发行申请报请证券监管机构核准。在核准制下，证券监管机构要对证券发行人是否符合发行条件进行实质审核，还要对拟发行证券的投资价值与投资风险做出价值判断。

中国证券市场的注册制改革，绝不仅仅是发行制度的改革，更不意味着单纯地降低上市门槛，而是一场围绕发行制度的改革，涉及信息披露制度、退市制度、投资者集体诉讼制度、投资者保护与赔偿制度、提高对证券市场各种违法违规行为的事后惩处力度、强化媒体监督功能等一系列制度创新的系统性改革。

上市公司信息披露制度，是上市公司为保障投资者利益，接受社会公众监督，依照法律规定将其财务变化、经营状况等信息向证券监管部门和证券交易所报告，并向社会公开或公告的制度。信息披露制度可分为发行市场信息披露制度和流通市场信息披露制度。大多数国家的法律都要求上市公司对社会公众做出真实、准确、完整、充足、及时的信息披露。

上市公司信息披露制度主要由招股说明书制度、上市公告书制度、定期报告制度和临时报告制度组成。定期报告包括年度报告、中期报告、季度报告。季度报告分为一季度（春季度）报告和三季度（秋季度）报告。临时报告包括的内容和形式较为广泛，较为常见的有股东大会决议公告、董事会决议公告、监事会决议公告。上市公司信息披露是上市公司与投资者和社会公众沟通信息的桥梁。投资者和社会公众对上市公司信息的获取，主要就是通过阅读上市公司在大众媒体上公布的各类定期报告和临时报告。

上市公司的高层管理者在信息披露过程中存在突出有利信息甚至伪造信息，以诱导投资者高估其公司价值的强烈动机。这是因为将上市公司股票价格维持在高位，可以使公司在再次发行股票时能募集到更多的资金，还可以使上市公司管理层在行使期权时获得更高的回报。公司董事会为了减少因委托—代理关系产生的代理人道德风险问题和内部人控制问题，经常会给公司高层管理人员和核心技术人员购买一定数量公司股票的期权。2001 年在美国发生的安然事件中，安然公司（在美国 500 强中排第七）的高级管理层伙同会计师事务所的注册会计师一起，通过系统性地伪造公司文件、减少公司账面成本、增加公司账面利润的方式，欺骗投资者，谋求高额的股票期权回报。事情败露后，安然公司跌落神坛，迅速破产，投资者蒙受巨大损失。2000 年 8 月，安然公司的股价达到每股 90 美元的历史高位。一年之后，2001 年 11 月，安然公司的股价已经跌破 1 美元。为了阻止类似丑闻的再度发生，美国在 2002 年通过了一项新的法案——《萨班斯—奥克斯利法案》，该法案要求上市公司的董事会中必须有一定比例的财务专家，同时公司的 CEO 必须对财务报表的准确性负责。

（四）股票流通市场

股票流通市场，是已发行股票在不同投资者之间买卖流通所形成的市场。

按证券交易是否在证券交易所内进行，证券流通市场可分为场内交易市场（简称“场内市场”）和场外交易市场（简称“场外市场”）。场内市场，也称有形市场，指的是在证券交易所内进行的证券交易活动所形成的市场。场外市场，也称柜台市场（即 OTC 市场，Over the Counter），指的是在证券交易所外进行的证券交易活动所形成的市场。场外交易通过不同证券公司的柜台或报价系统来进行，美国的纳斯达克市场就属于一种场外市场。场外市场的最初功能是用于交易不能满足股票交易所上市要求的公司的股票。

场内市场与场外市场在价格形成机制和市场交易透明度方面存在很大不同。场内市场的证券价格是由证券买卖双方通过集中竞价的形式形成的，券商收取的是佣金。场外市场的证券价格许多情况下是券商分别与买方和卖方达成的协议价格，券商不收取佣金而是赚取其中的差价。场内交易的透明度高，每次交易的价格和成交量都有清晰的记录，而场外交易在许多情况下是通过交易双方私下协商的方式进行，缺乏完备的交易记录。

随着现代信息技术的发展，证券交易已经不再需要在有形的证券交易所内进行了，场内市场和场外市场的物理界限已逐渐模糊。在技术上，场内市场已经完全有能力兼容场外交易。即使在没有交易商存在的情况下，电子撮合系统也能使场外交易迅速达成。目前，划分场内市场和场外市场的目的已逐渐演变为风险分层管理了，即不同的市场按照上市交易品种的风险大小，通过对上市或挂牌条件、信息披露制度、交易结算制度、证券产品设计以及投资者约束条件等制度做出差异化安排，来实现对证券市场交易产品的纵向分层和差异化管理。

集中竞价分为集合竞价和连续竞价两种形式。集合竞价，是指证券交易所将一个时间段内接收的买入和卖出委托一次性集中撮合的交易方式。在上海证券交易所和深圳证券交易所开盘前的9：15~9：25和深圳证券交易所闭市前的14：57~15：00，按照价格优先、时间优先、成交量最大的原则，分别通过集合竞价的方式确定开盘价和收盘价。其余交易时间为连续竞价时间。系统按“价格优先，同等价格下时间优先”的顺序将买入委托与卖出委托依次成交，直到不能成交为止，未成交的委托排队等待成交。如果申买价高于即时揭示的最低申卖价，以最低申卖价成交；如果申卖价低于最高申买价，以最高申买价成交。

（五）证券交易所

证券交易所是依据国家有关法律，经政府证券主管机关批准设立的集中进行证券交易的有形场所。

1680年，世界上第一家证券交易所在荷兰的阿姆斯特丹出现。中国的第一家证券交易所于1918年在北平成立。中国目前有四家证券交易所：上海证券交易所、深圳证券交易所、香港联合交易所和台湾证券交易所。按上市公司市值排名，2018年世界十大证券交易所（市场）为：纽约证券交易所、纳斯达克市场、伦敦证券交易所、东京证券交易所、上海证券交易所、香港联合交易所、泛欧证券交易所、多伦多证券交易所集团、深圳证券交易所、孟买证券交易所。

纽约—泛欧证券交易所。2000年3月18日，阿姆斯特丹证券交易所、布鲁塞尔证券交易所、巴黎证券交易所签署协议，合并为泛欧证券交易所（Euronext）。泛欧证券交易所总部位于巴黎，分部位于比利时、法国、荷兰、葡萄牙、卢森堡和英国。2007年4月，泛欧证券交易所和纽约证券交易所集团（NYSE Group）合并为纽约—泛欧证券交易所（NYSE Euronext），这是世界上第一个全球性的证券交易所。合并后的纽约—泛欧证券交易所将全球总部设在巴黎和阿姆斯特丹，纽约为美国总部所在地。

上海证券交易所成立于1990年11月26日，同年12月19日开业，是不以盈利为目的的法人机构，归属中国证监会直接管理。其主要职能包括：提供证券交易的场所和设施；制定证券交易所的业务规则；接受上市申请，安排证券上市；组织、监督证券交易；对会员、上市公司进行监管；管理和公布市场信息。深圳证券交易所于1990年12月1日开始试营业，1991年4月11日正式成立，同年7月3日正式开业。

香港第一家证券交易所——香港股票经纪协会于1891年成立，1914年更名为香港证券交易所。1921年，香港成立了第二家证券交易所——香港证券经纪人协会。1947年，这两家证券交易所合并为香港证券交易所有限公司。1969年以后又相继成立了远东、金银、九龙三家证券交易所，香港证券市场进入四家交易所并存的“四会时代”。1986年3月27日，四家交易所正式合并为香港联合交易所（简称“联交所”），享有在香港建立、经营和维护证券市场的专营权。2000年3月6日，香港交易及结算所有限公司成立，全资拥有香港联合交易所有限公司、香港期货交易所有限公司和香港中央结算有限公司三家附属公司。台湾证券交易所于1961年10月23日成立，1962年2月9日正式开业。

证券交易所既可由政府或公共团体出资经营（称为公营制证券交易所)，也可由私人出资经营（称为私营制证券交易所)，还可由政府与私人共同出资经营（称为公私合营制证券交易所)。

证券交易所分为公司制和会员制两种。公司制证券交易所以盈利为目的，通过向上市公司收取上市费和证券交易佣金谋取利益。会员制证券交易所不以盈利为目的，由会员自治自律、互相约束，参与市场交易的买卖方只限于证券交易所的会员。这种类型的证券交易所通过向会员收取会费来筹集所需费用。上海证券交易所和深圳证券交易所均为会员制证券交易所。

以深交所为例。深交所向交易者征收证券交易经手费（按成交金额双向收取、交易所)、证券交易监管费（双向、中国证监会）和证券交易印花税（卖方，国家税务局）三项费用。向证券发行人收取正式上市初费和上市年费，向交易所会员征收席位费和交易单元费用（交易单元使用费、流速费、流量费)。上海证券交易所还要向交易者征收过户费（双向、中登公司)。

（六）股票价格指数

股票价格指数，是由证券交易所或金融服务机构编制的反映证券市场股票价格总体水平的一种指标。股票价格指数不同于股票的平均价格。股票价格指数是纯数字，没有计价单位。

编制股票价格指数的股票样本数量必须足够大且具有代表性，这样才能在统计上代表股票市场平均价格水平的运动特征。通常根据股票的规模（总市值、流通市值)、流动性（成交金额、换手率)、稳定性、行业代表性来选择样本股，即选取规模大、交易活跃、稳定性强且具有行业代表性的股票作为样本股。然后选择某年某月某日作为基期，将该组样本股票的价格水平设为 10、100 或 1000，以此为基准来计算这个日期以后任何一个交易日该组股票的价格水平。

按照股票价格指数涵盖的股票数量和种类的不同，可以将股票价格指数分为综合指数、成份指数和分类指数。世界上有影响的股票指数大多数是成份指数，如我们熟知的道琼斯 30 种工业股票平均指数、道琼斯 500 指数、标准普尔 500 指数、英国富时 100 指数、德国 DAX30 种股票指数、日经 225 指数、沪深 300 指数、上证 50 指数、上证 180 指数和深证成份指数等。

1. 中证规模指数体系

中证指数有限公司成立于 2005 年 8 月 25 日，是由上海证券交易所和深圳证券交易所共同出资发起设立的一家专业从事证券指数及指数衍生产品开发服务的公司。中证指数有限公司开发了一系列规模指数，其中最具影响的规模指数是沪深 300 指数。

中证规模指数体系包括沪深 300 指数、中证 100 指数、中证 200 指数、中证 500 指数、中证 700 指数、中证 800 指数和中证流通指数。其中，中证 100 指数定位于大盘指数，中证 200 指数为中盘指数，沪深 300 指数为大中盘指数，中证 500 指数为小盘指数，中证 700 指数为中小盘指数，中证 800 指数为大中小盘指数。

沪深 300 指数是沪、深证券交易所于 2005 年 4 月 8 日联合发布的反映 A 股市场平均价格水平的指数。中证指数有限公司成立后，沪、深证券交易所将沪深 300 指数的经营管理及相关权益转移至中证指数有限公司。沪深 300 指数以 2004 年 12 月 31 日为基期，基期指数为 100 点。

2. 上交所指数体系

由上海证券交易所编制并发布的上证指数体系包括上证综合指数、上证 A 股指数、上证 B 股指数、上证成份指数（上证 180 指数、上证 50 指数）、上证分类指数、上证债券指数、上证基金指数等。其中，编制最早和影响最大的指数为上海证券交易所综合股票指数（简称上证综合指数）。

上海证券交易所从 1991 年 7 月 15 日起编制并发布上证综合指数。上证综合指数以 1990 年 12 月 19 日为基期，以上海证券交易所全部上市公司股票为样本，基期指数为 100 点。

上证成份指数中影响最大的是上证 180 指数。上证 180 指数以在上海证券交易所上市的 180 种有代表性的股票作为样本股。

3. 深交所指数体系

深圳证券交易所市场的股票价格指数也是一个包括成份类指数、综合类指数和分类指数的指数体系。

深交所成份类指数中影响最大的有深证成份股指数和深证 100 指数。深证成份股指数以在深交所上市的 40 家有代表性的公司为样本股，深证 100 指数以在深交所上市的 100 家有代表性的公司为样本股。

深交所综合类指数包括深证综合指数、深证 A 股指数、深证 B 股指数、中小板综合指数、创业板综合指数、深市基金指数等全样本类指数。深证综合指数以在深圳证券交易所主板、中小板、创业板上市的全部股票为样本股，以 1991 年 4 月 3 日为基期，基期指数为 100 点。深证中小板综合指数以 2005 年 6 月 7 日为基日，基期指数为 1000 点，2005 年 12 月 1 日开始发布。深证创业板综合指数以 2010 年 5 月 31 日为基期，基期指数为 1000 点，2010 年 8 月 20 日开始发布。

4. 香港恒生指数体系

恒生指数（Hang Seng Index，HSI），由香港恒生银行全资子公司恒生指数服务有限公司编制。恒生指数是一种以香港股票市场中的 50 家上市公司股票为成份股，以其发行量为权数的加权股票价格平均指数，是反映香港股票市场平均价格水平最具代表性和影响力的股价指数。恒生指数于 1969 年 11 月 24 日首次公开发布，基期为 1964 年 7 月 31 日，基期指数定为 100 点。

恒生中国企业指数（Hang Seng China Enterprises Index，HSCEI），简称国企指数或 H 股指数，由香港恒生银行全资子公司恒生指数服务有限公司编制，用以反映在香港联合交易所上市的中国 H 股公司股票价格的总体水平。恒生中国企业指数成份股的数量并没有限制，但必须为大市值且在恒生综合指数成份股内的 H 股。目前前五大权重股分别为中国工商银行、中国建设银行、中国银行、中国平安、中国人寿。恒生中国企业指数于 1994 年 8 月 8 日首次公布，以在港交所上市的 H 股公司数量达到 10 家的日期，即 1994 年 7 月 8 日为基准日，以当日收市指数为基准指数，定为 1000 点。

5. 道琼斯 30 种工业股票价格平均指数

世界金融市场上历史最悠久、最著名、使用最广泛的股票价格指数可能是道琼斯30种工业股票价格平均指数（DJI），简称道琼斯工业平均指数或道琼斯指数，该指数于1896年5月正式发布。道琼斯工业平均指数由道琼斯公司编制、维护并在该公司所有的《华尔街日报》和《巴伦周刊》上发布。2017年1月25日，道琼斯工业平均指数盘中达到20082点，首次越过20000点。

道琼斯工业平均指数根据在纽交所上市的30家最主要公司的股票价格计算而来，如通用汽车公司、通用电气公司、波音公司、耐克公司、可口可乐公司、IBM公司、杜邦公司、强生制药、辉瑞制药等。道琼斯工业平均指数的名称在某种意义上有误导作用，叫道琼斯蓝筹公司股票价格平均指数更为准确，因为该指数的样本股中大部分为金融保险、娱乐、零售和科技类公司，如苹果公司、耐克公司、波音公司、美国运通公司、维萨卡公司、摩根大通公司、高盛公司、花旗集团、迪士尼公司、沃尔玛公司、微软公司、思科系统公司、英特尔公司、辉瑞制药公司、强生公司、麦当劳公司等。道琼斯工业平均指数的样本股经常进行调整，用更具代表性的公司股票替代那些失去代表性的公司股票。

6. 美国标准普尔500种股票价格平均指数

反映美国股票市场大公司股票价格平均水平的标准普尔500种股票价格平均指数（S&P500）也是世界上影响最大、使用范围最广的股票价格指数之一。

标准普尔500种股票价格指数由美国著名的金融服务公司——标准普尔公司编制、维护并发布。该指数从1957年开始编制，以1941—1942年为基期，基期指数定为10点。2019年7月5日，标普500收盘于2990.41点。

7. 美国纳斯达克指数体系

纳斯达克（National Association of Securities Dealers Automated Quotations, NASDAQ）是美国“全国证券交易商协会自动报价系统”的英文简称。1971年2月8日，美国证券市场的场外交易发生了革命性的创新，一个被称为纳斯达克的系统为2400只优质的场外交易（OTC）股票提供实时的买卖报价。在以前，这些不在股票交易所上市的股票报价是由主要交易商和持有详细名单的经纪人公司提供的。现在，纳斯达克已成为全球最大和最有影响力的证券交易市场之一。

由于在纳斯达克市场上市的公司标准低于纽约证券交易所，这就为高风险、高成长性的科技型小公司提供了融资机会，微软公司、思科公司、甲骨文公司、英特尔公司当初都是通过在纳斯达克市场上市后才逐渐发展起来的。

纳斯达克指数是一个指数体系，包括纳斯达克综合指数（NASDAQ Composite Index）、纳斯达克100指数（NASDAQ-100Index）以及纳斯达克工业指数、纳斯达克保险指数、纳斯达克银行指数、纳斯达克电信指数、纳斯达克运输指数、纳斯达克生物技术指数等。其中，影响力最大的是纳斯达克综合指数和纳斯达克100指数。

纳斯达克综合指数是以在NASDAQ市场上市的所有公司的普通股为基础计算的。纳斯达克综合指数的基期为1971年2月8日，基期指数为100点。2000年3月10日，纳斯达克综合指数创造出5048.62点的阶段性高点，标志着互联网泡沫的转折点。2002年10月9日，纳斯达克综合指数报收于1114点，创出互联网泡沫破裂以来的最低点位。2019年7月5日，纳斯达克综合指数报收于8161.79点。

纳斯达克综合指数和道琼斯30种工业股票价格平均指数、标准普尔500种股票价格指数一起成为目前美国股票市场最具代表性的股票价格指数。在纳斯达克上市的公司几乎涵盖了所有的新技术行业，包括了苹果、微软、英特尔、甲骨文、谷歌、思科、特斯拉这些家喻户晓的高科技公司，成为美国新经济的代名词。中国的阿里巴巴、新浪、百度、搜狐、京东、携程、拼多多、网易、如家、汉庭等公司均在美国的纳斯达克上市。

纳斯达克100指数的100只成份股大多具有高科技、高成长和非金融的特点。从纳斯达克100指数的10大权重成份股来看，它们主要为高科技企业，如苹果、微软、谷歌、思科、英特尔等公司，因此可以把纳斯达克100指数理解为一种高科技指数。

8. 英国富时指数体系

伦敦金融时报股票价格指数的全称是“伦敦金融时报工商业普通股股票价格平均指数”，是欧洲最早和最有影响的股票价格指数。该指数包括30家在伦敦证券交易所挂牌上市的具有代表性的公司股票，以1935年7月1日为基期，基期指数为100点。伦敦金融时报股票价格指数现已更名为英国富时100指数（FTSE100指数）。

英国富时100指数，由世界著名的金融服务公司英国富时（FTSE）集团编制、维护和发布，创立于1984年1月3日，样本股为在伦敦证券交易所上市的市值最大的100家公司的股票。该指数是英国经济的晴雨表，和法国CAC40指数、德国 DAX 指数并称为欧洲三大股票指数。

富时指数是一个指数体系，除了富时 100 指数外，还包括富时 250 指数（以在伦敦证券交易所上市的 100 家市值最大的公司以外的 250 家市值最大的公司为样本股）、富时 350 指数（富时 100 指数和富时 250 指数的结合）、富时小型公司指数（FTSE Small Cap Index）、富时全球指数（FTSE All-World Index）、富时 TechMARK100 指数、富时 AIM 全股指数等。

9. 德国 DAX30 指数

德国 DAX30 股票价格平均指数（简称德国 DAX30 指数），由德意志交易所集团编制、维护并发布，是德国最重要的股票价格指数。德国 DAX30 指数以在德意志交易所上市的 30 家市值最大公司的股票为样本股。

德国 DAX30 指数于 1987 年推出，基准指数为 1000 点。2019 年 7 月 5 日，德国 DAX30 指数报收于 12562.65 点。

10. 法国 CAC40 指数

法国 CAC40 指数是法国证券市场中影响力最大的指数，由巴黎证券交易所（PSE）编制、维护并发布。

CAC40 指数以在巴黎证券交易所上市、在法国注册的市值前 40 大公司的股票为样本股，采用市值加权的方式计算而成。

CAC40 指数从 1988 年 6 月 5 日开始发布，2019 年 7 月 5 日，CAC40 指数报收于 5593.72 点。

截至 2019 年 7 月 5 日，像欧莱雅、家乐福、标致、爱马仕、路易威登、空中客车集团、雷诺、米其林、施耐德电气、法国兴业银行、法国巴黎银行等一大批中国市场耳熟能详的知名企业，都是 CAC40 指数的样本股。

11. 日经 225 指数

日经指数是“日本经济新闻社股票价格平均指数”的简称，由日本经济新闻社编制、维护并发布。日经指数原称“日本经济新闻社道琼斯股票价格平均指数”。

日经指数是一个指数体系，按样本数的不同，日经指数分为日经 225 种股票价格平均指数（简称日经 225 指数）、日经 300 种股票价格平均指数（简称日经 300 指数）和日经 500 种股票价格平均指数（简称日经 500 指数）。

日经 225 指数从 1950 年 9 月开始编制，以在日本东京证券交易所上市的

225 家公司的股票为样本股，基期为 1949 年 5 月 16 日。

日经 225 指数是日本证券市场最具代表性的股票指数。日经 225 指数的最高点出现在 1989 年 12 月 29 日，为 38957.44 点。2019 年 7 月 5 日，日经 225 指数报收于 21720.70 点。

12. 罗素指数体系

罗素指数，是由美国 Frank Russe Ⅱ 公司开发、维护和发布的一系列股票价格平均指数。

罗素指数的成份股必须是美国公司。罗素指数根据上市公司的可流通市值以加权平均的方式编制而成。在编制罗素指数时，必须在其成份股可流通股中剔除其他上市公司持有的股票、持股比例超过 10%的私人投资者持有的股票、合计持股比例超过 10%的员工持股计划。

罗素指数是一个指数体系，罗素 1000 指数（Russe Ⅱ 1000Index）、罗素 2000 指数（Russe Ⅱ 2000Index）、罗素 3000 指数（Russe Ⅱ 3000Index）是其中影响力较大的几个指数。

罗素 3000 指数的成份股由美国 3000 家最大可流通市值的上市公司构成。罗素 1000 指数的成份股由罗素 3000 指数中可流通市值最大的 1000 家公司构成，公司可流通总市值大约占罗素 3000 指数成份股可流通总市值的 92%。罗素 2000 指数的成份股由罗素 3000 指数中可流通市值较小的 2000 家公司构成。罗素指数会根据公司可流通市值的变化定期进行调整。

13. MSCI 指数体系

MSCI 指数（Morgan Stanley Capital International），即摩根士丹利资本国际指数，简称明晟指数，是由总部位于美国纽约的摩根士丹利（也被译为明晟）国际资本公司编制、维护和发布的一系列股票价格指数。MSCI 指数于 1968 年推出，是机构投资者在进行国际投资时采用最多的指数。截至 2015 年底，全球追踪 MSCI 指数的资产规模已经超过 10 万亿美元。

MSCI 指数体系包括 MSCI 全球指数、发达市场指数、除美洲以外发达市场指数、新兴市场指数、欧洲指数、美国指数、亚洲指数、中国指数等指数。其中 MSCI 全球指数跟踪超过 2400 只成份股，覆盖 23 个发达国家市场及 23 个新兴国家市场。

2018 年 6 月 21 日，MSCI 宣布中国 A 股正式纳入 MSCI 新兴市场指数中。

截至 2018 年 8 月 31 日，全球跟踪 MSCI 新兴市场指数的资产规模为 19000 亿美元，中国 A 股纳入 MSCI 新兴市场指数的成份股已达 236 只，占 MSCI 新兴市场指数的权重为 0. 75%，占 MSCI 中国指数的权重为 5%。

14. 印度孟买 SENSEX30 指数

印度孟买 SENSEX30 指数，又称印度孟买敏感 30 指数，由印度孟买证券交易所发行，是印度证券市场的代名词。

印度共有 23 个股票交易体系，最主要的是孟买股票交易所（Bombay Stock Exchange Limited，BSE）和印度国家股票交易所（National Stock Exchange，NSE）。孟买证券交易所成立于 1875 年，是亚洲最古老的证券交易所。2019 年 7 月 5 日，孟买 SENSEX30 指数报收于 36442. 54 点。

（七）中国的多层次证券市场体系

中国的证券市场由交易所市场和场外市场构成。交易所市场包括上海证券交易所的主板市场和科创板市场、深圳证券交易所的主板市场（含中小企业板市场）和创业板市场。场外市场包括股权代办转让系统（新三板市场）、区域性股权交易市场（俗称“四板市场”）、银行间债券市场、债券柜台交易市场等。

1. 主板市场

主板市场是一个国家或地区证券交易的主要场所，是该经济体证券市场中最重要的组成部分，在很大程度上能反映该经济体宏观经济运行的基本状况。上海证券交易所、深圳证券交易所的主板市场和中小企业板市场共同构成中国大陆地区证券市场的主板市场。主板市场对发行人的经营期限、股本规模、盈利水平、最低市值等方面的要求较高，上市企业多为大型成熟企业，具有较大的资本规模和稳定的盈利能力。

2004 年 5 月，深圳证券交易所在主板市场内设立了中小企业板市场，为主业突出、具有成长性和科技含量的中小企业提供资本市场服务。中小企业板市场所遵循的法律、法规和部门规章与主板市场相同，中小企业板市场中的上市公司须符合主板市场的发行上市条件和信息披露要求，只是规模较小。所以，中小企业板市场是中国证券市场主板市场的一个组成部分。

中小企业板市场实行运行独立、监察独立、代码独立、指数独立。运行独立，是指中小企业板市场的交易由独立于主板市场交易系统的第二交易系统承担；监察独立，是指深圳证券交易所建立了独立的监察系统对中小企业板市场进行实时监控，该系统针对中小企业的交易特点和风险特征设置了独立的监控指标和报警阈值；代码独立，是指中小企业板使用与主板市场不同的股票编码；指数独立，是指中小企业板在上市股票达到一定数量后，发布该板块独立的股票价格指数。

2. 创业板市场

创业板市场，又被称为二板市场，为具有高成长性的中小型创业企业和高科技企业提供资本市场服务。与主板市场相比，创业板市场的发行上市条件相对较低。在创业板市场上市的企业规模较小，具有前瞻性、高风险以及明显的高技术产业导向等特点。

创业板市场于2009年10月23日在深圳证券交易所正式启动。创业板的推出和发展，将发挥对高科技、高成长性创业企业的助推器功能，为各类风险投资和社会资本提供风险共担、利益共享的进入和退出机制，促进创业投资的良性循环，逐步强化以市场为导向的资源配置、价格发现和资本约束机制，提高我国资本市场的运行效率和竞争力。

3. 科创板市场

2018年11月，上海证券交易所设立科创板并试点注册制，至此，中国证券市场形成了由主板市场（含中小板市场）、创业板市场和科创板市场构成的多层次交易所市场体系。

4. 全国中小企业股份转让系统

全国中小企业股份转让系统，也被称作新三板市场，属于场外市场。新三板市场主要为创新型、创业型、成长型中小企业提供股权转让服务。新三板挂牌公司的股权转让方式分集合竞价和做市两种模式。

三板市场的发展包括（老）三板市场和新三板市场两个阶段。（老）三板市场，即2001年7月16日开通的“证券公司代办股份转让系统”。（老）三板市场主要承接原STAQ市场和NET市场的挂牌公司和主板退市公司，新三板市场是在（老）三板市场基础上产生的。2006年，中关村科技园区非上市股份公司由证券公司代办股份转让系统由股权报价转让，由于新进入股份转让系统的企业多为高科技企业，这时的股份转让系统被形象地称为新三板。

2013 年 1 月，由证券业协会自律管理的证券公司代办股份转让系统转为国务院批准设立的全国中小企业股份转让系统。全国中小企业股份转让系统是全国性的证券交易场所，为非上市股份公司股份的公开转让、融资、并购等相关业务提供服务。全国中小企业股份转让系统有限公司承担新三板市场建设、发展和运营管理的职责。

从 2013 年 12 月 31 日起，新三板面向全国接收公司挂牌申请。新三板市场的挂牌条件很宽松，没有财务和规模方面的限制性条件。主要条件包括：依法设立且存续满两年；业务明确，具有持续经营能力；公司治理机制健全，合法规范经营；股权明晰，股票发行和转让行为合法合规；主办券商推荐并持续督导。截至 2019 年 7 月，新三板市场挂牌公司为 9904 家，其中，9032 家采用集合竞价股权转让方式。

2018 年，新三板市场全年的成交金额为 888 亿元，环比下降 45%；全年换手率为 5.3%，环比下降 60%。新三板市场交易低迷，流动性趋于枯竭。

5. 区域性股权市场

区域性股权市场，是主要服务于所在省级行政区域内中小微企业的私募股权市场。区域性股权市场可根据企业资质类型和自身意愿为企业提供挂牌、展示、纯托管等不同类别的服务。展示企业在区域性股权市场公示基本信息，可发布一次性融资或转让信息。股权融资业务是区域性股权市场的核心业务。纯托管企业仅在区域性股权市场进行股份或股权登记存管，不挂牌、不展示、不发布融资或转让信息，运营机构可以为其提供股权过户服务。

作为省级行政区域（含计划单列市）内唯一的地方性证券交易场所，区域性股权市场运营机构只能在本省级行政区域开展业务，不允许跨省级行政区域经营，不允许在省外设立分支机构。区域性股权市场的日常监管主要由地方政府金融办负责。截至 2017 年底，我国总共设立了 40 家区域性股权市场，基本呈现“一省一市场”的格局。截至 2018 年 6 月底，区域性股权市场共有 86621 家企业挂牌、展示和融资。

四、基金市场

基金市场，是基金份额发行和流通的市场。基金份额，是指基金发起人向基金投资者公开发行的，表示持有人按其所持份额对基金财产享有收益分配权、清算后剩余财产取得权和其他相关权利，并承担相应义务的凭证。

根据是否面向一般大众募集资金，可以将基金分为公募投资基金（简称公募基金）与私募投资基金（简称私募基金）。公募基金，是指以公开方式向社会公众投资者募集资金设立的投资基金。私募基金，是指以非公开方式向合格投资者募集资金设立的投资基金。私募基金的募集对象是少数资金实力雄厚、具有较强风险识别能力和风险承受能力的机构或个人。

根据投资者是否可以随时申购或赎回基金份额，可以将基金分为封闭式基金和开放式基金。封闭式基金，是指基金发行总额和封闭期在设立时已明确确定，投资者在基金封闭期间不能向发行机构赎回基金份额，基金份额的变现通过证券交易所或场外证券经营机构的柜台进行转让，直至到期日。由于封闭式基金在证券交易所的交易采取竞价的方式，因此，基金的市场价格受市场供求关系的影响，并不必然等于基金份额所代表的净资产价值，存在溢价和折价的现象。

开放式基金，是指基金发起人在设立基金时，基金单位总规模不固定，投资者可随时申购或赎回基金份额的基金。根据能不能在证券交易所挂牌交易，开放式基金分为上市交易型开放式基金（Listed Open-ended Fund，LOF）和契约型开放式基金。交易所交易基金（Exchange Traded Fund，ETF），是上市交易型开放式基金的一种特殊类型，属于一种可上市交易的开放式指数型基金。

根据组织形态的不同，基金可分为契约型基金和公司型基金。契约型基金由基金投资者、基金管理人、基金托管人之间签署的基金合同而设立，通过基金管理人发行基金份额的方式募集资金。基金管理人依据法律、法规和基金合同的规定负责基金的经营和管理运作。基金托管人负责保管基金资产，执行基金管理人的有关指令。基金投资者通过购买基金份额，将自己的资金委托给基金管理人管理和营运，并享有基金投资收益。契约型基金本身并不具有独立的公司法人资格，因此，基金持有人并不具备股东的地位，但可通过基金持有人大会来行使相应的权利。目前，我国的证券投资基金均为契约型基金。

公司型基金，是指以股份有限公司形式存在的基金。公司型基金通过发行股票或受益凭证的方式来募集资金，根据公司章程（而非基金合同）展开投资活动。公司型基金在法律上是具有独立公司法人资格的经济组织，基金投资者是该基金公司的股东，按所持有的股份承担有限责任、分享投资收益。在美国，大多数基金属于公司型基金，如共同基金（Mutual Funds）。公司型基金分为自营式基金和他营式基金。自营式基金，是指由基金公司本身对所募集到的资金进行经营管理。他营式基金，是指基金公司委托基金管理公司或投资顾问公司（Investment Advisers）运营和管理所募集到的资金。欧美国家的公司型基金大部分属于他营式基金。

根据基金主投资标的的不同，可将基金分为股票型基金、债券型基金、货币型基金、混合型基金、股权投资基金、期货投资基金、基金投资基金（FOF）、房地产投资基金、信托投资基金等。股票型基金，指基金资产主要（60%以上）投资于股票市场的基金。债券型基金，指基金资产主要（80%以上）投资于债券市场的基金，主要投资标的是国债、金融债、企业债。货币型基金，指以货币市场工具为投资标的的基金，货币市场工具主要有期限在一年之内的国债、央行票据、银行票据、商业票据、大额可转让存单、高信用等级企业债券等。混合型基金，指同时以股票和债券为主要投资标的的基金。

根据投资风格的不同，可以将基金分为收入型基金、成长型基金、价值型基金和平衡型基金。收入型基金，是指以获得稳定的当期现金收入为投资目标的基金，主要以债券、优先股、高分红绩优蓝筹股为投资标的，适合投资风格比较保守的投资者。成长型基金，是指以短期投资收益最大化为投资目标的基金。成长型基金主要以成长迅速、具有较大发展潜力和升值空间的中小型公司和新兴产业公司为投资标的。价值型基金，是指以长期投资收益最大化为投资目标的基金，主要以增长稳健、业绩优良、具有长期增长潜力、流动性好、价值被市场低估的成熟型大型蓝筹公司为主要投资标的。平衡型基金，是指既注重资本增值又注重当期收入的基金，投资结构注重固定收益类资产、价值型权益类资产和成长型权益类资产的平衡。

根据投资理念的不同，股票型基金可分为主动型股票型基金与被动型股票型基金。主动型基金的管理者力图通过主动管理取得超越市场基准的业绩表现。被动型基金的管理者并不寻求取得超越市场基准的业绩表现，而是选取特定的指数作为跟踪对象，复制所选定市场基准的表现。因此，被动型基金通常又被称为指数型基金（Index Fund）。主动型基金的业绩表现就平均水平和长期水平来看，很难超过跟踪整个股票市场的综合性指数型基金的业绩表现；就长期而言，击败市场是一件非常困难的事情。美国基金市场中，2018 年被动型基金管理的份额超过了主动型基金。

其他类型的证券投资基金。基金中的基金（Fund of Funds，FOF），是指以其他证券投资基金为投资标的的基金。QDII 基金，是指由合格境内机构投资者（Qualified Domestic Institutional Investor，QDII）在境内以公募方式设立的专门用于境外证券投资的人民币基金。

股权投资基金。狭义的股权投资基金（Private Equity，PE），是指以已形成一定规模，并产生稳定现金流的未上市成熟公司的股权为投资标的的私募基金。广义的股权投资，涵盖企业首次公开发行（IPO）前各个阶段的股权投资，即对处于种子期、初创期、发展期、扩展期、成熟期和 Pre-IPO 各个时期的企业所进行的投资。股权投资基金获得非上市公司股权的方式主要有增资扩股或股权转让。美国凯雷投资集团（The Carlyle Group）、美国黑石集团、美国 KKR 集团、中国鼎辉投资、美国高盛集团等均是世界著名的股权投资基金管理公司。

风险投资基金（Venture Capital，VC），也被称为创业投资基金，是指以处于创业各阶段的未上市高成长性、高新技术公司的股权为投资标的的私募基金。日本软件银行集团（即软银集团，主要致力于 IT 产业投资）、美国红杉资本、IDG（美国国际数据集团）等都是世界著名的风险投资基金管理公司。境内外证券市场公开上市、股权转让、管理层收购或公司股权回购、破产清算是私募股权投资的主要退出方式。

对冲基金（Hedge Fund），其字面意思是避险基金或套利基金，即经过风险对冲能够保障收益的基金。现在，对冲基金早已失去风险对冲、保障收益的内涵，相反，其已经演化为一种充分利用各种金融衍生产品的杠杆效用，通过极其复杂的金融市场操作技巧，承担高风险，追求高收益，实行封闭期管理的投机性私募基金。对冲基金是一种只适合于少数高净值人群的高风险投资产品。

1949 年，世界上诞生了第一只对冲基金。20 世纪五六十年代，是对冲基金的创始时期。20 世纪 80 年代，对冲基金进入快速发展阶段。进入 90 年代，随着世界经济一体化和国际金融市场的发展，对冲基金迎来了发展的黄金时期。

发起和设立对冲基金的法律门槛很低。由于高风险的投资策略和复杂的操作手段，对冲基金严格限制普通投资者介入，投资门槛较高，只面向抗风险能力较强的合格投资者（高净值人群），以保护中小投资者。如美国证券法就规定，每个对冲基金的个人投资者不能超过500人，最低投资额不低于500万美元等。对冲基金以私募的方式募集资金，不得利用任何媒体做广告。由于对冲基金的私募性质，其不需要进行详尽的信息披露，在投资操作上具有高度的隐蔽性和灵活性。对冲基金在成立后通常都有一年的锁定期，锁定期结束后，通常只在一年中少数几个固定的时间开放，允许投资者赎回自己的基金份额。

对冲基金公司每年能够获得所管理资产总市值1%的固定费用加上基金总市值超出基础价值部分20%的分红。大多数对冲基金都将年初总资产的市值作为基金的基础价值，如果上一年度是亏损的，那么对冲基金公司必须在下一个年度首先弥补了上个年度的损失以后才能够获得分红。

世界最著名的对冲基金莫过于乔治·索罗斯的量子基金及朱利安·罗伯逊的老虎基金，它们在一段较长的时期内都曾创造过高达40%~50%的复合年度收益率。乔治·索罗斯1930年出生于匈牙利布达佩斯，1969年，他创立了双鹰基金，1973年该基金改名为索罗斯基金。索罗斯基金旗下有五只对冲基金，量子基金是其中最大的一只。索罗斯为他的基金取名为量子，是为了纪念德国物理学家、量子力学创始人海森堡提出的“不确定性定理”。量子基金在20世纪末、21世纪初美国证券市场的互联网泡沫中损失惨重。2000年4月，索罗斯关闭了量子基金。

1980年，朱利安·罗伯逊募集800万美元创立了老虎基金管理公司。1993年，老虎基金攻击英镑、里拉成功，并在此次行动中获得巨大收益，从此声名鹊起，被众多投资者追捧。到1998年年中，其总资产达到了230亿美元。随后，老虎基金先是由于看空没有盈利的互联网高科技公司而蒙受巨大损失，后又因为在高位看多互联网公司而再次蒙受巨大损失。到2000年3月31日，随着互联网泡沫的破裂，老虎基金的规模从230亿美元的巅峰跌落到65亿美元。由于严重亏损，罗伯逊结束了旗下六只对冲基金的全部业务。

主权财富基金。主权财富（Sovereign Wealth），是一种由一国政府控制与支配的公共财富，与私人财富相对应。主权财富通常以境外金融资产的形式存在，主要来源于特定税收与预算分配、不可再生自然资源收入、国际收支盈余、特别国债收入等。主权财富基金（Sovereign Wealth Funds，SWFs），是由一国政府运用主权财富设立的专门用于境外投资与管理的基金。主权财富基金由中央银行下设的专业机构或独立于中央银行和财政部的专业投资机构进行管理。挪威国家养老基金、阿布扎比投资局、沙特阿拉伯的 SAMA Foreign Holdings、新加坡政府投资有限公司、中国投资有限责任公司是世界上资产规模较大的主权财富基金管理公司。截至 2018 年，全球 94 家主权财富基金管理着 7.2 万亿美元的金融资产。

中国投资有限责任公司是全球最大的主权财富基金管理公司之一，简称中投公司，于 2007 年 9 月 29 日在北京成立，是经中国国务院批准设立的从事外汇资金投资管理业务的国有独资公司。公司董事会成员共 10 人，包括 2 名执行董事、5 名非执行董事、1 名职工董事以及 2 名独立董事。5 名非执行董事分别来自国家发改委、财政部、商务部、中国人民银行和国家外汇管理局 5 个部委。

中投公司的注册资本金为 2000 亿美元，由中国财政部通过发行特别国债的方式筹集。公司业务以境外金融组合产品的投资为主，并在可接受的风险范围内，争取长期投资收益的最大化。

中投公司下设三个子公司，分别是中投国际有限责任公司（简称中投国际）、中投海外直接投资有限责任公司（简称中投海外）和中央汇金投资有限责任公司（简称中央汇金）。中投公司的境外投资与管理业务分别由中投国际和中投海外承担。

中央汇金投资有限责任公司，是由国家出资设立的国有独资公司，主要职能是对国家重点金融企业进行股权投资，以出资额为限代表国家依法对国有重点金融企业行使出资人权利和履行出资人义务，实现国有金融资产保值增值。汇金公司不开展其他任何商业性经营活动，不干预其控股的国有重点金融企业的日常经营活动。汇金公司直接控股、参股的金融机构包括：国家开发银行、中国进出口银行、中国工商银行股份有限公司、中国农业银行股份有限公司、中国银行股份有限公司、中国建设银行股份有限公司、中国光大银行股份有限公司、中国再保险（集团）股份有限公司、中国建银投资有限责任公司、中国银河金融控股有限责任公司、申银万国证券股份有限公司、中信建投证券股份有限公司、国泰君安证券股份有限公司、新华人寿保险股份有限公司等。

中投公司《2017 年年度报告》显示，其总资产规模超过 9414 亿美元。截至 2017 年底，中投公司境外投资自成立以来累计年化净收益率为 5.94%；境外投资组合分布中，公开市场股票、固定收益、另类资产和现金产品占比分别为 43.6%、15.9%、39.3%和 1.2%。截至 2017 年底，中央汇金管理的国有金融资本为4.1万亿元人民币，控参股的17家金融机构的资产总额为112万亿元，同比增长8%；控参股的机构全年实现净利润合计1.1万亿元，同比增长3.4%。

A股市场中的国家队，是指在A股市场剧烈波动时期，执行证券市场监管部门意志，发挥稳定证券市场作用的几个大型机构投资者，包括中央汇金资产管理有限责任公司、中央汇金投资有限责任公司、中国证券金融股份有限公司、中国证券金融资产管理计划（包括10个基金资管计划）、国家外汇管理局旗下的三大投资平台——梧桐树投资平台有限责任公司及其旗下的北京凤山投资有限责任公司和北京坤藤投资有限责任公司。

社会保障基金，资金来自财政拨款、福利彩票，以及国有股上市时划转的股份。设立社会保障基金的目的是应对未来的社会老龄化，或者发生重大事件。比如汶川地震的时候就动用了社会保障基金。我们平时交的社保，指的是社会保险基金，由各个省统筹管理，原来只允许存银行或者购买国债，收益比较低，现在也允许将一部分社会保险基金交给社会保障基金用于投资股市。

社会保障基金的投资渠道主要有三种：通过全国社会保障基金理事会的账户进行投资；通过由社会保障基金选聘的进行公募基金管理的社保基金专户进行投资，名称通常显示为全国社保基金×××组合；通过基本养老保险基金投资组合进行投资，主要参与新股的网下配售，名称通常显示为基本养老保险基金×××组合。

五、金融衍生品市场

金融衍生品，是一种金融合约。这种合约可以是标准化的，也可以是非标准化的。对标准化合约而言，合约标的物（基础资产）的交易价格、交易时间、资产特征、交易方式等都是标准化的，因此这类合约可以在交易所上市交易，如期货合约。非标准化合约的内容由交易双方自行约定，具有很强的灵活性，比如远期协议。

在金融衍生品市场中进行交易的金融衍生品主要有期货合约、期权合约、远期合约和掉期合约。金融衍生品市场因此被划分为期货市场、期权市场、远期市场和掉期市场。

金融衍生品交易通常采用保证金交易的方式进行，即只需支付一定比例的保证金就可进行全额交易。因此，金融衍生品交易具有杠杆效应，保证金比例越低，杠杆效应越大。

（一）期货市场

期货市场，是期货合约交易的场所。期货，是指在未来某个约定时间才能交付的实物商品或金融工具。与期货对应的是现货，指的是现在或在很短的时间内就能交割的实物商品或金融工具。

1. 期货合约

期货合约，指的是由期货交易所统一制定的、规定在未来某一特定的时间和地点交割一定数量和质量的实物商品或金融工具的标准化合约。期货合约的种类很多，大致可分为商品期货和金融期货。商品期货包括农产品期货、贵金属期货、非贵金属期货、能源期货等。以金融工具为标的物的金融期货包括外汇期货、利率期货、股指期货等。不同期货交易所经营的期货合约通常是不同的。

期货交易所介于期货合约的买卖方之间，双方各自同期货交易所单独订立期货合约。期货合约的持有人具有在到期日或交割日以某个事先约定的价格，即期货价格，买入或卖出某种商品或资产的义务。但期货合约的买卖双方通常会在交割日之前关闭（即终止）仓位，因此，绝大多数期货合约在交割日之前就终止了。

2. 期货交易制度

期货交易实行保证金交易制度。交易者在进行期货交易时必须在交易账户中存入一定数额的保证金。交易保证金又分为初始保证金和追加保证金。初始保证金是交易者新开仓时需交纳的，具体数额根据交易额和保证金比率确定，即

$$初始保证金=交易金额\times保证金比率$$

我国期货市场的最低保证金比率通常为交易金额的5%，根据交易品种和交割日期的不同，最高的有20%。

保证金制度既能体现保证金交易的杠杆效应，也是期货交易所控制交易风险的一种重要手段。交易者在持仓过程中，会因市场行情的不断变化而产生浮动盈亏（结算价与成交价之差），因而保证金账户中实际可用来弥补亏损和提

供担保的资金会随时发生增减。浮动盈利将增加保证金账户余额，浮动亏损将减少保证金账户余额。根据期货交易所的交易规则，各个保证金账户中必须维持的最低余额叫维持保证金。

$$维持保证金=结算价\times持仓量\times保证金比率\times k$$

k 为维持保证金比率，是一个常数，通常为 0.75。

当保证金账户余额低于维持保证金时，交易者必须在规定时间内补充保证金，使保证金账户中的余额大于（等于）初始保证金，否则在下一交易日，交易所有权强行平仓。

期货交易所要求所有的期货账户在每个交易日都要按照当天的清算价格进行结算，以减少任何一方违约给交易所带来的风险，这就是期货交易所的逐日盯市制度。

由于期货账户的收益和亏损都不允许累计，必须在每一个交易日进行结算，期货合约的违约风险很低，所以，期货交易所并不需要对进行期货交易的个人或企业进行信用评估。期货交易的结算实行分级结算，即交易所对其会员进行结算，期货经纪公司对其客户进行结算。

我国的期货交易所还实行涨跌停板制度，这一制度又称每日价格最大波动限制，即期货合约在一个交易日中的交易价格波动不得高于或低于规定的涨跌幅度，超过该涨跌幅度的报价将被视为无效报价。

期货交易实行 T+0 交易制度。期货合约的交易单位是手，期货交易必须以“一手”的整数倍进行。不同交易品种每手合约的标的物数量不同，会在该品种的期货合约中载明。

从事期货交易只有手续费，我国期货交易的手续费通常按照成交期货合约的交易量，即“手”数来收取，也有按照成交合约总价值的一定比例来收取的。不同的期货交易所对不同的交易品种和不同级别的客户所收取的手续费是不同的。

由于期货交易实行的是保证金交易制度，保证金交易具有杠杆效应，所以，期货交易所对客户收取的单边手续费通常要比证券交易的佣金低很多。

3. 期货市场的主要功能

期货市场具有发现价格和管理价格风险的功能。期货交易是一种公开进行的对远期交割的合约标的物的合约交易，经过公开竞价所形成的期货价格反映了供求双方对未来供求关系变化和价格走势的预期。这种价格信息具有连续性、公开性和预测性的特点，有利于增加市场透明度，提高资源配置效率。

期货市场中的投机者可以通过承担风险从期货交易中获利，他们进行的是一种（跨期）套利交易。投机者通过搜集信息来预测未来的实货价格，再根据这个预测结果买卖期货合约，低买高卖，从价差中获利。

期货市场为现货市场提供了一个管理价格风险的场所和手段，其主要原理是利用期货、实货两个市场进行套期保值操作。套期保值和分散投资一样，是一种风险对冲的具体方式，属于一种风险管理策略。套期保值利用期货合约来降低实货交易的价格风险。因此，套期保值者与投机套利者不同，他们采取套期保值操作是为了规避价格风险、锁定利润，而不是最大化他们的利润。套期保值者在降低价格风险的同时也放弃了因价格发生了有利于自己的变化而带来的潜在收益。

套期保值者在实货市场和期货市场对同一种类的商品同时进行数量相等、方向相反、月份相同或相近的买卖活动，即在（按时价）买进或卖出实货的同时，在期货市场上卖出或买进同等数量的期货。期货合约的交割月份与实货市场的拟交货时间尽可能一致或接近。经过一段时间，当价格变动使实货交易上出现盈亏时，可用期货交易上实现的亏盈进行抵消或弥补，从而在实货与期货之间建立起一种对冲机制，以使价格风险降到最低限度，从而实现控制成本、锁定利润的目标。

4. 期货交易所

世界上有许多期货交易所，最著名的有芝加哥交易集团、纽约商业交易所、纽约期货交易所、伦敦金属交易所、伦敦国际石油交易所、东京工业品交易所、新加坡国际金融交易所、韩国期货交易所、香港期货交易所等。

中国目前共有四家国务院批准的期货交易所：三家商品期货交易所，即郑州商品交易所（郑商所）、上海期货交易所（上期所）、大连商品交易所（大商所），一家金融期货交易所，即中国金融期货交易所（中金所）。

郑州商品交易所，成立于 1990 年 10 月 12 日，是我国第一家期货交易所，有强筋小麦、普通小麦、PTA、一号棉花、白糖、菜籽油、早籼稻、玻璃、菜籽、菜粕、甲醇等 16 个期货品种，成交量（手）在 4 个期货交易所中居首。

上海期货交易所，成立于 1990 年 11 月 26 日，目前上市交易的有黄金、白银、铜、铝、锌、铅、螺纹钢、线材、燃料油、天然橡胶、沥青等 11 个期货品种。

大连商品交易所（DCE），成立于 1993 年 2 月 28 日，目前上市交易的有玉米、黄大豆 1 号、黄大豆 2 号、豆粕、豆油、棕榈油、聚丙烯、聚氯乙烯、塑料、焦炭、焦煤、铁矿石、胶合板、纤维板、鸡蛋等 15 个期货品种。

中国金融期货交易所于 2006 年 9 月 8 日在上海成立，交易品种有沪深 300 股指期货、上证 50 股指期货、中证 500 股指期货、10 年期国债期货、5 年期国债期货、2 年期国债期货。

我国期货市场的累计成交额从 1993 年的 5522 亿元增长到 2018 年的 210. 82 万亿元，期货成交量从 1993 年的 890 万手增长到 2018 年的 30. 28 亿手，成为全球最大的商品期货交易市场，并在螺纹钢、白银、铜、黄金、动力煤、股指期货以及众多农产品等品种上保持了较高的国际影响力。

根据美国期货业协会（FIA）对全球 75 家期货交易所（含期权）2018 年度交易量的统计，上期所、大连交易所、郑商所、中金所分别位列第 10、第 12、第 13 和第 31 位。

（二）期权市场

期权市场，是指期权合约交易的市场。期权，是指在合约到期日或到期日之前以某一预定价格（执行价格）卖入或卖出一定数量某种资产的权利。在期权交易所内交易的期权合约都是标准化合约。

标准化的期权合约会明确注明交易品种或期权的标的资产、期权执行价格、交易数量、合约到期日等信息。期权的执行价格，是期权合约持有人行使期权时买卖标的资产的价格。期权合约的标的资产主要有股票、股票指数、利率、外汇等。

按期权合约标的资产的不同，期权可划分为股票期权、股指期权、利率期权、外汇期权、商品期权等种类。按期权的权利划分，期权合约可分为看涨期权和看跌期权两种类型。按照预定的执行价格买入合约标的资产的期权是看涨期权，也称认购期权、买入期权。按照预定的执行价格卖出合约标的资产的期权是看跌期权，也称认沽期权、卖出期权。认沽权证就是一种看跌期权，持有认沽权证的投资者有权按照约定的股票价格、数量在合约到期日卖出相应的股票给上市公司。

按照交易场所的不同，期权合约也可以被划分为场内期权和场外期权。在交易所内交易的期权就是场内期权，由交易所为交易双方任何一方的违约行为提供担保。不在交易所内交易的期权就被称为场外期权。

每份标准期权合约都会明确规定合约持有人有权买入或卖出标的资产的数量。执行期权的最后日期被称为到期日。欧式期权只允许期权合约持有人在合约到期日执行期权，而美式期权允许合约持有人在到期日之前执行期权；欧式期权为大多数场内交易所采用，美式期权多为场外交易所采用。

有期权的买卖就会有期权的价格，通常将期权的价格称为期权费或权利金。期权费是期权的买方为获得期权而支付给期权卖方的费用。期权费是标准期权合约中的唯一变量，通过期权市场中期权交易者之间的自由竞价形成。

期权合约的买方，即期权合约持有人，拥有选择是否行使买入或卖出合约标的资产的权利，而没有必须执行期权合约的义务。期权合约的卖方，即立约人，必须无条件服从买方的选择并履行合约中的承诺。

只有当合约到期日合约标的资产的市场价格超过执行价格时，执行买入期权才有利可图；只有当合约到期日合约标的资产的市场价格低于执行价格时，执行卖出期权才能获益。否则，期权就不会被执行。合约持有人如果选择不执行合约，损失的只是期权费。在实际的期权交易过程中，绝大多数期权合约在到期之前就已被平仓。在美国的期权交易所中，大约只有 10%的期权合约最终被执行。

（三）远期市场

远期合约，就是一份以现在商定的交割价格，即远期价格，在未来某个日期延期转让某种资产的协议。远期合约的主要类型有远期外汇合约、远期利率协议、远期股票合约等。达成远期合约的主要目的，是通过将合约标的物在未来某一时点上的买入或卖出价格确定下来的办法，规避因资产价格在未来出现破坏性的意外波动而带来价格风险。

远期合约是非标准化的合约，合约条款由交易双方通过谈判达成，反映了交易双方的独特需求。因此，远期合约的流动性很差，几乎没有市场交易。但在伦敦金属交易所中，也有一些标准化的金属远期合约在场内进行交易。远期合约的支付在合约约定的未来某一日期进行。

远期合约是必须履行的合约，交易双方都不能选择放弃交割。同意买入远期合约标的物的一方被称为多头，同意卖出远期合约标的物的一方被称为空头。做多，就意味着承担了按照约定的交割价格在约定的交割日买入合约标的物的义务。做空，就意味着承担了在约定的交割日按照约定的交割价格卖出合约标的物的义务。

远期合约的市场价值取决于合约标的物远期价格与合约到期日的市场价格之间的差额。如果合约交割日的现货价格高于远期价格，则多方获利。反之，如果合约到期日的现货价格低于远期价格，则空方获利。在实践中，大多数资产的远期价格和期货价格几乎没有什么区别。

六、外汇市场

外汇，是指以外币表示的可用作国际清偿的支付手段和资产，如国外货币、外币支付凭证（票据、银行存款凭证、邮政储蓄凭证等）、外币有价证券（国债、公司债券、股票、息票等）、特别提款权等。外汇市场，是指经营外币和以外币计价的票据等有价证券买卖的市场，是金融市场的主要组成部分。

按外汇所受管制的程度，世界外汇市场可分为自由外汇市场、外汇黑市和官方市场。自由外汇市场，是指政府、机构和个人可以买卖任何币种、任何数量外汇的市场。外汇黑市，是指非法进行外汇买卖的市场，是在政府进行外汇管制条件下产生的。官方市场，是政府外汇管制条件下的合法外汇市场。

中央银行、外汇银行、外汇经纪人和外汇市场的客户是外汇市场的主要参与者。外汇银行，通常是商业银行，可以是专门经营外汇业务的本国银行，也可以是兼营外汇业务的本国银行，或者是在本国开展业务的外国银行分行。外汇经纪人，是指外汇市场上经中央银行或有关外汇经营机构批准，经营代客买卖外汇业务的中介人，他们受商业银行、其他金融机构或一国政府的委托，作为中介人在外汇市场上买卖外汇。

世界主要的外汇市场有伦敦外汇市场、纽约外汇市场、东京外汇市场、巴黎外汇市场、法兰克福外汇市场、苏黎世外汇市场、香港外汇市场、新加坡外汇市场等。它们相互联系，形成了全球统一的外汇市场。在这些市场上交易的外汇主要有美元、欧元、日元、英镑、澳元、加元、瑞士法郎（CHF）、新西兰元、港元等。

与其他金融市场相比，外汇市场的一个显著特点就是外汇市场全天 24 小时都可以交易，资金流动性极高，交易额极大，国际主流货币的外汇交易几乎没有市场操纵行为存在的空间。世界外汇市场每天的交易额在 6 万亿美元以上，超过 85%的交易发生在 7 种主要货币之间：USD/EUR，USD/JPY，USD/GBP，USD/AUD，USD/CAD，USD/CHF。

外汇市场除具有国际清算、货币兑换、外汇融通等基本功能以外，还提供了外汇保值和外汇投机的机制。

套期保值，即进行保值性的外汇期货交易。与投机性外汇期货交易的目的不同，它不是为了从汇率变动中牟利，而是为了使远期外汇收入或支出不会因汇率的变动而遭受损失。例如，当出口商有一笔远期外汇收入，为了规避因可能的外汇贬值带来的本币收入减少的风险，该出口商可以现在在外汇期货市场中卖出相同数额的外汇期货。反之，进口商也可以为未来发生的一笔外汇支付，现在在外汇期货市场中购入相同数额的外汇期货，以对冲未来可能出现的因本币贬值带来的本币支出增加的风险。

外汇投机，就是根据对汇率未来变动的预期而进行的投机性外汇交易。在外汇期货市场上，投机者可以根据自己对未来汇率变动的预期对未来外汇市场的行情下注，买入或卖出外汇期货。外汇的投机性交易构成外汇市场交易的绝大部分。

七、黄金市场

黄金是人类最早发现和使用的金属之一，黄金文化是人类文明的重要组成部分。截至 2019 年 3 月，世界上的黄金地面总库存约为 19 万吨，可以铸成一个边长为 21 米的黄金正方体。

在世界黄金 19 万吨的地面总库存中，40%（7.6 万吨）是以可流通的金融性储备资产的形式存在的。其中，以各国政府和国际组织官方储备资产形式存在的黄金约为 3.4 万吨，以家庭和企业拥有的民间储备资产形式存在的黄金约为 4.2 万吨。另外 60%左右的黄金以一般性商品形式存在，如以生活用品、历史文物、工业产品、工业原料等形式存在，这些黄金中的一部分能够转换为民间金融性黄金储备和官方金融性黄金储备。

截至2018年底，美国的官方黄金储备为8133.5吨，排名世界第一。德国为3371吨，排名世界第二。IMF为2814吨，排名世界第三。中国（大陆）为1842吨，排名世界第七。

中国、印度、泰国、土耳其等国对黄金的投资性需求比较旺盛，这一现象与这些国家的文化传统、资本市场发达程度、币值的稳定性、通货膨胀水平、私有产权受保护的程度等因素有关。

全球每年矿产金的产量约为3000吨。2018年，全球矿产金的产量为3503吨，再生金的产量为1169吨。再生金主要来源于黄金首饰的回收、提纯与再加工。

2018年，中国黄金产量为401吨（其中，矿产金346吨，其余为有色副产金），连续12年位居世界第一，此外，黄金进口量为1259吨，黄金总供给量为1773吨，黄金实际消费量1151吨。其中，首饰、金条、金币、工业原料用金分别为736吨、285吨、24吨、105吨。

对世界地下黄金储藏量的估算取决于国际金价、开采成本、矿石处理工艺、勘探能力、勘探范围等多种因素。已探明的地下黄金储量，可分为经济储量和资源量两类。经济储量，是指在目前的金价与开采成本下，具有开采价值的黄金储量。资源量，是指具有潜在开采价值的黄金储量。随着国际金价的上升或开采成本的下降，黄金的资源量会逐渐转变为经济储量。据矿物专家估算，地球上的黄金大约有60万亿吨，大部分位于地核中。其中，具有潜在开采价值的地下黄金储量仅为12万吨左右，具有开采价值的地下黄金储量大约为6万吨。

世界主要的黄金市场有上海黄金交易所、英国伦敦黄金市场、纽约商品交易所、芝加哥交易所集团（由芝加哥商业交易所和芝加哥期货交易所于2006年合并而成）、瑞士苏黎世黄金市场、新加坡黄金交易所、香港黄金市场、东京黄金市场、悉尼和墨尔本黄金市场、孟买黄金市场等。中国上海黄金交易所（简称“上金所”）于2002年底成立，位于上海外滩的中国外汇交易中心。2018年，上海黄金交易所黄金期货合约累计成交量为6.75万吨，居全球黄金交易所市场第二位，仅次于芝加哥交易所集团。

1971年8月15日，美国总统宣布美元与黄金脱钩，布雷顿森林体系正式宣告结束，美元与黄金之间的比价开始自由浮动，黄金价格至此开启了一波长达10年的上涨周期。国际金价从1972年年初的每盎司46美元，上涨至1980年1月21日每盎司850美元的历史性高点。此后，国际黄金市场进入长达20年的熊市，国际金价在1999年8月创下每盎司251.9美元的历史性低点。国际金价最近一次的历史性新高出现在2011年9月6日，每盎司1922美元。2018年，国际黄金年平均价格为1270.57美元/盎司（注：1盎司黄金为31.1克）。

美国沃顿商学院的杰里米·西格尔教授曾经举过这样一个案例。假设在1802年，有四个美国人手里各有1美元钞票，他们做出了不同的投资选择。第一个人厌恶风险，购买了黄金；第二个人愿意承担一定的风险，买了风险相对较小的债券；第三个人选择了风险较大的股票；第四个人不做任何投资，选择了持有这张1美元的钞票。到了2006年，这四个1美元分别价值多少了呢？扣除通胀因素后，1美元的黄金价值1.95美元，1美元的债券价值1083美元（说明美国政府还为国债支付了正利率），1美元的股票价值75.52万美元，而那1802年的1美元钞票，在通货膨胀的作用下到2006年只剩下了0.06美元的购买力，贬值了99.4%！

纸黄金交易就是不做现货黄金交割的记账式黄金交易。与投资实物黄金、黄金期货一样，纸黄金也是黄金投资的一种方式，它兼有长期保值和博取差价收益两种功能。纸黄金一般由资金实力雄厚、资信程度良好的商业银行和黄金交易所发行，如商业银行出具的黄金定期储蓄存单、黄金账户存折等。

客户黄金账户的存金既可作卖出交易，也可充作抵押物或保证金向银行申请黄金贷款，银行不向储户支付存金利息。纸黄金的价格标示分为买入价和卖出价。买入价为银行向客户买入黄金时使用的价格，卖出价为银行向客户卖出黄金时使用的价格。相对实物金，纸黄金交易更为方便快捷，交易成本相对较低，适合进行中短线操作。

客户黄金账户上的黄金只能作买入卖出交易，不能作黄金实物的提取或存放，从而避免了在实物黄金交易中发生的运输、保管、保险、成色签定、重量检测等费用，同时也加快了黄金市场中黄金的流通速度。

从交易时间看，各大银行的纸黄金交易均为24小时不间断交易。上海黄金交易所的黄金交易是有时间段的，早上9：00至凌晨2：30。银行发行的纸黄金交易是实盘交易，资金占有量高，上海黄金交易所采取的是保证金交易模式。

八、与金融市场相关的若干概念

股票增发，是指上市公司为了再融资而再次发行股票的行为。上市公司普遍使用的再融资方式有三种：配股、增发和发行可转换债券，即可以向原股东配售股份（简称配股），也可以向不特定对象公开募集股份（简称增发），还可以采用非公开方式向符合条件的少数特定投资者发行股票（简称定向增发），定向增发的特定对象通常不超过10名。

送股，是指上市公司将未分配利润以股份的形式赠送给股东。送股也可以看成是一种配股价为零的特殊配股形式。通过送股，上市公司可以将公司的未分配利润以股份的形式留在公司里。送股后，公司股东权益的总额和结构并没有发生改变，但总股本（即股份总数）增大了，每股净资产和股价降低了。因此，送股对于公司股东来说仅仅意味着股价降低，股票的流动性增强了，并没有其他实质性的意义。

转增股本，即转增股，是指上市公司将公司的资本公积金转化为股本。资本公积金主要来源于股票发行的溢价收入、接受的现金馈赠、财产重估增值、拨款转入等。其中，股票发行溢价是上市公司最常见、最主要的资本公积金来源。送股和转增股都是公司股东可以无偿获得公司股份的形式。

股份回购，是指上市公司从股票市场上购回本公司发行在外的一定数额股票的行为。库存股不参与每股收益的计算和分配。股份回购分为场内公开收购和场外协议收购两种。公司在股份回购完成后可以将所回购的股份注销，也可以将回购的股份作为库存股保留。库存股可用于实施股权激励或员工持股计划，也可在公司需要资金时将其出售。按照中国证监会的现行规定，上市公司股价低于其每股净资产，或者20个交易日内股价跌幅累计达到30%的，可以为维护公司价值及股东权益进行股份回购。上市公司通过发行优先股、可转债等多种方式为回购本公司股份筹集资金，上市公司以现金回购股份的，视同现金分红。

蓝筹股，是指在其所属行业内占有支配性地位、业绩优良、经营稳健、成交活跃、红利优厚、股价走势稳定的大公司股票。蓝筹一词源于西方赌场。在西方赌场中，有三种颜色的筹码，其中蓝色筹码的面额最高，红色筹码次之，白色筹码面额最低。

红筹股，是指在中国境外注册、在香港上市、股东的大部分权益直接来自中国大陆或具有大陆背景（也就是为中资所控股）、主要业务在中国大陆、盈利中的大部分也来自该业务的公司的股票。

中概股，是指在中国境内注册的海外证券市场上市公司，或虽在国外注册但其主要业务在中国大陆、其盈利的大部分来自该业务的公司的股票。

根据投资主体性质的不同，公司股份分为：个人股、外资股、法人股、国家股四种。

个人股，公民个人以自己的合法财产投资于股份有限公司的股份。

外资股，是指由外国和我国港澳台地区投资者向股份有限公司投资形成的股份。

法人股，是国有法人股和非国有法人股（社会法人股）的总称。国有法人股，是指具有法人资格的国有企业、事业单位及其他单位以其依法占用的法人资产向独立于自己的股份有限公司出资形成，或依法定程序取得的股份。非国有法人股，是指非国有的法人（单位）以自有资金认购的股份或原集体企业的资产重估后折算成的股份。

国家股，是指有权代表国家投资的政府部门或机构向股份有限公司出资形成，或依法定程序取得的股份。

国有股，是国家股和国有法人股的总称。

市盈率，是指每股市价（或市值）与每股净利润（或净利润）的比率。一只股票的市盈率越低，就说明投资的回收期越短，投资风险越小。市盈率分为静态市盈率与动态市盈率。静态市盈率，是指每股市场价格（或市值）与该公司上年度每股净利润（或净利润）的比率。动态市盈率，是指每股市场价格（或市值）与该公司本年度每股净利润（或净利润）预测值的比率。

市净率，是指每股市价（或市值）与每股净资产（或净资产）的比率。一只股票的市净率越低，其投资价值就越高。

每股收益率：净利润/股本数，即每股净利润。

股息，是指股票持有人取得的现金分红。

股息率，是指一年的总派息额与买入价之间的比率。

换手率，是指某只股票的当日成交量与其总股本的比率。

除息日，是指支付完股息后证券的第一个交易日。

基点，就是1%的百分之一，即万分之一。

路演，是一种被广泛采用的证券发行推广方式。证券承销商在发行证券前，会针对机构投资者举行推介会，向潜在机构投资者就公司的业绩、产品、发展方向等做详细介绍，充分阐述拟上市公司的投资价值，并回答潜在投资者关心的各种问题。证券承销商也可利用这种推介活动探明市场需求情况，以确定最佳的发行数量、发行价格和发行时机。

参考文献

[1] 弗雷德里克·S. 米什金. 货币金融学［M］. 北京：中国人民大学出版社，2011.

[2] 兹维·博迪，罗伯特·C. 莫顿. 金融学［M］. 北京：中国人民大学出版社，2000.

[3] 弗雷德里克·S. 米什金，斯坦利·G. 埃金斯. 金融市场与金融机构［M］. 北京：机械工业出版社，2013.

[4] 约翰·C. 赫尔. 期权、期货及其他衍生产品［M］. 北京：机械工业出版社，2011.

[5] 戴维·斯托厄尔. 投资银行、对冲基金和私募股权投资［M］. 北京：机械工业出版社，2013.

[6] 罗伯特·J. 希勒. 非理性繁荣［M］. 北京：中国人民大学出版社，2004.

[7] 切赫埃第. 货币、银行与金融市场［M］. 北京：北京大学出版社，2006.

[8] 托马斯·梅耶. 货币、银行与经济［M］. 上海：上海人民出版社，2007.

[9] 弗兰克·J. 法博齐. 债券市场：分析与策略［M］. 北京：中国人民大学出版社，2011.

[10] 沃伦·巴菲特. 巴菲特致股东的信［M］. 北京：机械工业出版社，2004.

[11] 本杰明·格雷厄姆. 证券分析［M］. 海口：海南出版社，2004.

[12] 本杰明·格雷厄姆. 聪明的投资者［M］. 北京：人民邮电出版社，2010.

[13] 巴顿·比格斯. 对冲基金风云录［M］. 北京：中信出版社，2007.

[14] 斯坦利·克罗. 期货交易策略［M］. 太原：山西人民出版社，2013.

[15] 约翰·斯蒂尔·戈登. 伟大的博弈［M］. 北京：中信出版社，2005.

[16] 本·伯南克. 金融的本质［M］. 北京：中信出版社，2014.

附录1　有效市场假说与随机漫步理论

1965年，美国芝加哥大学的金融学教授尤金·法玛发表了题为《股票市场价格行为》的博士毕业论文，在此基础上于1970年正式提出了有效市场假说(Efficient Markets Hypothesis，EMH)。2013年10月14日，瑞典皇家科学院宣布授予美国经济学家尤金·法玛、拉尔斯·皮特·汉森以及罗伯特·J. 席勒该年度的诺贝尔经济学奖。罗伯特·J. 席勒，耶鲁大学经济学教授，在《市场的不确定性》(1989)一书中对投机性市场中的价格波动进行了系统的数理和行为分析，在《非理性繁荣》(2000)一书中对美国证券市场和房地产市场自1982以来的非理性繁荣现象做了全面的分析。

有效市场假说的核心内容是，在一个法律健全、功能良好、透明度高、竞争充分的证券市场中，投资者由于是理性的经济人，能够对所获得的市场信息以及预期会发生的事件做出及时、充分的反应，一切有价值的信息都能够及时、准确、充分地反映在证券价格中。除非存在财务造假、内幕交易、不正当交易(非公允的关联交易、利益输送)和价格操纵，市场价格在任何时候都是正确的，既不会低估也不会高估资产的内在价值。投资者难以通过对资产的主动管理获得高于市场平均水平的超额回报。

有效市场假说是最富有争议的投资理论之一。在现实世界中，一个法律健全、规范透明、竞争充分的股票市场到底是不是有效的呢？答案是，这样的市场在长期是有效的。一个正常的证券市场，就长期而言是实体经济的晴雨表，是上市公司的称重仪。在长期，一家上市公司的股票价格会围绕其内在价值上下波动。

但在短期，受市场随机事件、投机性力量（对冲基金等机构投机者)、投资者心理（价格预期）和情绪的变化（过度悲观或乐观)、人性弱点（贪婪与恐惧、从众心理、缺乏耐心与坚持、喜欢不劳而获)、生理上的遗忘功能、选择性记忆、新闻媒体的推波助澜等因素的影响，整个市场的平均价格水平和某只股票价格的短期波动都是无法预测的，呈现出随机漫步的特征。

在短期，证券市场更像是一个投票仪。事实上，不仅在短期，整个市场甚至会长时间陷于非理性的过度亢奋（非理性繁荣、投机性资产泡沫、严重的价格扭曲）或过度悲观（熊市）中无法自拔。因此，对上市公司围绕其真实的内在价值展开基本面分析，对于专业投资者来说是非常有价值的。正如一个广为流传的笑话所试图揭示的：有两个经济学家在华尔街上散步，看到地上有一张钞票，但他们都没有捡。因为他们认为，如果钞票是真的话，早就被人捡走了。对上市公司进行的基本面分析，有助于发现被市场严重低估或严重高估的公司。

像巴菲特这样对资产组合进行主动管理的价值投资者，就是通过对上市公司的基本面分析来发现市场错误、利用市场错误的。“如果市场总是有效的，我只会成为一名大街上手拎马口铁罐的流浪汉。”价值投资者通过寻找被市场严重低估、具有显著安全边际和长期投资价值的优秀公司来提高自己的长期投资回报率。

股票价格的短期随机波动所提供的关于交易价格和成交量的历史数据，并不存在重复发生的可预测特征。投机者无法通过对这些历史数据的技术分析，对股票价格的未来走势和价格拐点做出有市场价值的短期预测。

评估一家公司内在价值的过程，通常是综合性的、模糊的，带有一定程度的艺术成分。但与对股票价格所做的技术性分析相比，对公司基本面所进行的综合分析更接近科学。模糊的正确要大大好过精确的错误。我们说评估公司的内在价值具有艺术成分，是指这种评估的准确性在很大程度上依靠评估者自身的实践经验，以及对相关理论根据具体情况所做出的选择与灵活运用，而非机械地遵循或照搬某个既定的理论或教条就能取得。

在一个法律健全、规范透明、竞争充分的股票市场中，虽然每年都有一些投资者战胜了市场，但要想连续战胜市场是非常困难的。若想在长期（如10年或20年）最终（不一定要每年都跑赢市场）战胜市场，虽然是有可能的，但非常困难。金融投资家沃伦·巴菲特做到了这一点，被世人尊称为股神。就中长期而言，绝大多数机构投资者高薪聘请的基金经理和一只猴子或鸟没有什么区别。由这些基金经理管理的基金的回报率和猴子随机挑选出来的投资组合的回报率没有什么显著区别，它们在中长期通常大幅落后于费用低廉的指数型基金，如跟踪标准普尔500指数的ETF基金。

在一个竞争非常充分的证券市场中，如果这个经济体的经济处于不断成长的过程中，如果这个市场中的投资者想进行长期投资而非短期投机的话，跟踪一个具有市场代表性的综合性指数，对资产实行被动管理，通过分享这个经济体经济成长的成果获得财富，要好过试图通过在长期最终战胜市场获得更多的财富。特别是对于业余投资者而言，就其微不足道的资产规模和研究能力，不值得花费任何资源试图通过积极的主动管理去尝试战胜市场。就犹如不会有人出于经济的目的为了提高阳台上几个花盆中种植的蔬菜的产量去攻读育种学博士学位一样，这些努力可以被看作是不理性的和浪费性的。

内幕交易，是指证券交易内幕信息的知情人员利用其掌握的未公开的价格敏感信息进行证券买卖活动，以谋取利益或减少损失的行为。内幕交易是一种证券欺诈行为。

关联交易，上市公司关联交易是指上市公司及其控股子公司与关联人之间发生的转移资源或义务的事项。关联交易分为公允的关联交易和非公允的关联交易。公允的关联交易，是指关联交易的交易结果，对交易的相关权益人特别是交易所涉及的非关联方，都是公平合理的。非公允的关联交易，是指关联交易的交易结果，有损于交易的相关权益人特别是交易所涉及的非关联方的权益。

利益输送，是指公司的大股东、董事、监事、高级管理人员或实际控制人利用其拥有的对公司决策的影响力，采取不合法的手段，转移上市公司资产或利润的行为。

附录 2　分散投资与集中投资

分散投资，也称组合投资，是指一种同时投资于不同类型、不同时限、不同区域资产的投资策略，也就是我们常说的不要把鸡蛋放进一个篮子里。购买指数型基金就是一种低管理成本的分散投资证券资产的方式。

分散投资仅仅是一个一般性原则，并不存在一个对所有投资者来说都是最优的投资组合，因为不同投资者的风险偏好、投资偏好、知识结构、能力范围、对不同资产价格未来走势的判断、年龄、资产规模、家庭状况是不同的。分散投资的出发点是为了降低特定资产的价格波动对整个投资组合的影响，提高投资收益的稳定性。

投资者难以通过简单的投资分散化达到这一目的。在投资者对自己所选择的投资标的的投资价值并不十分了解的情况下，如果想真正消除特定资产的价格波动对整个投资组合的影响，那投资组合必须高度分散化，如购买指数型基金。盲目的、有限的分散投资并不意味着低风险，很有可能得到的是高风险、低回报。如果投资者对他所选择的投资标的非常了解，就应该选择集中投资于少数优质的资产。在这种情况下，集中投资不但不等同于高风险，还能在长期实现高回报。

因此，在很多情况下，投资者获得高收益并不需要承受高风险，反之，承受了高风险也不意味着一定能获得高回报。如只是简单地长期持有某些优质公司的股票，或长期持有那些能够反映某个经济体持续增长的指数型基金，什么也不用做，投资者就能获得非常高的投资回报。分散投资是针对无知的一种保护。

对于那些真正理解所投资的标的资产，即“准备放鸡蛋的篮子”的专业投资者来说，必然会选择集中投资，把“财富的鸡蛋”放进其能力圈范围内“回报率最高的少数几个篮子”里。就如对自己队员非常了解的篮球教练，在决赛时一定会选择最强的阵容去努力赢得比赛，而不会选择让每个队员都上场打几分钟比赛试试看。战胜市场非常困难，想战胜市场，就必须把投资集中在几家最好的公司里。“对于每一笔投资，你都应当有勇气和信心将10%以上的资产投入其中。”如果投资者对他投资的公司并不了解，简单的分散投资并不会降低投资风险。

对于业余投资者而言，不应该选择对自己的证券资产进行主动管理，因为不具备这种专业能力。业余投资者也不应该委托专业投资者来管理自己的资产，因为这些所谓的专业投资者几乎不可能做到连续战胜市场，而你却能简单地通过投资指数型基金与市场保持同步。所以，一个理性的业余投资者应该选择跟踪一个能够实现经济可持续增长的经济体的综合性股票指数，去投资整个市场。

学院派学者赞美分散投资的理念，实际上是对商学院讲授的无用的投资理论的一种掩饰。这种投资哲学只是在努力使你的投资回报率不要落后于市场的平均水平太多而已。基金经理们不会主动向自己的客户推荐指数型基金，因为他们是通过管理客户的财富来赚钱，而不是通过帮助客户赚钱来谋生。

2007 年，巴菲特向对冲基金行业（通过承担高风险去追求高回报）的专业投资者发出挑战，希望他们加入自己 2006 年在给伯克希尔·哈撒韦公司股东的信中所设的一场赌局。在这封信中巴菲特指出，那些由专业人士管理的对冲基金，其长期回报率还不如被动管理的指数型基金。在专业投资者们的“帮助”下，他们的客户得到了更差的回报。

巴菲特设立的为期 10 年（以保证这些对冲基金能够有机会穿越一次完整的市场周期）的赌局是，从 2008 年 1 月 1 日至 2017 年 12 月 31 日，标普 500 指数的表现会胜过对冲基金组合扣除佣金、成本及其他所有费用后的业绩表现。

华尔街的专业投资者们对此挑战保持了沉默，只有 Protege Partners 公司的对冲基金经理 Ted Seides 接受了巴菲特的赌局，他选择了五只母基金（基金的基金）去参加和巴菲特的竞赛。这五只母基金一共持有 200 多只对冲基金的权益。最终的结果是标准普尔 500 指数完胜。在过去 10 年中，标准普尔 500 指数累计上涨了 125.8%，平均年收益率达到 8.5%。而在 Ted Seides 挑选的五只母基金中，表现最好的基金累计上涨了 87.7%，平均年收益率仅为 6.5%；表现最差的基金仅增长了 2.8%，平均年收益率为 0.3%。

附录3 浑水公司

浑水公司（Muddy Waters Research），也称浑水研究，由美国人卡森·布洛克（Carson Block）于2010年在香港创办，是一家独立调查机构。公司名称源于中国的成语“浑水摸鱼”，意思是在“上市公司造假的浑水”里谋利。

布洛克2005年大学毕业后来到中国，曾在一家律师事务所为西方对冲基金公司调研列为投资标的的中国公司。在这一过程中，他发现许多中国公司存在严重的财务造假行为，并由此发现了巨大的商机。2010年，34岁的布洛克创办了浑水公司，通过对可能存在商业欺诈、财务造假或公司基本面已经严重恶化的中国海外上市公司进行调研来谋利。

浑水公司平均每3个月发布一篇研究报告，平均每年做空4家公司。研究报告的类型分为商业欺诈、财务造假、市场尚未发觉的公司基本面变化三种。被浑水公司做空的公司轻则股价大跌，重则退市，也有一些被其做空的公司股价经过大幅下挫后恢复上涨，如美国的电塔公司和中国的新东方。布洛克以其敏锐的嗅觉和近乎全胜的成绩，被布隆伯格新闻社评为2011年50大思考者之一。

浑水公司做空问题公司的基本做法是：通过外部信息，如频繁更换会计师事务所，发现有可能存在问题的上市公司；对目标公司展开调研并形成研究报告；与对冲基金合作，向合作者提供调查报告，对冲基金入场做空问题公司；对外公开发布调查报告；目标公司股价大跌，蒙受损失的投资者聘请律师向该上市公司发起集体诉讼并要求索赔。

下列这些特征与公司的商业欺诈和财务造假行为存在强烈的正相关性：

目标公司在充分竞争的市场中获得了远高于竞争对手的毛利率。

目标公司报给工商和税务部门的文件与报给证券市场监管部门的相关文件不一致。

目标公司存在隐瞒关联交易的情形，或目标公司的收入严重依赖关联交易，有虚增公司利润或掏空上市公司的嫌疑。

目标公司的主要股东和高层管理者存在可疑的股票交易，如在公司业绩快速提升的同时大规模减持了所持的公司股份，甚至将自己的股份无偿赠送给他人。

目标公司聘请了国外名不见经传的小会计师事务所对其进行审计，这些会计师事务所由于在中国境内没有分支机构，不得不把具体业务委托给国内的会计师事务所，从而为财务造假创造出空间。

目标公司聘请境外多次受到证券市场监管机构惩罚的声誉不佳的会计师事务所对其进行审计。

目标公司主要股东和高层管理者在过去声誉不佳，或有确定的事实表明其不值得信任，如曾经多次卷入财务丑闻或多次受到证券市场监管机构的处罚。

目标公司更换过或频繁更换审计事务所或 CFO，聘请不懂中文的外国人担任公司 CFO。

目标公司的经营业务过度外包，销售过度依赖销售代理商，从而将公司具体运作产生的财务信息大量移出公司财务报表，使公司真实的财务状况难以评估。

目标公司采用了超出实际商业需要、异常复杂的股权结构，为财务造假和资产转移提供了合理怀疑空间。

目标公司愿意以大大低于目前市场价格的超低价格增发股票。

此外，公司官方网站非常简陋，公司活动信息长期不变，公司高管报酬过低，对公司经营状况的质疑者选择威胁起诉而非积极沟通等特征，均有助于确定目标公司。

浑水公司对目标公司展开调查的主要方法是：

查阅有关目标公司的公开资料，如招股说明书、年报、临时公告、公司纳税信息、官方网站、媒体公开报道等。

对目标公司的关联方展开调查。在企业财务和经营决策中，如果一方控制、共同控制另一方或对另一方施加重大影响，以及两方或两方以上同受一方控制、共同控制或重大影响的，构成关联方。

通过电话访谈、当面交流、实地观察等方式对目标公司展开实地调查，如对上市公司高管进行访谈，实地观察工厂环境、机器设备、库存、物流情况以了解目标公司的真实运营情况。

调查目标公司的供应商，以及给目标公司提供审计和法律咨询服务的会计师事务所和律师事务所等机构，以验证目标公司相关财务信息的真实性。

调查目标公司的客户。

倾听目标公司竞争对手对目标公司相关经营活动和财务数据的看法。

倾听行业专家对目标公司相关经营活动和财务数据的意见。

最后根据调查结果对目标公司的市场价值做出新的评估。

2014 年以后，浑水公司的做空对象由在海外上市的中概股转向其他国家的上市公司，如瑞典电信公司 TLSN、法国零售公司 Casino、德国广告公司 STROEER、美国心血管医疗器械公司圣犹达、日本电产公司等。

2016 年 1 月 25 日，浑水资本正式注册，布洛克完成从公司分析师到基金经理的转型。

针对上市公司的独立调查机构是证券市场的清洁工和啄木鸟，投资者利益的保护者。做多和做空是保证证券市场健康运行的两种相互制衡的市场力量，不应对其做出不同的价值判断，不应对做空力量进行动机追寻和道德批判。

恶意做空不具商业上的可行性，除非出于政治的目的，遵从的是政治逻辑而非商业逻辑。如果做空机构针对优质公司展开恶意做空行动，伴随着股价下跌和市场机会的出现，做空力量会面临来自做多机构、投资者和上市公司等市场力量的有力平衡。

恶意做空不仅会使独立调查机构失去其在市场中赖以生存的商业信誉，还会使其承担司法风险。投机性的做空行动，如对冲基金的做空行动，从来就不是单纯依靠资金实力进行的随机屠杀，而主要依靠领先市场一步，充当压弯骆驼脊背的“最后一根稻草”来谋利。正如中国谚语所云：“苍蝇不叮无缝的蛋。”

除浑水公司外，还有一家叫香橼研究（Citron Research）的独立调查公司，也以做空中国概念股出名。香橼（Citron）是法语柠檬的意思。柠檬在西方文化中具有“成交以后才能发现的次品”的含义。香橼研究由美国犹太人安德鲁·莱福特于 2001 年创办，是一家只有一个人的独立调查机构，被称为是一家“让大象恐惧的蚂蚁公司”。2006—2012 年，香橼研究先后发布过 20 多家中国概念股公司，其中 16 家公司的股价最大跌幅超过 80%，7 家最终退市。

第八章　金融机构

金融机构，包括货币管理机构、金融监管机构和从事金融服务业有关的金融中介机构三大类。

一、货币管理机构与金融监管机构

（一）货币管理机构

货币管理机构，即货币当局，包括中国人民银行和国家外汇管理局。

中国人民银行，简称央行，是中华人民共和国的中央银行，中华人民共和国国务院组成部门。央行在国务院领导下，制定和执行货币政策，防范和化解金融风险，维护金融稳定。

国家外汇管理局，是中国管理外汇的职能机构，为国务院直属单位，由中国人民银行归口管理。国家外汇管理局负责对国际收支、对外债权债务、外汇市场的监管，承担对外汇储备、黄金储备和其他外汇资产经营管理的责任。

（二）金融监管机构

金融监管机构，即监管当局，包括中国银行保险监督管理委员会和中国证券监督管理委员会。

中国银行保险监督管理委员会（简称：中国银保监会或银保监会），成立于2018年，是国务院直属正部级事业单位，其主要职责是依照法律、法规统一监督管理银行业和保险业，维护银行业和保险业合法、稳健运行，防范和化解金融风险，保护金融消费者合法权益，维护金融稳定。

中国证监会是国务院直属正部级事业单位，其依照法律、法规和国务院授权，统一监督管理全国证券期货市场，维护证券期货市场秩序，保障其合法运行。

中国证监会设有股票发行审核委员会和行政处罚委员会，委员由中国证监会专业人员和所聘请的会外有关专家担任。2017 年 9 月成立的第 17 届股票发行审核委员会由 63 人组成。其中，专职委员 42 人，兼职委员 21 人；来自证监系统的 33 人，来自部委、高校、金融机构的 30 人。每次参加发审委会议的发审委委员 7 人，5 票（含）以上同意为通过。根据发审制度，一家企业想要上市，需要经过 10 个步骤，分别为受理、反馈会、见面会、问核、预先披露、初审会、发审会、封卷、会后事项审核、核准发行。

（三）美国证券交易委员会（SEC）

美国证券交易委员会（The U. S. Securities and Exchange Commission，SEC），是根据《1934 年证券交易法》于当年成立的美国联邦政府的一个专门委员会，负责美国证券业的监督和管理工作。

美国证券交易委员会的职责是：寻求最大的投资者保护和最小的证券市场干预，限制证券活动中的欺诈、操纵、过度投机和内幕交易等活动，维护证券投资者、发行者、交易者等各类市场参与者的正当权益，通过一个公开而公平的投资信息系统，促成正确的投资选择和最佳的资源配置。

美国证券交易委员会的总部设在华盛顿特区，拥有 5 名经总统提名由参议院任命的委员、4 个职能部门和 11 个办事处，共有大约 4600 名员工。证券交易委员会的 4 个职能部门分别为：公司融资监管部、证券市场管理部、投资活动管理部和调查、执行部。

证券交易委员会 5 名成员的任期为 5 年，任期届满后，可以连任。委员中的 1 名会被总统提名为证券交易委员会主席，主席每 5 年更换一次。5 名成员的任期间隔 1 年，也就是说每年只更换 1 名委员。委员不得兼任任何职务，不得买卖证券或从事其他证券交易活动。为了保证委员会的独立性，委员会成员不得有三人以上来自同一政党。

美国证券交易委员会为独立机构，不隶属总统、国会、最高法院，或任何一个行政部门。证券交易委员会具有准立法权、准司法权和独立执法权。

美国目前共有七部与证券相关的法案：《1933 年证券法》《1934 年证券交易法》《1939 年信托契约条例》《1940 年投资公司法案》《1940 年投资咨询法》

《2002年萨班斯—奥克斯利法案》以及《2006年信用评级机构改革法案》。

二、银行业存款类金融机构

银行业金融机构，分为存款类金融机构和非存款类金融机构。银行业存款类金融机构，是指通过吸收各种存款而获得可利用资金，并将之贷给需要资金的各经济主体及投资于证券等以获取收益的金融机构。

中国的存款类金融机构，主要包括政策性银行、国有股份制商业银行、中国邮政储蓄银行、全国性股份制商业银行、城市商业银行、农村商业银行、农村合作银行（未来均要改制为农村商业银行）、外资独资银行、中外合资银行、外国银行分行、农村信用合作社、农村资金互助社等类型。

（一）政策性银行

政策性银行，是指由政府创立，以贯彻政府的经济政策为目标，在特定领域开展金融业务的不以盈利为目的的专业性金融机构。

政策性银行不能吸收活期存款和公众存款，主要资金来源是政府提供的资本金、向商业性金融机构发行金融债券筹措的资金、财政拨款、央行再贷款、贷款企业的存款、同业存款、境外发行债券筹措的资金、外国政府贷款（转贷）等，其资金运用多为长期贷款和资本贷款（不需要提供抵押品的信用贷款）。其中，发行金融债是其筹措资金的主渠道。

1994年，中国政府设立了国家开发银行、中国进出口银行、中国农业发展银行三大政策性银行。三大政策性银行直属国务院领导，在业务上接受中国人民银行和中国银行保险监督管理委员会的监督和指导。

2015年3月，国务院明确国家开发银行定位为开发性金融机构，从政策银行序列中剥离。开发性金融机构介于政策性金融机构和商业性金融机构之间。国家开发银行的股东是中华人民共和国财政部、中央汇金投资有限责任公司、梧桐树投资平台有限公司和全国社会保障基金理事会，持股比例分别为36.54%、34.68%、27.19%、1.59%。

国家开发银行主要通过开展中长期信贷与投资等金融业务，为国民经济重大中长期发展战略服务。国家开发银行主要从事新型城镇化、保障性安居工程、

“两基一支”（基础设施、基础产业、支柱产业）、支持“走出去”、科技、文化和人文交流等开发性业务。

国家开发银行目前是全球最大的开发性金融机构，中国最大的对外投融资合作银行、中长期信贷银行和债券银行。穆迪、标准普尔等国际评级机构，连续多年将国开行评级与中国主权评级保持一致。

中国进出口银行的主要职责是贯彻执行国家产业政策、对外经贸政策、金融政策和外交政策，为扩大中国机电产品、成套设备和高新技术产品出口，推动有比较优势的企业开展对外承包工程和境外投资，促进对外关系发展和国际经贸合作提供政策性金融支持。中国进出口银行也是外国政府对华贷款的主要转贷行和中国政府援外优惠贷款的承贷行。

中国农业发展银行的主要职责是按照国家的法律、法规和方针政策，以国家信用为基础筹集资金，承担农业政策性金融业务，代理财政支农资金的拨付，为农业和农村经济发展服务。中国农业发展银行运营资金的主要来源是：业务范围内开户企事业单位的存款、发行金融债券、财政支农资金、向中国人民银行申请再贷款、同业存款、协议存款、境外筹资等。

（二）商业银行

商业银行，是指以吸收存款、发放贷款和从事中间业务为主的营利性金融机构。商业银行是存款类金融机构的主体。

国有控股大型商业银行，是指由财政部和中央汇金公司控股的大型股份制商业银行。目前共有中国工商银行、中国农业银行、中国银行、中国建设银行、交通银行、中国邮政储蓄银行等6家国有控股大型商业银行。

全国性股份制商业银行，是指获准在全国范围内开展业务的股份制商业银行。目前共有招商银行、上海浦东发展银行、中信银行、中国光大银行、华夏银行、中国民生银行、广东发展银行、兴业银行、平安银行、浙商银行、恒丰银行、渤海银行等12家全国性股份制商业银行。

城市商业银行，是20世纪90年代中期在城市合作信用社基础上改制组建的一种股份制商业银行。在成立之初，城市商业银行确立了服务地方经济、服务中小企业、服务城市居民的市场定位。北京银行、上海银行、江苏银行、南京银行、宁波银行、盛京银行、徽商银行、杭州银行、天津银行、厦门国际银行是位列中国城市商业银行100强中前十（2017年）的城市商业银行。

农村商业银行，是由辖内农民、农村工商户、企业法人和其他经济组织共同入股组成的股份制地方性金融机构。截至2016年底，全国的农村商业银行总计1055家，资产规模20.2万亿元，占银行业总资产的8.7%。按总资产规模排名（2017年），重庆农商银行、北京农商银行、上海农商银行、成都农商银行、广州农商银行均在5000亿元以上，位列全国农商银行的前五。

农村合作银行，是由辖内农民、农村工商户、企业法人和其他经济组织入股组成的股份合作制社区性地方金融机构，主要任务是为农民、农业和农村经济发展提供金融服务。农村合作银行可经营《商业银行法》规定的部分或全部业务。农村合作银行主要以农村信用社和农村信用社县（市）联社为基础组建。目前已经不再组建新的农村合作银行，要全部改制为农村商业银行。同时，鼓励符合条件的农村信用社改制组建为农村商业银行。

农村信用合作社，简称农村信用社、农信社，是指经中国人民银行批准设立、由社员入股组成、实行民主管理、主要为社员提供金融服务的农村合作金融机构。

农村资金互助社，是指经银行业监督管理机构批准，由乡（镇）、行政村农民和农村小企业自愿入股组成，为社员提供存款、贷款、结算等业务的社区互助性金融机构。农村资金互助社在农村地区的乡（镇）和行政村以发起方式设立。户口所在地或经常居住地（本地有固定住所且居住满3年）在入股农村资金互助社所在乡（镇）或行政村内的农民才能向农村资金互助社入股。农村资金互助社实行社员民主管理，以服务社员为宗旨，谋求社员共同利益。

外资银行，是指在中国境内设立的外商独资银行、中外合资银行、外国银行分行、外国银行代表处。外国银行代表处不属于营业性机构，只能从事与其代表的外国银行业务相关的联络、市场调查、咨询等非营业性活动。原来在中国开展业务的外国银行分行和代表处目前大部分已改制为法人银行分行。

目前在中国开展业务的外资银行主要有：花旗银行（美国）、渣打银行（英国）、华侨银行（新加坡）、德意志银行（德国）、蒙特利尔银行（加拿大）、瑞士银行（瑞士）、苏格兰皇家银行（英国）、澳新银行（澳大利亚、新西兰）、星展银行（新加坡）、荷兰银行、巴黎银行（法国）、三菱东京日联银行（日本）、瑞穗银行（日本）、法国兴业银行（法国）、三井住友银行（日本)、摩根士丹利国际银行（美国)、摩根大通银行（美国)、韩亚银行（韩国)、新韩银行（韩国）等。中外合资银行主要有：厦门国际银行、上海巴黎国际银行、福建亚洲银行、华商银行、青岛国际银行、富邦华一银行等。

（三）商业银行的业务

根据《中华人民共和国商业银行法》的规定，中国商业银行可以经营下列部分或者全部业务：吸收公众存款；发放短期、中期和长期贷款；办理国内外结算；办理票据承兑与贴现；发行金融债券；代理发行、代理兑付、承销政府债券；买卖政府债券、金融债券；从事同业拆借；买卖、代理买卖外汇；从事银行卡业务；提供信用证服务及担保；代理收付款项及代理保险业务；提供保管箱服务等。

商业银行的上述业务可分为三类：负债业务、资产业务和中间业务。

1. 负债业务

负债业务，就是银行吸收资金的业务。主要包括活期存款业务、定期存款业务、储蓄存款业务和借款业务。商业银行的借款业务分为四类：发行债券、同业拆借、向中央银行借款和境外借款。

2. 资产业务

资产业务，是商业银行运用资金的业务。商业银行的资产业务主要分为放款业务和投资业务两大类。

放款业务，就是发放各类贷款的业务。商业银行的贷款，按贷款的信用程度分类，可分为信用放款、担保放款和票据贴现三类。

信用贷款，指以借款人的信誉发放的无担保贷款。

担保贷款，含保证贷款、抵押贷款、质押贷款三种类型。保证贷款，指按规定的保证方式以第三人承诺在借款人不能偿还贷款时，按约定承担保证责任或连带责任而发放的贷款。抵押贷款，指按规定的抵押方式以借款人或第三人的财产作为抵押物发放的贷款。质押贷款，指按规定的质押方式以借款人或第三人的动产或权利作为质物发放的贷款。

票据贴现，指贷款人以购买借款人未到期商业票据的方式发放的贷款。

中国人民银行按照商业银行贷款的质量，将商业银行贷款划分为正常、关注、次级、可疑、损失五个等级，后三类贷款称为不良贷款或有问题贷款。

投资业务，是商业银行购买债券的经营活动。为了保证银行系统的安全与稳定，商业银行通常只能投资于政府债券和金融债券。

3. 中间业务

中间业务，是指不构成商业银行表内资产、表内负债，形成银行非利息收入的业务。如支付结算类中间业务，包括国内外结算业务；银行卡业务，包括信用卡和借记卡业务；代理类中间业务，包括代理证券业务、代理保险业务、代理金融机构委托、代收代付等；担保类中间业务，包括银行承兑汇票、备用信用证、各类银行保函等；承诺类中间业务，主要包括贷款承诺业务；基金托管业务；咨询顾问类业务，例如信息咨询、财务顾问等；其他类中间业务，例如保管箱业务等。

4. 商业银行经营管理遵循的原则

商业银行的经营管理遵循流动性、安全性和盈利性三大原则。流动性，是指银行资产转换为现金的容易程度。以库存现金和法定准备金形式存在的现金是商业银行流动性最强的资产，商业银行持有的各种短期债券和短期贷款也具有较强的流动性。安全性，是指银行资产可按期收回本息的可靠程度。盈利性，是指商业银行在正常经营状态下的盈利能力。测度商业银行盈利性的基本指标是资产回报率和净资产回报率，即税后净利润与总资产或净资产的比率。

5. 商业银行经营管理的主要内容

商业银行经营管理的主要内容包括流动性管理、资产管理、负债管理和资本充足性管理。

流动性管理的目标是使商业银行通过持有法定准备金和超额准备金来保证有足够的现金支付取款者。当出现流动性不足的问题时，商业银行可以选择向其他商业银行拆借，或出售一些资产，或减少贷款，或减少对股东的分红，或向中央银行借款。

资产管理，就是通过精心选择资产组合，使商业银行在安全性、盈利性和流动性之间保持平衡。

负债管理的主要目标是努力降低商业银行获取资金的成本。

资本充足性管理，是指商业银行对资本金持有量在满足法定资本金要求的基础上做出选择，使之保持在一个恰当的水平上，既能满足冲销坏账的需要，又不过度牺牲银行的盈利能力，以实现安全性和盈利性之间的平衡。

商业银行资本金，是指银行投资者为了正常的经营活动及获取利润而投入的货币资金和保留在银行的利润。具体包括：各方投资者投入商业银行的资本金；由这些资金增值等原因形成的资本公积、盈余公积、未分配利润；贷款呆账准备金、坏账准备金、投资风险准备金以及所持有的五年及五年期以上的长期债券。核算商业银行资本金时，需要扣除其在其他银行资本中的投资；在非银行金融机构资本中的投资；对工商企业的参股投资；对非自用不动产的投资。

根据《巴塞尔协议》，商业银行的资本充足率要达到8%，其中核心资本充足率要达到4%。

三、银行业非存款类金融机构

银行业非存款类金融机构，包括信托投资公司、金融资产管理公司、金融租赁公司、汽车金融公司、消费金融公司、小额贷款公司、典当公司、财务公司、网络贷款公司等。

（一）信托投资公司

所称信托，是指委托人基于对受托人的信任，将其财产权委托给受托人，由受托人按委托人的意愿以自己的名义，为受益人的利益或者特定目的进行管理或者处分的行为。

信托投资公司，是指依照《中华人民共和国公司法》和根据《信托投资公司管理办法》规定设立的主要经营信托业务的金融机构。

信托业务主要包括委托和代理两个方面的内容。前者是指财产的所有者为自己或其指定人的利益，将其财产委托给他人，要求按照一定的目的，代为妥善地管理和有利地经营；后者是指一方授权另一方，代为办理一定的经济事项。信托投资公司可以经营资金信托、动产信托、不动产信托和其他财产信托等四大类信托业务。

信托业务的关系人有委托人、受托人和受益人。转移财产权的人，即原财产的所有者是委托人；接受委托代为管理和经营财产的人是受托人；享受财产所带来的利益的人是受益人。

（二）金融资产管理公司

金融资产管理公司，是指经国务院决定设立的收购国有银行不良贷款，管理和处置因国有银行不良贷款形成的资产的国有独资非银行金融机构，是由国家全资投资的特定政策性金融机构。

中国人民银行、财政部和中国证券监督管理委员会依据各自的法定职责对金融资产管理公司实施监督管理。金融资产管理公司以最大限度保全资产、减少损失为主要经营目标，依法独立承担民事责任。

我国有4家资产管理公司，即中国华融资产管理公司、中国长城资产管理公司、中国东方资产管理公司、中国信达资产管理公司。成立之初分别接收从中国工商银行、中国农业银行、中国银行、中国建设银行剥离出来的不良资产。

（三）金融租赁公司

金融租赁公司，是指经中国银行保险监督管理委员会批准，以经营融资租赁业务为主的非银行金融机构。

融资租赁，是指出租人根据承租人（用户）的请求，与第三方（供货商）订立供货合同，根据此合同，出租人出资购买承租人选定的设备。同时，出租人与承租人订立一项租赁合同，将设备出租给承租人，并向承租人收取一定租金的业务。

金融租赁公司主要通过发行金融债券、向金融机构借款、同业拆借、境外借款等方式筹集资金。

金融租赁在发达国家已经成为设备投资中仅次于银行信贷的第二大融资方式。

（四）汽车金融公司

汽车金融公司，是指经中国银行保险监督管理委员会批准设立的，为中国境内的汽车购买者及销售者提供金融服务的非银行金融机构。

中国主要的汽车金融公司有上汽通用汽车金融有限责任公司、大众汽车金融（中国）有限责任公司、丰田汽车金融（中国）有限责任公司、福特汽车金融有限责任公司、梅赛德斯-奔驰汽车金融有限责任公司、一汽汽车金融有限责任公司、宝马汽车金融有限责任公司、东风标致雪铁龙汽车金融有限责任公司、沃尔沃汽车金融（中国）有限责任公司、合智思创汽车金融风控有限责任公司等。

（五）消费金融公司

消费金融公司，是指经中国银行保险监督管理委员会批准，在中华人民共和国境内设立的，不吸收公众存款，以小额、分散为原则，为中国境内居民个人提供以消费（不包括购买房屋和汽车）为目的的贷款的非银行金融机构。如购买家用电器、电子产品等耐用消费品，以及用于个人及家庭旅游、婚庆、教育、装修等消费事项。

境内同业拆借，向境内金融机构借款，经批准发行金融债券是消费金融公司资金的主要来源。消费金融公司所提供的个人消费贷款具有小额、短期（通常不超过 12 个月）、无抵押、无担保的特点。

由于消费金融公司发放的贷款是无担保、无抵押贷款，风险相对较高，因此银保监会设立了严格的监管标准。

（六）小额贷款公司与典当公司

小额贷款公司，是指由自然人、企业法人与其他社会组织投资设立，不吸收公众存款，经营小额贷款业务的有限责任公司或股份有限公司。

典当，是指当户将其动产、财产权利作为当物质押或者将其房地产作为当物抵押给典当行，交付一定比例费用，取得当金，并在约定期限内支付当金利息、偿还当金、赎回当物的行为。

典当行，就是专门发放质押、抵押贷款的借贷融资性质的非银行金融机构，是以货币借贷为主和商品销售为辅的市场中介组织。

（七）财务公司

企业集团财务公司，简称财务公司，是指以加强企业集团资金集中管理和提高企业集团资金使用效率为目的，为企业集团成员单位（简称成员单位）提供财务管理服务的非银行金融机构。财务公司接受企业集团和中国银行保险监督管理局的双重监管。

财务公司经营的金融业务，可分为融资、投资和中介三部分。

融资业务主要包括：吸收成员单位3个月以上定期存款；经批准发行财务公司债券；同业拆借等。

投资业务主要包括：承销成员单位的企业债券；对成员单位办理贷款及融资租赁；对金融机构的股权投资；有价证券投资；成员单位产品的消费信贷、买方信贷及融资租赁等。

中介业务主要包括：对成员单位办理财务和融资顾问、信用鉴证及相关的咨询、代理业务；协助成员单位实现交易款项的收付；经批准的保险代理业务；对成员单位提供担保；办理成员单位之间的委托贷款及委托投资；对成员单位办理票据承兑与贴现；办理成员单位之间的内部转账结算及相应的结算、清算方案设计等。

（八）网络贷款公司

网络贷款公司，是指依法成立，专门从事网络借贷信息中介业务活动的金融信息中介公司。借贷双方直接发生债权债务关系，网贷平台则依靠向借贷双方收取一定的手续费维持运营。

四、证券业金融机构

证券业金融机构，是指为证券市场参与者提供中介服务的机构，包括证券公司、公开募集证券投资基金管理公司、非公开募集证券投资基金管理公司、期货公司、证券交易所、期货交易所、证券期货登记清算机构、证券期货投资咨询公司、资信评级公司等。

（一）证券公司

证券公司，即券商，是指依照《公司法》和《证券法》的规定设立并经国务院证券监督管理机构审查批准而成立的专门经营证券业务，具有独立法人地位的有限责任公司或者股份有限公司。证券公司具有证券交易所的会员资格。

我国目前有 100 多家证券公司，如中信证券、国信证券、国泰君安、申万宏源、广发证券、招商证券、中国银河、海通证券、华泰证券、中信建投等。

在欧美国家，证券公司通常被称为投资银行。欧美国家的投资银行，一种类型是独立的专业性投资银行，如美国的高盛和摩根士丹利；一种类型是商业银行拥有的投资银行或投资银行部门，如汇丰集团、瑞银集团、花旗集团。

证券公司的业务主要有四类：证券经纪业务、证券承销业务、证券自营业务和证券资产管理业务。具体来说，证券公司可以经营下列部分或者全部业务：证券经纪；证券投资咨询；与证券交易、证券投资活动有关的财务顾问；证券承销与保荐；证券自营；证券资产管理；其他证券业务。

证券公司经营上述第 1 项至 3 项业务的，注册资本最低限额为 5000 万元；经营第 4 项至第 7 项业务之一的，注册资本最低限额为 1 亿元；经营第 4 项至第 7 项业务中两项以上的，注册资本最低限额为 5 亿元。

证券营业部，是指证券公司依法设立的从事证券经纪业务的机构。证券营业部是证券公司全资附属的法人机构。证券营业部的主要功能是代理交易和提供证券信息。如为证券投资者提供进入市场的通道，代理投资者询价、报价和完成交易；提供及时、公正、真实的市场行情信息，提供各类市场主体发布的公开信息，即证监会、交易所、上市公司、登记公司等通过指定渠道披露发布的各类公开信息；提供各类投资咨询信息，包括市场分析、研究报告和投资建议等。

（二）证券交易所

证券交易所，是为证券集中交易提供场所和设施，组织和监督证券交易的金融机构。目前，中国共有四家交易所，即上海证券交易所、深圳证券交易所、香港交易所和台湾证券交易所。

世界主要的证券交易所有纽约证券交易所、东京证券交易所、泛欧证券交易所、伦敦证券交易所、法兰克福证券交易所、多伦多证券交易所集团、西班牙马德里交易所和瑞士证券交易所等。

证券交易所有公司制和会员制两种。公司制证券交易所以盈利为目的，这种类型的证券交易所要收取证券发行公司的上市费与证券交易的佣金。会员制证券交易所不以盈利为目的，由会员自治自律、互相约束，参与交易的买卖方只限于证券交易所的会员。这种证券交易所通过向会员收取会费来筹集所需费用。上海证券交易所和深圳证券交易所均为会员制证券交易所。

（三）证券登记结算机构

证券登记结算机构，包括中央国债登记结算有限责任公司（中债登）、中国证券登记结算有限公司（中证登）、银行间市场清算所股份有限公司（上清所）。

中国证券登记结算有限公司的主要职能是：证券账户、结算账户的设立和管理；证券的存管和过户；证券持有人名册登记及权益登记；证券和资金的清算交收及相关管理；受发行人的委托派发证券权益；依法提供与证券登记结算业务有关的查询、信息、咨询和培训服务等。

中央国债登记结算有限责任公司是为全国债券市场提供国债、金融债券、企业债券和其他固定收益证券的登记、托管、交易结算等服务的国有独资金融机构。

银行间市场清算所股份有限公司，是由中国外汇交易中心、中央国债登记结算有限责任公司、中国印钞造币总公司、中国金币总公司等 4 家单位共同发起、设立的专业清算机构，简称上海清算所（Shang Hai Clearing House）。

（四）基金管理公司

基金管理公司，是指依据有关法律法规设立的对基金的募集、基金份额的申购和赎回、基金财产的投资、收益分配等基金运作活动进行管理的公司。

华夏基金、嘉实基金、易方达基金、南方基金、博时基金、广发基金、华安基金、汇添富基金、工银瑞信基金、招商基金、建信基金是国内主要的基金管理公司。

（五）期货公司

期货公司，是指依法设立的、接受客户委托、按照客户的指令、以自己的名义代理客户进行期货合约交易并收取交易手续费的中介组织，其交易结果由客户承担。

期货公司是期货合约交易者与期货交易所之间的桥梁。期货公司还具有为客户提供期货市场信息，进行期货交易咨询等职能。

（六）期货交易所

期货交易所，是买卖期货合约的场所。期货交易所包括商品期货交易所和金融期货交易所。

期货交易所是一种非营利机构，期货交易所本身不进行期货合约的交易活动，它致力于为期货合约交易者提供一个公开、公平、公正的交易场所。

中国的商品期货交易所包括郑州商品交易所、大连商品交易所和上海期货交易所。金融期货交易所为中国金融期货交易所。

（七）中国期货市场监控中心有限责任公司

中国期货市场监控中心有限责任公司（简称中国期监，原中国期货保证金监控中心），其股东单位有上海期货交易所、中国金融期货交易所、郑州商品交易所以及大连商品交易所。中国期货市场监控中心的业务接受中国证监会的指导、监督和管理。

中国期货市场监控中心的主要职能是期货市场统一开户；期货保证金安全监控；为期货投资者提供交易结算信息查询；期货市场运行监测监控；宏观和产业分析研究；期货中介机构监测监控；代管期货投资者保障基金；商品及其他指数的编制、发布；为监管机构和期货交易所等提供信息服务；期货市场调查等。

五、保险业金融机构

（一）保险公司

保险公司，是经银行保险监督管理机构批准设立并依法登记注册，销售保险合同、提供风险保障的商业保险公司。

保险，是指投保人根据合同约定，向保险人支付保险费，保险人对于合同约定的可能发生的事故因其发生所造成的财产损失承担赔偿保险金责任，或者当被保险人死亡、伤残、疾病或者达到合同约定的年龄、期限等条件时承担给付保险金责任的商业保险行为。

投保，是对财产、人身、责任及权益等具有保险利益的自然人或法人，通过购买保险与保险人建立保险合同关系的行为。

保险合同，也称保单，是投保人与保险人约定保险权利义务关系的协议。保险合同分为标准合同和非标准合同。标准合同，是指由权威机构制定，经过一定审查程序或备案认定的，由保险人事先印就、具有统一格式的保险合同。非标准合同，是指保险公司根据业务需要和客户需求自行制订的保险合同。

保险合同的基本要素包括保险合同的当事人、保险合同的关系人、保险标的和保险条款。

保险合同的当事人是保险人和投保人。保险人，是指与投保人订立保险合同，并按照合同约定承担赔偿或给付保险金责任的保险公司。投保人，是指与保险人订立保险合同，并按照合同约定负有支付保险费义务的人。

保险合同的关系人有被保险人和受益人。被保险人，是指其财产或者人身受保险合同保障，享有保险金请求权的人。受益人，是指人身保险合同中由被保险人或者投保人指定的享有保险金请求权的人。

保险标的，是指作为保险对象的财产及其有关利益或者人的寿命和身体。

保险条款，是记载保险合同内容的条文、款目，是保险合同双方享受权利与承担义务的主要依据。

保险公司的盈利，由承保盈利和投资盈利构成。保险公司的保费收入与赔付支出和经营成本之间的差额就形成承保盈利。保险公司将保险浮存金进行投资所获得的回报构成投资盈利。中国保险公司保险浮存金的投资标的主要是银行存款、国债、金融债券、股票、证券投资基金份额、大型央企发行的企业债券、不动产等。保险公司主要通过对保险浮存金进行投资来盈利。

保险公司的业务分为直接保险业务和再保险业务。

直接保险，是保险人同投保人直接签订保险合同的保险业务。保险公司的直接保险业务分为人身保险业务和财产保险业务。人身保险业务，包括人寿保险、健康保险、意外伤害保险等保险业务。财产保险业务，包括财产损失保险、责任保险、信用保险、保证保险等类型的保险业务。保险公司不得兼营人身保险业务和财产保险业务。但是，经营财产保险业务的保险公司经国务院保险监督管理机构批准，可以经营短期健康保险业务和意外伤害保险业务。

（二）再保险公司

再保险，也称分保，是保险人在原保险合同的基础上，通过签订分保合同，将其所承保的部分风险和责任向其他保险人进行保险的行为。再保险公司，是经保险监督管理机构批准设立，依法登记注册专门经营再保险业务的公司。依据业务范围，可以分为人寿再保险公司、非人寿再保险公司和综合再保险公司。再保险业务中，分出保险的一方为原保险人或分出公司，接受再保险的一方为再保险人或分入公司。再保险人不直接向投保人签发保单，只对原保险人负责。保险公司经保险业监督管理部门核定，可以经营再保险业务。

中国再保险（集团）股份有限公司（简称中再集团），由国家财政部和中央汇金投资责任有限公司发起设立，各持 14.5%和 85.5%的股权，是目前中国唯一的再保险集团公司。中再集团控股 6 家子公司：中国财产再保险股份有限公司、中国人寿再保险股份有限公司、中国大地财产保险股份有限公司、中再资产管理股份有限公司、中国保险报业股份有限公司、华泰保险经纪有限公司，拥有再保险、直接保险、资产管理、保险经纪、保险传媒等完整的保险产业链。

（三）保险资产管理公司

保险资产管理公司，是指经中国银保监会会同有关部门批准，依法登记注册、受托管理保险公司投资资产的金融机构。保险资产管理公司的主要股东通常为保险公司。保险公司投资资产可划分为流动性资产、固定收益类资产、权益类资产、不动产类资产和其他金融资产等五大类资产。

（四）保险经纪公司

保险经纪公司，是指基于投保人的利益，为投保人与保险公司订立保险合同提供中介服务，并按约定收取佣金的机构。保险经纪公司经营的保险经纪业务主要包括：为投保人拟订投保方案、选择保险公司以及办理投保手续；协助被保险人或者受益人进行索赔；再保险经纪业务；为委托人提供防灾、防损或者风险评估、风险管理咨询服务等。

（五）保险公估公司

保险公估公司，是指经中国银行保险监督管理委员会批准设立的，接受保险当事人委托，专门从事保险标的的评估、勘验、鉴定、估损、理算等业务的保险中介机构。保险公估公司经营的主要业务为：保险标的承保前的检验、估价及风险评估；对保险标的出险后的查勘、检验、估损及理算等。

（六）保险代理公司

保险代理公司，是指符合中国银保监会规定的资格条件，经中国保监会批准取得经营保险代理业务许可证，根据保险人的委托，向保险人收取佣金，在保险人授权的范围内专门代为办理保险业务的保险中介机构。保险代理公司经营的保险代理业务主要包括：代理销售保险产品；代理收取保险费；代理相关保险业务的损失勘查和理赔。

参考文献

[1] 弗兰克·J. 法博齐，弗兰科·莫迪利亚尼，弗兰克·J. 琼斯. 金融市场与金融机构基础［M］. 北京：机械工业出版社，2010.

[2] 弗雷德里克·S. 米什金. 金融市场与金融机构［M］. 北京：机械工业出版社，2013.

[3] 威廉·格雷德. 美联储［M］. 北京：中国友谊出版公司，2013.

[4] 罗伯特·黑泽尔. 美联储货币政策史［M］. 北京：社会科学文献出版社，2016.

[5] 彼得·S. 罗斯，米尔顿·H. 马奎斯. 金融市场学［M］. 北京：机械工业出版社，2009.

[6] 基思·贝恩，彼得·豪厄尔斯. 货币政策［M］. 北京：清华大学出版社，2013.

[7] 乌尔里希·宾德赛尔. 货币政策实施：理论、沿革与现状［M］. 大连：东北财经大学出版社，2013.

[8] 彼得·S. 罗斯，商业银行管理［M］. 北京：机械工业出版社，2007.

[9] 赫尔. 风险管理与金融机构［M］. 北京：机械工业出版社，2007.

[10] 安东尼·桑德斯，马西娅·米伦·科尼特. 金融机构管理［M］. 北京：人民邮电出版社，2009.

[11] 多米尼克·卡瑟利. 挑战风险：金融机构如何生存和发展［M］. 北京：商务印书馆，1997.

[12] 克里斯托弗·瓦伊尼. 金融机构、金融工具和金融市场［M］. 北京：中国人民大学出版社，2008.

第九章　经济学的科学性

一、科学的研究规范

现代经济学是一门按照科学的研究规范展开研究活动的社会科学。

在19世纪之前，经济学有基于个人或局部经验的经济思想，尚无科学意义上的经济理论。19世纪中期之后，从英国经济学家西尼尔和法国经济学家萨伊开始，西方经济学家开始按照科学的研究规范来研究人的经济行为和各种经济现象，使经济学逐渐摆脱了价值判断，成为一门注重逻辑推理和实证检验的实证科学。1968年，瑞典皇家科学院决定设立诺贝尔经济学奖，这一事件标志着现代经济学的科学性得到了自然科学界的承认。

经济学作为一门实证科学，要回答的是“是什么”的问题，而不是“应该是什么”的问题。但经济政策的设计是建立在“是什么”和“应该是什么”的基础之上的。如应该更加注重效率，还是更加注重公平，这里面就有一个价值判断的问题。

实证经济学处理的是能够用事实进行检验的因果关系。构建理论模型和进行实证检验是其中最主要也是最重要的部分。

按照科学研究规范，展开科学研究活动的第一步是观察真实世界，发现有价值（研究者感兴趣）的问题。在中国传统学术研究方法的影响下，中国的经济学者习惯于从论文和著作中寻找准备研究的问题，其实最有研究价值的问题通常都来自对真实世界的细微观察。阅读统计年鉴、新闻报纸、财经杂志、网络媒体、参加座谈会、外出购物、与朋友闲聊、观看电视节目都是发现有价值的研究对象的渠道。报纸上某个流行的观点，可以激发出你对某种经济现象的研究兴趣。

科学研究的第二步是提出有待检验的假说。对一个经济学家来说，直觉或洞察力是一项很重要的能力。直觉，就是发现复杂现象背后起主要作用的“因”的一种能力。按照《美国传统字典》的解释，直觉是一种未经理性的论证过程便能知道或感觉的能力。经济学者的经济学直觉，是建立在对科学的研究方法、经济学理论体系和真实世界深刻理解的基础之上的。这就是为什么一个娴熟的经济学工匠很难成为一名优秀经济学家的原因。

一个经济学家在展开经济研究活动时，先要对导致某个“果”的主要原因，依靠直觉提出可被证伪、猜想为真的假说。然后在严格的变量定义和恰当的前提假设条件下，用一个模型来描述不同变量之间的因果关系。模型是一种对复杂关系简化过的关系表达。模型可以用文字来构建，这种模型叫语义模型或逻辑模型；也可以用图形或数学语言来构建，这种模型叫几何模型或数学模型。

经济学家一般不会止步于逻辑模型，而会选择使用恰当的数学工具来描述不同变量之间的因果关系。进行实证研究的经济学家会将他所构建的逻辑模型在收集到相关变量的统计数据后，转变为一个计量模型，以确定不同变量之间的数量关系。

科学研究的第三步是收集相关变量的统计数据，然后借助计算机软件，选择合适的数学方法来估计参数，并对这个计量模型进行统计学检验、经济学检验和预测检验，以最终确定是接受还是拒绝所提出的假说。严谨的经济学家通常会说统计分析“没有拒绝”某个假说，而不会说统计分析“证明”了某个假说。正如我们在许多药品说明书上看到的，［不良反应］后面的文字是“尚不明确”，而不是“无”。如果我们在野外见到的所有天鹅都是白色的，只能说明观测结果“没有拒绝”“天鹅都是白色的”这个假说，而不能说观测结果“证明”了这个假说，也许你看到的下一只天鹅就是黑色或灰色的。

经济学研究中的实证检验，必须建立在大样本的基础上，不能建立在案例研究的基础上，以避免偶然性和以偏概全。

如果这个模型通过了统计学检验、逻辑一致性检验、与经验事实的一致性检验，就意味着这个模型能够被我们暂时接受。

经济学在数学的帮助下，成为社会科学领域发展最为迅速的一门学科。萨缪尔森曾经“傲慢”（他说得对）地说到，“让一个骆驼穿过针眼，都比让一个不具备数学才能的人进入到有创造性的经济学家的万神殿要容易得多”。马克思也说过，“一门科学只有在能够成功地运用数学时，才算达到完善的地步”。不使用数学工具就无法对经济数据进行处理，就无法对不同经济变量之间的关系做出准确的描述。

经济学现在已经发展到这样一个阶段：不使用数学工具就无法展开有价值的学术研究活动。只有极少数的天才人物，如科斯才能在不使用数学工具的情况下获得重大的经济学发现。注意：学习现代经济学的基本理论，建立经济学的思维方式并不需要具备高深的数学知识。一个人从事经济活动，甚至准备成为企业家，也不需要具备高深的数学知识。信天翁没有学过空气动力学，却是地球上最擅长飞行的动物。

随着信息技术的快速发展，计算机技术和统计学、数学模拟技术的结合日益紧密，为经济学家运用数学工具进行经济学研究提供了越来越大的便利。同时计算机处理数据和求解复杂数学方程式的便捷性，也在某种程度上导致了经济学研究中过度使用数学工具的倾向。如模型精巧，但并没有产生什么新见解；把运用复杂数学工具的能力，当作职业经济学家们的一种自我保护工具和职业壁垒；把数学工具当成掩盖平庸的一种化妆品或包装纸；把所使用数学工具的难度，当成研究者学术研究能力强弱和所取得的研究成果水平高低的一种标志。

数学对于经济学研究而言仅仅是一种工具，精深的数学并不必然意味着精深的经济学研究。不能以数学水平的高低和所使用数学工具的难易来判断一个职业经济学家的学术研究能力或一项研究成果的学术价值。否则，亚当·斯密、大卫·李嘉图、哈耶克、科斯、诺斯都不能算是经济学家了。这些伟大经济学家的著作和论文不仅是学术经典，而且到今天仍具有强烈的现实意义。

在能够说明某种因果关系的前提下，构建的模型越简洁越好，使用的数学方法越简单越好。科学研究是要将复杂问题“简单化”，要将导致某个“果”的最重要的“因”找出来，而不是将简单问题复杂化，复杂问题肤浅化，故弄玄虚。

此外，经济学家使用的研究工具往往决定了他们能够或愿意选择的研究对象。一个熟练使用或只愿意使用锤子的人，可能只会去寻找钉钉子的工作，或把所有的东西都当成钉子去钉。一些不适合运用数学工具进行分析的问题，即使没有受到经济学家们的完全忽视，至少也被他们边缘化了。

二、关于经济学科学性的争议

一些激进的经济学家经常对现代经济学能否被称为科学持怀疑态度。他们认为，目前在经济学教科书中学到的那些经济学理论，只不过是一个被这个学科的多数成员“共同认可的理论结构”而已。

对经济学科学性的怀疑往往和下面这些问题有关：

（1）为什么经济学家之间总是争论不休？

（2）经济学的理论体系具有累积性吗？

（3）经济学家在进行政策选择时为什么总是含糊其词、犹豫不决？

（4）经济学家为什么经常做出错误的预测？

（5）经济学模型的前提假设与现实世界的真实状态相去甚远，这样的理论模型有解释力吗？

（一）经济学家之间为什么总是争论不休

经济学家之间存在意见分歧本身，并不能说明经济学的理论体系缺乏科学性，自然科学家之间也存在激烈的争论。如自然科学家在宇宙演化过程、恐龙突然灭绝、全球变暖、金字塔的建造方式等问题上所表现出来的分歧。

比起自然科学家，经济学家更难确定不同变量之间的因果关系和数量关系。经济学家在研究中使用的数据是经济统计数据，而非在实验室中通过受控实验获得的实验数据。这就意味着经济学家在确定不同变量之间的因果关系和数量关系时，无法满足“其他条件保持不变”的前提条件。这就造成不同经济学家在解释某个变量的变化时，经常会提出不同的解释模型，从而导致经济学家在确定哪一个模型描述的因果关系是真实的因果关系时产生分歧与争议。此外，统计数据的缺乏，也会使一种理论停留在假说阶段，难以对其进行证伪。

一旦某个假说通过了经验数据的严格检验被经济学家暂时接受，经济学家之间分歧就会随之消失，这个理论就会被经济学家广泛接受。这时，对这个理论的运用就不再局限于某个被称为某某学派的经济学家小团体了，如理性预期学派。

经济学家之间的绝大多数争论发生在涉及价值判断的政策设计与选择领域。

经济学理论研究要尽可能排除价值判断，回答“是什么”的问题。但经济政策的设计与选择，必然会涉及“应该是什么”的价值判断。任何政策都会对不同的人、不同的变量产生不同的后果。如有利于一部分人，但不利于另一部分人；有利于实现长期目标，但在短期会恶化另一些经济指标；有利于促进经济增长，但不利于控制通货膨胀；有利于提高资源配置效率，但不利于促进社会公平等。

不同的人，不论是经济学家还是自然科学家，不论其从事什么职业，都拥有不完全相同的价值观。同时，经济政策的真实效果也是充满不确定性的。因此，经济学家们在进行政策设计与选择时，要进行各种权衡取舍，存在分歧是非常正常的事情。相反，如果经济学家们在价值判断方面没有表现出分歧，倒是一件极不正常的事情。

与其他社会科学领域相比，经济学家之间的分歧要小得多。经济学是一个理论性很强的学科，而不是一个思想性的学科。经济学拥有完整的理论体系，经济学家们在这个理论体系方面分歧很小。

但与其他社会科学领域学者之间的分歧相比，经济学家之间的分歧比较引人注目。社会大众通常对经济事务更加熟悉，也更加关心。同时，与报道经济学家之间的一致相比，媒体更愿意报道经济学家之间的分歧。

（二）经济学理论的发展具有累积性吗

虽然经济学家之间存在种种分歧，但经济学并没有同时存在两个或两个以上的理论体系。经济学理论的发展具有累积性，也就是说，经济学领域的理论创新是在原有理论体系的基础上不断取得的，犹如数学和物理学等自然科学的发展历程所显示的那样。

经济学不仅是社会科学中最接近自然科学的一门学科，而且是社会科学中发展最快的一门学科，现在已发展为一个包括众多学术领域的大家族，被称为社会科学王冠上最耀眼夺目的一颗明珠。

（三）经济学家在进行经济预测时为什么错误百出

经济学家做出的各种经济预测并不准确，经常被专栏作家们戏称为“猜谜游戏”。但这只能说明经济学不是一门精密的科学，不能据此否认经济学的科学性。

经济学作为一门社会科学，研究的是人类行为及其后果，而非不以人的意志为转移的客观世界。人类行为受太多因素的影响，许多因素属于随机因素。因此，经济学永远不可能达到物理学那样的精确度。

但即使是解释客观世界的自然科学家也会做出错误的预测，如气象学家几乎每天都会在天气预测方面犯各种错误，但谁又会据此否认气象学的科学性呢?

此外，经济学家根据历史数据建立的各种预测模型，解释的是过去已经发生的事情。历史可以对理解未来提供启示，未来是过去的延续，但未来不是过去简单的重复。因此，基于历史数据形成的各种预测模型难以准确地预测未来。

绝大多数的经济预测，特别是各种短期经济预测，是由商业性研究机构的经济学家做出的，如在银行、证券公司研究部门和各种智库工作的经济学家，他们进行的各种预测主要服务于商业利益的需要。

但经济学的科学性远胜于艺术。正如美国经济学家萨缪尔森所说的，“没有银行或大企业会如此轻率以至于宁愿请教星象学家，也不去咨询训练有素的计量经济学家”。

对于经济学理论能够较好解释的经济变量，经济学家就能对其未来的变化做出较好的预测。如根据汽车销售量和消费者实际收入的历史数据，经济学家能较为精确地计算出家用轿车的需求收入弹性。利用这个需求收入弹性，通过对未来收入水平的预测，经济学家就能对未来某年的汽车销售量和保有量做出比较准确的预测。这是微观经济学领域的一个例子。在宏观经济学领域，经济学家能够根据货币供给量的增速对通货膨胀率做出比较准确的预测。

和所有的自然科学家一样，经济学家在对经济现象或人的经济行为进行解释时，并不特别纠结他们的研究成果是不是能马上被用于解决实际问题。经济学家的首要任务是解释世界，通过思想的力量去影响世界，而不是通过政府这只“看得见的手”去改变世界。

经济学家凯恩斯在《就业、利率和货币通论》（1936）一书的结尾处阐述了思想的巨大力量：

……经济学家和政治哲学家的思想，不论其正确与否，其力量之大往往出乎常人的意料。实际上，统治世界的就是这些思想。许多实干家自以为不受任何理论的影响，却往往在不知不觉中沦为了某个已故经济学家思想的奴隶。狂人执政，自以为得天启示，其实这些荒谬的思想不过是来自若干年前某个不入流学者的胡言乱语。

（四）如何认识经济学模型前提假设的非现实性

从事科学研究的目的，不是要像拍照一样去再现现实世界，而是为了增进对现实世界的认识。

构建任何模型，都需要将那些与被解释变量不相关或相对不重要的变量舍弃掉，从复杂的现实世界中抽象出一个简单模型。

一个模型的价值，在于其对被解释变量变化的解释力，而不在于其前提假设是否与现实相符。任何模型都是建立在不现实的前提假设基础之上的。这种忽略和简化，不是削弱而是增强了模型的解释力。例如，我们在计算一个物体从几十米的高度坠落到地面所需的时间时，通常会假设空气阻力为零，以在运算结果能够满足精度要求的情况下简化运算过程。但当我们计算一个降落伞或太空舱降落到地面所需的时间时，当然就不再会假设空气阻力为零了。

那种因为某个模型没有囊括所有自变量，或模型的前提假设与现实不完全相符，就把该模型看作是脱离实际和没有价值的想法是非专业的。

在现实生活中，地图就是因为抽象才具有价值的。一张地图的价值在于其能否完成这张地图准备完成的任务，而不在于其是否详细、完整。中学地理课本上的世界地图是高度简化的，但它在让你了解各个国家和主要城市在地球上的大体位置方面，比把每个城市都标注出来的世界地图要有用得多（过于详细的世界地图会变得巨大无比）。同样，当你要查找某座城市某家餐馆的具体位置时，你只需要一张反映这座城市有限区域、仅提供有限信息的城区地图。在能够满足需要的前提下，地图越简单越好。同样，在能够较好地解释被解释变量的前提下，理论模型也是越简单越好。

社会公众或其他领域的学者对经济学家在构建模型时做出的抽象与简化的批评，主要是因为经济学家分析的对象是他们更为熟悉的人类行为和经济现象。社会大众和社会科学家对自然科学家的研究对象通常非常陌生。

（五）经济学与其他社会科学的关系是竞争还是互补

“二战”以后，经济学取得了快速的发展。经济学家不断开拓经济分析的新领域，特别是对人类的非市场行为展开越来越广泛和深入的分析，将研究领域不断扩展到政治、社会、历史、教育、法律、犯罪等经济学的传统研究领域之外。经济学研究领域的这种扩张，被其他社会科学领域的学者们称为“经济学的帝国主义行径”。经济学研究领域的这种扩展，是补充了而不是取代了其他社会科学对这些问题的认识，经济学与其他社会科学之间是一种互补的关系，而非竞争的关系。在学术分工高度专业化的今天，经济学家已不再尝试进行跨学科的全面研究和综合研究了。尽管学术分工不断细化的确存在许多弊端，但这似乎是难以避免或两全的。

三、现代经济学的普适性

虽然一个人的行为会因其所面临的激励和约束条件的不同而不同，但人的本性并不会因肤色、语言、国别、社会制度或经济发达程度的不同而不同。在相同的激励和约束条件下，理性经济人会做出相同的选择。现代经济学虽然是西方经济学家在解释欧美社会中的经济现象和经济行为的过程中发展起来的，但欧美人和中国人并无本质的区别，都是理性的经济人。所以，就如同现代医学、物理学、化学或数学不分种族和国别一样，现代经济学也不存在中国经济学和西方经济学之分。

市场经济只有成熟与不成熟、扭曲与不扭曲之分，就其基本运行机制而言，并无东方的市场经济和西方的市场经济之分，更无国别市场经济之分。所以，如同源自西方的现代医学一样，源自西方的现代经济理论并非只能解释欧美国家的市场经济运行。

今天的发达经济体，都是从不发达的状态逐步发展起来的，现代经济学是伴随着欧美经济的发展逐步发展起来的，并不是在不同的经济发展阶段有不同的、相互独立的经济学理论体系。所以，不是现代经济学理论体系只能解释现代成熟的市场经济。

今天的发达经济体，其经济发展水平、资源禀赋、历史文化背景并不完全相同，日本、新加坡、中国香港、中国台湾等经济体并不属于欧美经济体，但它们均没有自己独立的经济学理论体系，也没有试图构建自己的经济学理论体系。

中国和欧美国家经济发展的制度背景不同，所处的发展阶段不同，又处于转轨阶段，一定会面临许多欧美国家不曾面对过的或已经解决的经济问题。如果经济学家在中国遇到了已有经济理论不能解释或不能很好解释的经济现象，这意味着出现了经济学理论创新的契机，而不意味着应该另起炉灶，去创建一个独立的理论体系。谁会因为一座房屋的屋顶漏水了就拆掉整座房屋呢?

中国经济学家和欧美经济学家之间最大的差别在于研究对象不同，比较优势不同。中国经济学家一定会比西方经济学家更关心中国的经济问题，在研究中国经济问题上也更具有比较优势，即“近水楼台先得月”的优势。

研究对象越重要，得出的结论也越重要，攻克糖尿病和攻克灰指甲的意义是不一样的。中国现在已经成为了世界上第二大经济体，中国经济已经和世界经济紧密地联系在一起了。中国的经济问题现在已不再是一个区域性的经济问题了。所以，中国经济学家在未来一定会做出许多重大的、创新性的理论贡献。

现代经济学理论具有普遍的解释力，正如生产游艇和私人飞机所使用的物理学理论和生产廉价自行车所使用的物理学理论并没有区别。但我们不能将经济学理论的普适性等同于经济体制和经济政策的普适性。

“橘生淮南则为橘，生于淮北则为枳。”不同国家的经济政策是基于本国经济运行的具体需要和不同利益集团力量博弈的结果制定的。某项具体的制度安排都是一个国家整个制度系统的一个有机组成部分，不能简单照搬或移植。

参考文献

[1] 约翰·穆勒. 政治经济学原理及其在社会哲学上的若干应用 [M]. 北京: 商务印书馆, 1991.

[2] 马歇尔. 经济学原理 [M]. 北京: 商务印书馆, 2010.

[3] 保罗·萨缪尔森. 经济学 [M]. 北京: 人民邮电出版社, 2008.

[4] N. 格里高利·曼昆. 经济学原理 [M]. 北京: 北京大学出版社, 2015.

[5] 亚当·斯密. 国民财富的性质和原因的研究 [M]. 北京: 商务印书馆, 1972.

[6] 保罗·海恩, 彼得·勃特克, 大卫·普雷契特科. 经济学的思维方式 [M]. 上海: 世界图书出版公司, 2012.

[7] 马克·斯考森. 现代经济学的历程: 大思想家的生平和思想 [M]. 吉林: 长春出版社, 2006.

[8] 莱昂内尔·罗宾斯. 经济科学的性质和意义 [M]. 北京: 商务印书馆, 2000.

[9] 卡尔·门格尔. 经济学方法论探究 [M]. 北京: 新星出版社, 2007.

[10] 路德维希·冯·米塞斯. 经济学的认识论问题 [M]. 北京: 经济科学出版社, 2001.

附录　经济学研究中常见的逻辑谬误和思维陷阱

1. 前因后果谬误

对存在因果关系的经济变量，许多人通过观察是哪一个变量首先发生变化的方法来确定因果关系的方向。我们经常想当然地认为，在两个存在因果关系的变量中，先发生变化的变量一定是导致另一个变量发生变化的因。其实在一些情况下，后发生变化的变量是先发生变化的变量的因。如在挖掘机的销售量与建筑物的开工面积的关系中。

此外，我们经常因为两个变量先后发生，就草率地将这两个变量之间的关系确定为前因后果的因果关系。公鸡打鸣在前，太阳升起在后，但太阳升起并不是因为公鸡的啼叫。在推理过程中所犯的这类错误被称作前因后果谬误或后此谬误。

2. 合成谬误与分解谬误

如果我们认为对局部或个人成立的结论，对整体也同样成立；或者认为对整体成立的结论，对局部或个人也一定成立，我们就可能犯合成谬误与分解谬误。

对局部或个人成立的结论并不必然适用于整体，反之亦然。这是因为在许多情况下，构成整体的单个个体之间的相互影响，可能会导致集体行为的后果与个体单独行动的后果大相径庭。

到球场观看比赛，在其他人都坐着的情况下，某个人站起来他的视野会变得更好。但当所有的观众都站起来时，每一个人的视野都不会得到显著的改善。因此，当我们的视角从微观转向宏观，或从宏观转向微观时，一定要当心合成谬误或分解谬误。

目前中国的大学毕业生就业困难，有专家说不是中国的大学毕业生太多了，而是因为找不到工作的大学生自己缺乏就业竞争力。你同意这种观点吗?其实，优秀是一个相对的概念，优秀的人才在任何情况下都是稀缺的。在微观层面，在劳动力市场整体供大于求的情况下，竞争力强的大学毕业生总是能更早地得到工作机会。但如果将同届的大学毕业生看作一个整体，大学毕业生综合素质平均水平的提高，并不能独立创造出对劳动力的新需求。不同生产要素之间存在一个比例关系，如同生产馒头时面粉与水之间的关系一样。

在某一特定时期，一个社会需要的厨师数量是固定的。如果全社会厨师过剩，厨师群体平均厨艺水平的提高并无法显著降低厨师的失业率。但在个体层面，厨艺水平的提高有助于其优先获得就业的机会。同样，每个大学生都把所有的时间用来学习，并不能提高大学生的整体就业率。

为了避开城市交通的早高峰，许多人选择早出发半个小时。但如果所有开车上班的人都这么想，结果只会使城市交通的早高峰提前半个小时。

当一国政府仅对电信、银行、烟草等少数行业实行进入管制，这些行业的企业会因为拥有行政性的市场垄断地位获得高额垄断利润。但如果政府对所有的行业都实行进入管制，原先受到政府格外保护的少数行业就会失去其原先拥有的特殊市场地位和超额垄断利润。

单个农户种植的小麦获得丰收能够增加该户家庭的收入，但当市场中所有的小麦种植户都获得大丰收时，反而会使他们在小麦方面的收入出现下降，发生谷贱伤农的现象。因为小麦的需求价格弹性小于1。

在垄断竞争市场中，单个厂商难以影响产品的市场价格，但如果几家大的厂商组成价格联盟，进行不正当竞争，就能对市场价格产生巨大影响。

作为一个整体的牛奶消费者能够通过改变牛奶市场的总需求影响牛奶的市场价格，但单个消费者无法通过改变自己的需求量来影响牛奶的市场价格。

单片雪花轻如鸿毛，但雪崩的力量足以摧毁一个小镇。

3. 混淆必要条件和充分条件的逻辑谬误

混淆充分条件与必要条件的区别，也是经常发生的一个逻辑谬误。必要条件，指的是一个命题要成立就必须具备的条件。充分条件，指的是能保证某个命题一定成立的条件。

经常有学者用非洲国家的例子来否定自由竞争的现代市场经济制度（和分权制衡的现代民主政治制度）对一国实现经济可持续繁荣的重要性。这些学者认为，许多非洲国家一直在搞市场经济，或早已采用了分权制衡的民主选举制度，但这些国家却没有获得长期的经济增长和政治稳定，甚至陷入经济崩溃、政治动荡和内战的泥潭而不能自拔。实际上，之所以得出这样的错误结论就是因为他们没有区分必要条件和充分条件。

自由竞争的市场经济制度是一个国家走向可持续经济繁荣和政治稳定的必

要条件但非充分条件。我们在世界上目前还找不到不实行自由竞争市场经济制度的经济发达国家。但实行自由竞争市场经济制度只是实现经济繁荣的必要条件，而不是充分条件。如果离开现代民主制度，现代市场经济制度就难以走向成熟与完善，自由竞争的市场经济在资源配置上的效率优势就无法充分发挥出来，这些国家就难以避免地会最终演变为缺乏市场竞争、市场秩序混乱、寻租活动泛滥、贫富两极分化的权贵资本主义式的市场经济。

这些国家的市场经济只能算是初级阶段的市场经济或权贵资本主义式的市场经济，不能以此来否定自由竞争市场经济在资源配置方面的优势。同样，即使这些国家进行了徒有其表的、被独裁者操纵的选举，也没有多少人会根据这个表面的符号就幼稚地认为他们已经是一个现代民主国家了。能够获得可持续经济繁荣的国家无一不是在经济自由化和政治民主化进程中获得实质进展和持续进步的。任何一个国家现代市场经济制度和现代民主制度的成熟与完善，均是一个充满曲折的漫长过程，不能因为发展道路的曲折和漫长而选择停滞与倒退。

4. 把相关关系等同于因果关系

当两个变量的实际观测值倾向于以一种可预见的方式一起变化时，它们之间就存在一种数量上的相关关系，但我们无法据此判断它们之间一定存在因果关系。

具有因果关系的变量之间，一定存在数量上的相关关系，但具有数量上的相关关系的变量之间，却不一定具有因果关系。

不同变量之间存在的数量上的相关关系，可能纯属巧合，也可能是因为某个被忽略的变量的变动所导致的。例如，冰激凌的销量和死于游泳的人数之间存在一种数量上的正相关关系，但二者的变动都是由气温这个变量的变动引起的。吃冰激凌本身并不会导致人更容易死于溺毙。

再如，有养生专家说每天吃一根香蕉能降低一个人中风的概率？但即使香蕉和中风概率二者存在这样的数量关系，调查的样本也足够大，我们也无法据此确认二者之间存在因果关系。因为我们无法保证（每天吃一根香蕉的人群和从不吃香蕉的人群）两类样本人群在其他方面完全一样，即无法保证“其他条件保持不变”的前提假设。但这种数量上的相关关系可为病理学家的研究提供宝贵的线索。二者之间最终是否存在因果关系，需要病理学家通过科学实验才能最终确认。如青蒿素抗疟疾功能的发现就受到了中国古代中医偏方的启发，这项伟大的发现获得了2015年度的诺贝尔生理学或医学奖。

即使两个变量之间存在因果关系，我们还需确认因果关系的方向。一个城市房屋防盗网的安装率与该市犯罪率之间存在因果关系，但显然不是因为该市居民大量安装防盗设施引起了该市犯罪率的上升，而是因为该市犯罪活动猖獗市民们才大量安装房屋防盗网的。

偶然的巧合、可能存在某个被忽视的变量以及反向因果关系的可能性提醒我们，不能仅仅根据不同变量之间存在的数量关系去确认它们之间的因果关系，否则很容易落入荒谬推论的陷阱之中。

5. 诉诸个别的逻辑谬误

当一个人仅仅使用有利于某个既定结论的个别证据而不自觉地忽视掉其他相关信息时，就容易落入诉诸个别的逻辑谬误带来的思维陷阱中，即所谓的以偏概全。如果是故意隐藏其他相关信息，那就是一种刻意的误导了。

例如，反对竞争性经济领域的国有企业进行民营化改革的学者，常常会不厌其烦地反复举某个成功的国有企业的例子，如新加坡的淡马锡公司来证明国有企业也能搞好，没有必要进行民营化改革的论点，而完全无视国有企业普遍缺乏效率的基本事实。

其实，淡马锡公司是一家以私人名义注册、接受新加坡政府财政部监管的股权投资公司。淡马锡公司受政府委托专门经营管理新加坡政府在36家国联企业中的股权资本（而非国有资产），以实现国有资本的增值。公司运作完全按照商业原则进行，公司税后利润的一半上交财政部。淡马锡公司既在资本市场上进行投资活动，也对下属国联公司的重大投资活动进行监管。

6. 类比推理的逻辑谬误

如果仅仅因为A和B相似，就认为对A真实的事件对B也一定是真实的，就发生了类比推理的逻辑谬误。

例如，因为美联储降息对刺激发生衰退的美国经济是有效的，一些经济专家就简单地认为中国在面对经济下行时也应采用降息的经济刺激措施，而不去考虑经济增长速度下降的主要原因是什么？与美国经济发生衰退的原因是否相同？货币政策有效发挥作用的前提条件是什么？中国是否具备这些前提条件？中国央行的独立性如何？中国经济系统中的流动性是否已经很充沛？

7. 从众和崇拜权威的思维陷阱

我们常常因为多数人接受或拒绝某个结论而接受或拒绝这个结论。

我们也经常因为前人或权威接受或拒绝了某个结论而不假思索地接受或拒绝这个结论。也就是用观点证明观点，用权威、伟大人物或古人先贤的观点来证明自己的观点。

真理既不总是掌握在少数人手中，群众的眼睛也不总是雪亮的。有的时候真理率先被少数人掌握，有的时候常识遭到了大多数人的蔑视。一个命题能不能成立，还是要看其能不能通过逻辑一致性检验和与经验事实的一致性检验。

8. 偏见的思维陷阱

人们在思考问题时，也极易因为陷入偏见或不正确先见的思维陷阱而无法得出正确的结论。例如，因为讨厌提出观点的人而不假思索地选择否定他的观点；不假思索地认为国营公司更加可靠，国有企业生产出来的产品质量更好；固执地认为政府什么问题都能解决，什么都能做到，只要有决心；认为国有企业赚的钱是属于全社会的，私有企业是为个人谋福利的；认为经营状况良好的中国公司同意被外国公司收购是一种出卖国家利益的行为（而不考虑出售价格），从而反对正常的公司兼并；认为外汇储备越多越好，从而支持贸易保护主义政策；在外国公司就职的中国经济学家在中国问题上发表的见解不可信任；让私人经营金融企业是不安全的；黑车应该受到政府交通运输管理部门的取缔；对沿街叫卖的小贩应该采取严厉措施进行整治；单位产品上的附加值高必然是暴利和无耻的，而不考虑公司的利润率；低工资必然是剥削性的，而不去观察这个工资水平是不是竞争性的；追求个人利益一定是贪婪的表现。经济学的初学者非常容易落入偏见的思维陷阱之中。

9. 术语的陷阱

在一些情况下，同一个词汇作为经济学术语的含义和作为日常用语的含义是不完全相同的。例如，投资作为经济学术语，指的是增加能够提高未来生产能力的资本品和存货的行为。但作为日常用语，投资包含的内涵要广泛得多。购买有价证券、黄金、理财产品、文玩字画、古董等行为均被称为投资。

再如成本和利润。经济学中所说的成本，指的是经济成本，包括所投入的全部生产要素的机会成本。而日常生活中所说的成本，在很多时候仅包括会计成本，即直接引起支付的成本。

经济学家说的利润，也不是我们通常所说的利润。我们在日常生活中所说的利润通常指的是会计利润，而经济学家所说的利润指的是经济利润，即营业收入减去经济成本所剩余的部分。

在寻租这个概念中，租金指的不是我们日常生活中承租某件物品所支付的租金，而是指经济租金，即某种市场要素所获得的收入和其机会成本之间的差额。

所以，我们在思考经济问题或与他人进行讨论时，要注意双方使用的在字面上相同的术语与经济指标，是否具有相同的含义或统计口径。